Danke an Mario, der sich mir für die gemeinsame Zeit
voll und ganz angeschlossen und alle Mühen und Strapazen
auf sich genommen hat, um mir meinen Traum zu erfüllen!

Impressum

Bibliografische Information der Deutschen Nationalbibliothek
Die Deutsche Nationalbibliothek verzeichnet diese Publikation
in der Deutschen Nationalbibliografie; detaillierte bibliografische
Daten sind im Internet über http://dnb.d-nb.de abrufbar.

© 2015 Verlag Anton Pustet
5020 Salzburg, Bergstraße 12
Sämtliche Rechte vorbehalten.

Lektorat: Dorothea Forster
Grafik und Produktion: Nadine Löbel
Karte: Arge Kartographie
Druck: Druckerei Theiss, St. Stefan im Lavanttal
ISBN 978-3-7025-0779-4
1 2 3 4 5 6 / 20 19 18 17 16 15

Bildnachweis: Seite 217 Alessandro Savella/Turismo Friuli Venezia Giulia,
alle anderen Fotos von Petra Albenberger.

www.pustet.at

Petra Albenberger

MEIN ALPE-ADRIA-TRAIL
Time-out statt Burn-out

VERLAG ANTON PUSTET

Inhalt

Vorwort

Dies ist keine allgemeine Beschreibung des Alpe-Adria-Trails (AAT), auch wenn mein Weg mich zumeist am Original-Trail geführt hat. Zurückgelegte Tageskilometer und Höhenmeter sowie die Gehzeit haben sich zu meinen persönlichen Tagesetappen formiert. Mein Buch soll sicherlich auch einen Einblick über den Weg geben, mit einigen Tipps für günstige Übernachtungsmöglichkeiten, schöne Zeltplätze oder empfehlenswerte Restaurants. Aber vor allem geht es hier um mein individuelles Erleben. Besondere Momente, Emotionen und Gefühle, die sich im Verlauf der Tour bei mir eingestellt haben und die sie zu „meiner" ganz persönlichen Wanderung machten, stehen im Vordergrund und sollen auch die Leserinnen und Leser Anteil haben lassen an meinem großartigen Erlebnis.

Am Ziel

Jetzt sitze ich also hier. Tränen laufen mir übers Gesicht. Nicht zum ersten Mal muss, oder besser, darf ich meinen Gefühlen freien Lauf lassen auf meinem langen, schönen Weg. Jetzt empfinde ich sie so tief, so innig und so echt, dass ich ein Schluchzen nicht zurückhalten kann. Ich schließe die Augen und denke an so viele Momente in meinem Leben, versuche mich zu erinnern, wann ich zuletzt eine solche Wärme und innere Zufriedenheit verspürt habe. Es ist wohl schon lange her.

An das Kribbeln, das „tolle Empfinden" habe ich nach dem gestrigen Tag, der so ganz anders war, als ich es mir erträumt und erhofft hatte, kaum mehr geglaubt. Wie es wohl sein wird, endlich am Ziel anzukommen? Dieses außerordentliche Glücksgefühl habe ich nicht für möglich gehalten. Aber heute, jetzt und hier, ist in mir etwas entstanden: der Glaube an eine neue Chance. Die Chance, das Leben und all seine Höhen und Tiefen mit anderen Augen zu sehen, den Alltag nicht nur zu meistern, sondern Tag für Tag mit allen Sinnen bewusst wahrzunehmen. Ich öffne die Augen und blicke ins Meer hinaus bis zum Horizont. Es ist früher Nachmittag am 12. September 2013. Ruhe – nichts als Ruhe. Ich bin angekommen, bin ganz bei mir!

Die Sonne scheint mir angenehm warm ins Gesicht. Von den Haaren tropft salziges Meerwasser. Noch kann ich das Erlebte der letzten Wochen nicht zur Gänze realisieren. Immer wieder tauchen Bilder in meinem Kopf auf – mal dieses, mal jenes, wirr durcheinander. Augenblicke, Momente. Etwa eine halbe Stunde sitze ich so hier am Strand auf den von der Sonne gewärmten Steinen.

Ich gehe zurück zu „Gonzo", meinem Trailrucksack. Das Riesending war an mir wie angewachsen und ich fühle mich fast nackt ohne es. Ich hole das Handy heraus. Fast hastig wähle ich Marios Nummer: „Hallo Schatz, heute bin ich angekommen – so richtig angekommen! Nicht einfach nur in Muggia, nein ..." Die Worte sprudeln nur so aus mir heraus. Danach atme ich tief durch und blicke wieder hinaus aufs Meer. Große Frachter fahren in der Ferne. Für mich wird es Zeit, alles wieder einzupacken und mich aufzumachen. Von Muggia nach Lazzaretto zum Campingplatz, gleich an der Grenze zu Slowenien und direkt neben dem Hotel, das Mario und ich morgen für ein paar Urlaubstage zu zweit beziehen werden.

Time-out statt Burn-out

Sommer 2012, 5:40 Uhr, ein gewöhnlicher Arbeitstag. Der Wecker reißt mich unsanft aus dem Schlaf. Eine unruhige Nacht liegt hinter mir. Wieder einmal Schweißausbrüche, von einer Seite auf die andere gedreht und erst in den frühen Morgenstunden in einen tiefen Schlaf gefallen. Ich fühle mich wie erschlagen. Mario, mit dem ich seit vielen Jahren in einer festen Beziehung lebe, ist bereits vor mir aufgestanden und gerade im Bad. Er ist gut gelaunt und verabschiedet sich von mir mit einem Lächeln und einem Kuss. Warum kann ich nicht so guter Laune sein? Müde steige ich aus dem Bett. In letzter Zeit geht es mir oft so. Ich bin ein Morgenmuffel geworden. Schrecklich!

Seit einigen Jahren arbeite ich bei uns im Ort im Altenwohnheim. Eigentlich mag ich meine Arbeit. Besonders hier, bei den alten Mitmenschen, habe ich das Gefühl, etwas Sinnvolles, etwas Gutes zu tun, helfen zu können. Und doch: In letzter Zeit fallen mir auch in der Arbeit die Dinge immer schwerer. Alles geht nicht mehr so leicht von der Hand: aufstehen, arbeiten und nach der Arbeit abschalten. Wie in den meisten Pflegeeinrichtungen herrscht auch in diesem Haus ein permanenter Mangel an Pflegekräften. Das erfordert regelmäßig Überstunden und kurzfristiges Einspringen für Kollegen. Für jemanden wie mich, die gerne bei einem Lauf- oder Radfahrtraining nach getaner Arbeit entspannt, besonders bitter. Nach zwölf Stunden Dienst fehlt mir dazu der Elan. Ich möchte einfach einmal weg! Von dem täglichen Hamsterrad, von Stress und Arbeit, von der gewohnten Umgebung. Was würde ich dafür geben! Als ich kurz darauf auch noch ohne Vorzeichen und aus heiterem Himmel einen Hörsturz bekomme, fange ich schön langsam an, darüber nachzudenken, was mit mir los ist.

Ein paar Tage später sehe ich am Abend einen Bericht im Fernsehen: Burn-out – ein immer größeres Problem unserer Gesellschaft. Bin ich etwa auch davon betroffen? Sicher nicht! Burn-out, das haben doch nur schwache Menschen. Versager! Oder? Was ist das wirklich, ein – Burn-out? Es scheint jedenfalls in aller Munde zu sein. Politikern widerfährt dieser Zustand ebenso wie Künstlern oder Hausfrauen. Offensichtlich kann es jeden treffen. Aber was sind die Vorzeichen? Wie erkenne ich diese Krankheit? Und was, wenn ich bereits zum Kreise der Burn-out-Erkrankten gehöre? Apropos krank: Eine Diagnose wird vielleicht gestellt, aber als Krankheit wird Burn-out nicht anerkannt. Was aber ist es dann? Man fühlt sich doch krank! Der Bericht geht mir einige Tage nicht mehr aus dem Kopf. Ich will mich informieren. Reden möchte ich darüber mit niemandem. Mario hat wohl auch kaum Verständnis dafür. Also versuche ich erst einmal über das Internet Informationen zu bekommen, bevor ich ihm von meinen Befürchtungen erzähle.

Der Begriff Burn-out tauchte erstmals in den 1970er-Jahren in den Vereinigten Staaten im Zusammenhang mit Pflegeberufen auf ... Besonders gefährdet sind Personen, deren Berufe mit Menschen zu tun haben, die sich in emotional belastenden Situationen befinden. Man zählt seit den 1990er-Jahren aber auch viele andere Personengruppen zu den Burn-out-Gefährdeten. Ich denke, selbst die Diagnose zu erstellen, ist sehr schwierig. Wann hat man ein Burn-out? Habe ich schon eines? Manche Symptome sprechen dafür. Aber was kann man dagegen tun? Die Arbeitsstelle wechseln? Eine Auszeit nehmen? Wer kann sich denn das leisten! Aber das wär's ... Einfach mal weg! Abschalten!

Mario:
Ich möchte meine Sicht der Dinge, meine Gedanken zu und auf unserem Weg als Ergänzung mit einbringen.
In meinem Leben stellte Sport immer einen wesentlichen Bestandteil dar, der mir von früher Kindheit an, dank meiner Eltern, bedingungslos und allzeit ermöglicht wurde. Vor einigen Jahren bin ich beim Rennradsport gelandet und diesem bis zum heutigen Tag absolut verfallen. Ich glaube von mir behaupten zu können, dass ich alles mit einer gewissen Hingabe und Ehrgeiz gemacht habe, ohne wirklich die Spitze des Berges erklommen zu haben. Wenn ich so zurückdenke, muss ich leider feststellen, dass ich sehr egoistisch sein kann. Wenn ich mir etwas in den Kopf setze, ziehe ich das durch – ohne Wenn und Aber. Als ich Petra vor vielen Jahren kennenlernte, befand ich mich nicht gerade in der glücklichsten Phase meines Lebens. Wir haben in all den Jahren viele Höhen und Tiefen erlebt, und sind heute glücklich und verheiratet. Es ist schön für mich zu sehen, dass meine Frau dieses Buch schreibt, nachdem sie sich ihren Traum des Gehens erfüllt hat.

Aus der Not entsteht ein Entschluss

Mein Freund und ich sind sehr sportlich. Kaum ein Tag, an dem nicht trainiert oder zumindest irgendeine Art von Bewegung ausgeübt wird. Ich bin dieses Jahr einen Marathon gelaufen. Mario bereitet sich schon das ganze Jahr auf eines der härtesten Radrennen Europas vor: das Race Around Austria (RAA), das er im Viererteam bestreiten wird. Ich selbst kann mich nach meinem Marathon nicht mehr richtig für sportliche Hochleistungen motivieren.

Dann genießen Mario und ich unsere letzten Urlaubstage endlich in Zweisamkeit und sitzen bei herrlichem Sommerwetter am See. Da passiert etwas Gravierendes: Mario macht mir einen Heiratsantrag!!! Diese Frage weiß ich natürlich augenblicklich zu beantworten. Immerhin kennen wir uns fast das ganze Leben – wir sind schon nebeneinander auf der Schulbank gesessen. Es ist ein freudiges Glücksgefühl, das mich überkommt. Endlich wieder etwas für die Seele, etwas Einzigartiges, Schönes! Wieder ein Ziel vor Augen. Am selben Tag, als die Sonne sich langsam tief über den See neigt, ereignet sich noch etwas Wegweisendes: Ich blättere in einer Zeitung und überfliege die Überschriften und Seiten. Immer dasselbe Allerlei, denke ich zunächst. Doch dann weckt plötzlich eine Überschrift auf Anhieb mein Interesse: Der Alpe-Adria-Trail! Ein neuer Weitwanderweg durch drei Länder! Über die Alpen bis zum Meer. Gespannt lese ich Zeile für Zeile des Artikels durch. Ich bin sofort Feuer und Flamme. Alles prickelt in mir. Wow! So etwas will ich machen! Genau das! Durch unser schönes Österreich über die Alpen nach Slowenien und weiter bis nach Italien ans Meer! Augenblicklich fangen alle Gedanken an sich zu überschlagen. Wie, wann …? Kaum zu Hause angekommen, schalte ich meinen Laptop ein. Schnell finde ich die Homepage des Alpe-Adria-Trails. Der gesamte offizielle Trail besteht aus 36 Tagesetappen und seine Beschreibung weckt bei mir größtes Interesse.

Wandern hat viele Facetten: Eine davon heißt Entschleunigung bis zum natürlichen persönlichen Tempo. Dadurch erreicht man den Zustand einer anstrengungslosen Aufmerksamkeit, die es zulässt, die Natur besonders intensiv wahrzunehmen. Eine Wahrnehmung, die sich lohnt. Zu sich selbst finden auf dem Weg in Richtung Süden. Aufgeladen mit der Energie des Großglockners, geht es vom höchsten Berg Österreichs in einer vom Licht durchfluteten Traumlandschaft mit herrlichen Naturschauspielen entlang alpiner Flüsse, türkisfarbener Bäche, Wasserfälle und herrlicher Seen bis zur Küste der azurblauen Adria in das kleine, romantische Fischerdorf Muggia. Ein Traumweg, der seit Sommer 2012 die drei Kulturen im Alpe-Adria-Raum verbindet. Das wars! Mehr brauchte ich nicht zu lesen! Es hat mich bis in die letzte Faser meines Körpers erreicht, richtiggehend durchströmt. Nichts mit Powertraining, Sekundenzählen, Blick auf die Uhr …

In den nächsten Tagen studiere ich mit Hilfe von Routenplanern und Landkarten Abschnitte, die ich noch extra bestreiten möchte. Circa eine Woche und etwa 250 Kilometer sowie einige Höhenmeter kämen noch dazu. Insgesamt komme ich nach langem Studium der Unterlagen auf etwa 1 100 Kilometer und 36 000 Höhenmeter. Und das alles mit schwerem Gepäck. Dass man auch dafür trainieren muss, ist klar, aber das sollte ja kein Problem darstellen. Wie gesagt: Vor die Haustür und los geht's – bis zum Meer! Der Weg ist das Ziel. Keinerlei Stress während des Trails. Ruhetage werden allerdings nur wenige eingerechnet. Zwei vielleicht oder drei (so ganz ohne sportlichen Hintergrund geht das natürlich auch wieder nicht). Ich rechne also mit etwa 46 Tagen, plus/minus zwei Tage. Dass das mit fünf Wochen Urlaub im Jahr nicht zu machen ist, ist mir auch schnell klar. Einfach wird das nicht. In meiner Arbeit herrscht wie gesagt Pflegekräftemangel und die Kollegen werden nicht gerade in Begeisterung ausbrechen, wenn ich ihnen mitteile: „Ich bin dann mal den Sommer über nicht da!" Immer mehr und mehr spukt der AAT in meinem Kopf herum. Ich überlege hin und her. Ich will diesen Trail gehen. Eines Abends, als wir beim Abendbrot sitzen, frage ich Mario, ob ich mir die Hochzeitsreise aussuchen darf. Er sieht mich skeptisch an. Ich erzähle ihm von meinen Plänen, zeige ihm die Seite im Internet und den Zeitungsartikel, den ich aufgehoben habe. Er ist überrascht, welche Berechnungen ich bereits angestellt habe. Auch ihm gefällt die Idee sofort. Leider weiß er auch, dass es bei ihm unmöglich sein wird, sich so lange Urlaub zu nehmen. Da geht sich keinesfalls der ganze Trail aus, das ist klar. Wir reden lange darüber und obwohl Mario eigentlich nicht der begeisterte Bergsteiger ist und sich viel lieber in schnellen Ausdauersportarten verausgabt, gefällt ihm die Idee. Schnell steht der Entschluss fest: Er wird mich in den ersten zwei Wochen begleiten und dann trennen wir uns irgendwo in Kärnten. Von da an gehe ich den Weg alleine bis nach Muggia. Dort werden wir uns wiedersehen und anschließend noch ein paar Tage Badeurlaub am Meer anhängen. So einmal die erste grobe Planung.

Ich nütze die Gelegenheit und erzähle ihm von den Schwierigkeiten in meinem beruflichen Dasein, und meiner angeschlagenen Psyche und dem drohenden Burn-out. Er hört mir geduldig zu, gibt aber zu verstehen, dass Burn-out „a Blödsinn" ist. Letzten Endes meint aber auch er, mir würde diese Auszeit sicherlich guttun. Wir beschließen, die ersten beiden gemeinsamen Wochen etwas gemütlicher anzugehen. Es wird in Hütten übernachtet und wir werden es uns kulinarisch gut gehen lassen. Flitterwochen eben – nur halt im Gebirge und nicht im Fünf-Sterne-Hotel. Wir beraten bis in die späten Nachtstunden bei einer Flasche Rotwein und viel Vorfreude.

Und da ist es für mich klar: ICH WERDE DIESEN WEG GEHEN! Ich bin wichtig! Ich muss etwas für mich tun!

Seit dieses Unternehmen für mich zur Tatsache geworden ist, hat sich auch mein Gemütszustand schlagartig gebessert. Nun habe ich wieder Ziele vor Augen: erst die Hochzeit, dann der Alpe-Adria-Trail. Ich beschließe alles festzuhalten. Ich will keinen Gedanken, kein Gefühl in Vergessenheit geraten lassen, und so nehme ich ein Heft aus dem Computerkasten, einen Stift und fange an zu schreiben.

Die Zeit hat wohl Flügel?

Der Herbst ist bereits vorüber und der Winter hat im Land Einzug gehalten. Ich führe ein Trainingstagebuch, in dem ich meine sportlichen Aktivitäten genau aufzeichne. Dabei werden von mir Sportart, Dauer des Trainings, aber auch das jeweilige Befinden notiert. Vielseitigkeit ist mir besonders wichtig. Deshalb übe ich mehrere Sportarten aus. Laufen, Radfahren, Bergsteigen und Skitourengehen gehören zu meinen Lieblingsdisziplinen. Bei Schlechtwetter trainiere ich auch in unserem Fitnessverein oder wir gehen dann und wann klettern in eine Halle. Anders als das Jahr zuvor bei meinem Training für den Marathon gibt es jetzt keinen fixen Trainingsplan. Ich übe das, was gerade Spaß macht. So soll es sein. Freut es mich einmal nicht, so gehe ich auch gerne einfach einen Tag in die Therme zum Relaxen – kommt nur nicht besonders oft vor.

Ich verschlinge Bücher, wann immer mir die Zeit dafür bleibt. Natürlich bevorzugt Werke über Trekking, Bergsteigen, Weitwandern, Erlebnisberichte. Die Vorfreude auf die kommenden Ereignisse lassen mein Leben in neuem Licht erscheinen. Es geht mir besser, ich bin ruhiger und verspüre wieder innere Wärme und Zufriedenheit. Dies spiegelt sich auch in meinem beruflichen Dasein wieder. Nichts wirft mich gleich aus der Bahn oder deprimiert mich. Und einen wichtigen Leitspruch habe ich jetzt verinnerlicht: Man braucht unbedingt Ziele im Leben. Schön, dass ich das mit 44 Jahren endlich begriffen habe.

22. Februar 2013
Unsere Hochzeit! Die Wochen und Tage zuvor war eigentlich keine Zeit mehr, an den Trail oder sonstwas zu denken. Die letzten Vorbereitungen haben all meine Energie in Anspruch genommen. Familie und Freunde sind mit dabei und machen mit ihrer Anwesenheit und ihren Glückwünschen diese Momente unvergesslich.

Nicht schlecht haben die meisten gestaunt, als wir sie über die Hochzeitsreise informiert haben. „Ihr seid ja total verrückt!" oder „Na typisch, ihr beiden!", bekamen wir da zu hören. Jedenfalls zeigten sich alle interessiert und beeindruckt.

Natürlich gehen auch diese Tage vorüber und es kehrt mehr oder weniger der Alltag wieder ein. Beruf, Hausarbeit und ... die Gedanken an das große Ziel, an die bevorstehende Auszeit finden wieder Platz in meinem Kopf und nisten sich dort ein. Mit Freude und Interesse durchforste ich sämtliche Internetseiten, die Outdoor-Artikel anbieten oder bewerten, lese Bergsportmagazine, vergleiche Ausrüstungsgegenstände, frage mich in Bagpacker-Foren durch und lese Buch um Buch einiger „Trekking-Helden", die bereits irgendwo auf Gottes schöner Erde unterwegs waren und dies zu Papier gebracht haben.

Jede freie Minute bin ich, wenn möglich, draußen unterwegs. Größere und kleinere Skitouren sind in dieser Zeit mein Haupttrainingsprogramm. Die Tage werden wieder länger und mit Beginn der Sommerzeit bleibt auch nach der Arbeit noch genügend Zeit, um etwas zu unternehmen.

An Schlechtwettertagen baue ich nun immer wieder Trainingseinheiten ein, die gezieltes Krafttraining an den Geräten beinhalten. Das wird zwar nicht gerade von mir bevorzugt, ist aber wichtig. Dabei geht es nur sekundär um die Beinmuskulatur. Die kann ich auch beim Skitourengehen oder am Rad trainieren. Vielmehr geht es um die Rücken-, Schulter-, Nacken- und Bauchmuskeln. Ich rechne mit einem Gewicht von circa 18 Kilogramm, das mein Trekkingrucksack haben wird. Das beansprucht vor allem in unwegsamem Gelände die gesamte Körpermuskulatur. Ich habe mir vor längerer Zeit den Fuß gebrochen. Dabei haben sämtliche Keilbeinknochen Haarrisse abbekommen. Dies wurde jedoch erst nach einem Dreivierteljahr richtig erkannt. Erst gut ein Jahr später endeten meine Dauerschmerzen durch neuerliches Zertrümmern der Bruchenden mittels Schallwellentherapie und der Fuß konnte nach weiteren sechs Wochen Gips zusammenwachsen. Damit ich den Vorfuß optimal auf diese bevorstehende Belastung einstellen kann, benütze ich ein selbst gebasteltes Balancebrett. Da der Fuß auch dem Marathontraining und dem Bewerb selbst standgehalten hat, bin ich diesbezüglich allerdings recht zuversichtlich.

Ich traniere regelmäßig. Auch nach einem 12-Stunden-Tag gehe ich noch laufen oder radfahren. Bin ich einmal müde und lustlos, dann zeige ich meinem inneren Schweinehund die Faust. Und tatsächlich: Es geht darum zu beginnen, den Schweinehund zu überwinden. Tu es! Geh! Los, absolviere dein Training! Das ist es. Ist der erste Schritt einmal getan, dann läuft alles wie von selbst und macht auch Spaß. Der Körper gewöhnt sich allmählich daran und verlangt sogar nach diesen Glücksgefühlen, die sich einstellen, wenn man ein Training hinter sich hat. Das Gefühl danach, wenn man entspannt unter der Dusche steht, ist tief befriedigend. Ich rate also jedem: Einfach damit beginnen. Laufen oder radfahren. Kurze, flache Einheiten, die mit der Zeit gesteigert werden. Pulsuhr mitnehmen! Es macht mehr Freude, nach ein paar Wochen den Erfolg mit eigenen Augen zu sehen. Am besten mit dem Partner oder einem Freund trainieren. Das ist nicht so langweilig am Anfang und man motiviert sich gegenseitig. Na? Jetzt Lust auf Bewegung bekommen?

Die Vorbereitungen beginnen

Nach langem Vergleichen und Einholen von vielen Meinungen kaufe ich mir Anfang April meine ersten beiden wichtigen Wegbegleiter. Ich gehe von Geschäft zu Geschäft, suche mir einen Trekkingschuh und einen Trekkingrucksack aus, lasse den Rucksack mit einem Sandsack beschweren und gehe damit in den Geschäften etwa eine halbe Stunde herum. So manchen schiefen Blick ernte ich dabei schon, aber daran erkennt man Fachkenntnis und die Qualität des Geschäftes. Das muss überall möglich sein. Immerhin sind es die beiden Gegenstände, die ich stets am Körper tragen werde – bei Wind und Wetter und jeder Art von Gelände. Man kann sich auch im Internet schlaumachen, in Foren surfen und so weiter. Aber es bringt am meisten, sich eine eigene Meinung zu bilden, indem man die Sachen testet.

Nach ein paar Stunden des Suchens und Ausprobierens habe ich mich schließlich entschieden: Schuhe und Rucksack sollten mir die allerbesten Dienste erweisen und mich nicht im Stich lassen.

Meine zwei treuesten Begleiter

Schön langsam zieht sich der Schnee zurück und das Training in der freien Natur kann beginnen. Voller Enthusiasmus stopfe ich meinen Rucksack voll mit meinem Kletterseil, sämtlichen im Keller hängenden Karabinern und allerlei Gewand und Kleinkram. Ich stelle das Gepäck auf die Waage. Es zeigt 13,5 kg. Noch eine Wasserflasche seitlich und meinen Fotoapparat vorne drauf. Der kommt auf jeden Fall mit. Ich hab auch ein System ausgeklügelt, wie ich ihn transportiere, sodass er nicht stört und doch immer griffbereit ist. Einfach mit zwei Karabinern am oberen Riemen seitlich festgeklickt. Perfekt! Mit Flasche und Fotoapparat wiegt das Ganze jetzt circa 15 Kilogramm. Und schon wird der erste Berg gestürmt ... Eva-Maria, eine gute Freundin, begleitet mich auf meinen ersten Touren. So auch auf den nahe gelegenen Gaisberg. Puhhh ... und das sind „nur" 15 Kilogramm! Das Gewicht am Rücken ist nicht das große Problem. Aber die Knie machen mir bereits nach einer Stunde leicht zu schaffen und die Blasen an meinen Füßen geben sich auch ein heiteres Stelldichein.

Outdoor-Training

Erst jetzt, Mitte April, wird es endlich etwas frühlingshafter. Da ist dann die Freude, den Gipfel endlich zu erreichen, doch größer als gedacht und das anschließende Weißbier auf der Hütte verdampft förmlich. Beim Runtergehen hole ich mir noch schnell eine zusätzliche Blase und genieße die nächsten zwei Tage den netten Muskelkater. Beim nächsten Training ein paar Tage später begleitet mich Mario. Dieses Mal sind die Füße dick mit Hirschtalg eingecremt. Geht gleich besser. Keine neuen Blasen. Ein bisschen komisch dürfte es auf die Leute, denen wir begegnen, doch wirken: Ich mit dem riesen Rucksack auf dem Buckel und mein Mann vor mir mit den Händen in der Hosentasche ... Die Trainingseinheiten werden zahlreicher. Nicht nur auf die umliegenden Berge gehe ich, sondern auch längere, flache Strecken.

Unterwegs mit „Gonzo" – meiner 20 Kilogramm schweren, langen blauen Buckelnase!

Mitte Mai sind nun alle erforderlichen Utensilien besorgt. Das ganze Material wird original in den Rucksack gepackt, genauso wie es beim Trail sein soll, und natürlich getestet. Es sind 20 Kilogramm Gewicht. Nicht gerade wenig. Das Zelt ist da schon mit eingerechnet. Weniger wird es nicht, denn ... Was ist man schon als Frau ohne Pinzette und Rasierer? Ich will ja nicht gänzlich verwildern. Etwas Kultur muss sein und die paar Gramm machen den Braten auch nicht fett!

Mittlerweile ist auch Mario im Besitz seiner gesamten Ausrüstung. Sein Training konzentriert sich allerdings im Moment noch voll auf das Rennrad und nur dann und wann begleitet er mich mit dem schweren Rucksack auf eine Tour.

Ein paar Tage, bevor es endlich losgeht, lädt Mario die GPS-Daten, die auf der Alpe-Adria-Trail-Internetseite angeboten werden, auf das Navi. Ich werde mich, wenn ich dann alleine am Trail unterwegs bin, eindeutig sicherer fühlen, wenn ich den Weg nicht nur in E-Book-Form am Tablet habe, sondern zusätzlich am Navi. Das war vielleicht die letzte, aber enorm wichtige Tat vor dem Start.

Die Rucksäcke werden gepackt ...

Die Vorfreude ist jetzt unbeschreiblich. Am Tag davor packen wir alles zusammen. Jeder konzentriert sich, um nichts Wichtiges zu vergessen. Marios Rucksack und Gonzo lehnen prall gefüllt im Wohnzimmer. Alle Vorbereitungen sind getätigt. Für Maggie, unsere Katze, ist tonnenweise Vorrat im Keller gestapelt. Im Haushalt ist alles erledigt. Dank an die Familie, die jeden Tag Blumen gießt und die Katze lieb hat. Auf sie ist immer Verlass!

Nun kann der Trail beginnen ...

Mario:

Die letzten Stunden zu Hause!

Ich habe hin und wieder darüber nachgedacht, wie es denn werden soll, aber mich nicht wirklich damit beschäftigt, da ich ja immer viel anderes im Kopf habe. Die letzten Monate war ich wieder einmal sehr mit dem Rennenfahren beschäftigt

Doch nun ist es so weit! Morgen geht es los und ehrlich gesagt, weiß ich nicht, ob ich mich freuen soll! Da ich mir nie Zeit genommen habe, mich ordentlich zu regenerieren, bin ich eigentlich urlaubsreif, denn die Anstrengungen der letzten Wochen haben sich in meinen Beinen ganz schön bemerkbar gemacht. Nur: Wird das eigentlich ein Urlaub?

Ich gehe diesen Weg sicher nicht aus meiner eigenen Überzeugung heraus, aber dennoch bedeutet er für mich eine Herausforderung. Da kommt mein Ehrgeiz wieder zum Vorschein.

Als Petra die Tour Ende letzten Jahres vorgeschlagen hat, dachte ich mir, ja, ist mir recht. Das geh ich schon, ohne viel dafür zu tun. Ich bin absolut fit. Das sollte sich in den nächsten Tagen als großer Fehler herausstellen ...

Wals/Siezenheim – Hirschbichl

Der Wecker läutet um 6:30 Uhr. Wäre allerdings nicht nötig gewesen, denn ich liege seit einiger Zeit bereits wach im Bett. Ich bin überraschend ruhig. Habe Bilder im Kopf, wie die erste Etappe, die zweite Etappe, der ganze Tag, die erste Nacht und all die Zeit werden wird. Nach dem Frühstück creme ich meine Füße dick mit Hirschtalg ein – ein Ritual, das sich in den nächsten Tagen und Wochen zur absolut notwendigen Routine entwickeln wird.

Zum Glück beginnt diese erste Etappe gleich mit einem freudigen Ereignis: Ein guter Freund, Thomas, wird mit uns einen Großteil dieser Strecke bestreiten. Gerade als wir uns von den Nachbarn verabschieden, kommt er um die Ecke. Ein gut gelauntes „Guten Morgen" und ein strahlendes Lächeln kommen uns entgegen und heben gleich die Stimmung. Die ersten Schritte sind getan. Ganz bewusst und intensiv versuche ich, mir diese einzuprägen. Während Mario und Thomas bereits plaudern und scherzen, gehe ich ein paar Schritte hinter ihnen her. Dann geselle ich mich zu den beiden und bin ebenfalls guter Dinge.

Thomas schießt die ersten Fotos von uns und dem Blick auf einen unserer liebsten Berge, den Hochstaufen, gleich nach Verlassen unseres Hauses. Noch kommt es mir nicht so vor, als würde ich jetzt für viele Wochen unterwegs sein. Es geht Richtung Großgmain, vorbei am schönen Freilichtmuseum. Ein kurzes Wegstück danach erreichen wir den Latschenwirt. Der Wirt hat geschlossen, doch wir denken ohnehin noch längst nicht ans Essen oder eine Pause. Durch den Wald gehen wir weiter bis Wolfschwang in Richtung deutsch-bayerische Grenze.

Diesen Weg sind wir schon so oft mit dem Fahrrad gefahren, sodass es uns seltsam scheint, nicht schneller vorwärtszukommen. Und vor zwei

Wochen haben wir hier die Generalprobe für den Trail absolviert. Damals sind wir bei Winkl vor Bischofswiesen über den Reissensteig und die Zehnkaseralm hinauf zum Stöhrhaus und nach kurzer Rast auf der schönen Berghütte noch etwa eine Stunde weitergegangen, bis wir einen geeigneten Zeltplatz fanden. Dort verbrachten wir die erste Nacht in unserem Zelt und labten uns an unserem Trekkingfood. Am nächsten Tag haben wir die Überschreitung vollendet, sind über den Reitsteig hinunter und wieder nach Hause. Das ließ bereits erahnen, dass es kein Kinderspaziergang werden würde. Der Unterschied lag nur darin, dass ich danach ausruhen konnte ...

Anfänglich ist es bewölkt, mit 18 Grad herrscht zum Glück für die erste, sehr lange Etappe perfektes Wanderwetter. Doch die Sonne kommt immer mehr durch und es wird wärmer und zunehmend schwül. Da freuen sich die Stechmücken und eine regelrechte Mückenarmada umschwärmt jeden von uns. Ich zücke mein „Anti Brumm" und sprühe mich ein. Das wirkt! Die Viecher fliegen zwar nach wie vor auf mich zu, machen aber sofort kehrt und verschwinden wieder. Mario geht es nicht besonders gut. Bereits jetzt verspürt er immer wieder auf flachen Teilstücken und vor allem bergab Krämpfe in den Oberschenkeln. Sobald es bergauf geht, fällt ihm das Marschieren leicht. Die Mückenschar um ihn veranlasst ihn zusätzlich zu einigen nicht jugendfreien Flüchen. Trotzdem verweigert er hartnäckig mein „Anti brumm". Wir bleiben immer wieder kurz stehen,

bis er seine Muskeln gelockert und ausgeschüttelt hat. Der Weg führt uns vor Winkl weiter bergauf über Loipl auf der Schwarzeckstraße bis in die bayerische Ramsau. Wir sind bereits 22 Kilometer in fünf Stunden mit nur kurzer Pause unterwegs. Mario geht es immer schlechter. Und das auf der ersten Etappe? Ich muntere ihn immer wieder auf. Auch Thomas versucht, ihn positiv zu stimmen, indem er ihm Zeit zum Entspannen gibt und ruhig mit ihm spricht. Ich habe ärgste Bedenken. Wenn er bereits in der ersten Etappe solch massive Beschwerden hat, wie soll das weitergehen? Das klappt nie. Oder wird sich seine Muskulatur an die ungewohnte Belastung gewöhnen? Wenn ja, wie lange wird das dauern? Muss er den Trail womöglich bereits am Beginn abbrechen und ich den Weg alleine fortsetzen? Natürlich tut er mir leid und trotzdem bin ich irgendwie wütend. Ich habe mich jetzt so lange Zeit darauf vorbereitet, gespart, trainiert und wirklich auf den Tag gefreut – nicht nur gefreut, sondern ihn ungeduldig herbeigesehnt –, an dem es endlich losgeht. Heute ist es so weit. Nun schimpft und jammert mein Mann und plagt sich. Ich habe mir ausgemalt, wie der erste Tag ablaufen würde, wie er sein sollte. Und nun ist es ganz anders. Thomas trägt beim Bergabgehen in den Ort Ramsau Marios schweren Rucksack. Trotzdem kann dieser kaum mehr einen Schritt vor den anderen machen. Eine Frau beobachtet uns auf dem Weg hinunter. Sie nimmt Mario schließlich ein Stück mit ins Tal. In Ramsau machen wir Pause, essen und trinken etwas. Ich laufe, während sich Mario etwas erholt, durch den schönen Ort und suche eine Apotheke. Es gibt keine, aber einen Drogeriemarkt. Hier bekomme ich auch, was ich suche: konzentriertes Magnesium und ein Sportgel zum Einreiben. Die nette Dame hinter dem Tresen schenkt mir noch eine kleine Dose mit Murmeltiersalbe und ich kehre mit den Schätzen wieder zum Gasthaus zurück. Mario nimmt gleich das mitgebrachte Magnesium und massiert das Gel in seine geschundenen Oberschenkel ein. Thomas verlässt uns hier und wird von seinem Vater abgeholt. Danke noch mal, Tom! Ohne dich wäre ich bereits am ersten Tag verzweifelt!
Ich schlage Mario vor, noch ein Stück zu gehen, bis wir ein geeignetes Plätzchen für unser Zelt finden, und dort erst einmal zu rasten. Doch er will weiter. Bis Hirschbichl, das sich genau auf der deutsch-österreichischen Grenze befindet, sind es noch etwa acht Kilometer und 400 Höhenmeter. Er schultert den Rucksack und marschiert los. Aufwärts geht es jetzt wieder besser voran. Die Krämpfe und Schmerzen haben

nachgelassen. Ich versuche mich auf meine eigenen Empfindungen zu konzentrieren und genieße trotz allem den Aufstieg. Vom malerischen Hintersee geht es los. Der Weg führt durch das Klausbachtal, eingebettet zwischen lauter Bergen über 2 000 Meter, die Gipfel sind von der tief stehenden Abendsonne in wärmendes Licht getaucht. Nur wenige Leute befinden sich noch auf dem zum Nationalpark Berchtesgaden gehörenden, wunderschönen Weg hinauf zum Alpengasthof Hirschbichl. Ich genieße die Stille. Ein wohliges Gefühl überkommt mich. Ich versuche, alles rund um mich aufzunehmen und mir gut einzuprägen. Einige Schritte hinter Mario gehend, mache ich immer wieder Fotos von der beeindruckenden Natur und der Bergkulisse.

Erst spät am Nachmittag, kurz nach 18 Uhr, kommen wir am Alpengasthaus an. Der Hirschbichlpass liegt auf 1 183 Meter Seehöhe im Pinzgau, 40 Meter von der bayerischen Grenze entfernt. Die Heimat hat uns also wieder. Das Gasthaus war einst ein altes Zollwachhaus und hat wie das dazugehörige Bergheim von Anfang Mai (je nach Wetter- und Schneeverhältnissen) bis Ende Oktober geöffnet. Da auch eine asphaltierte Straße über den Pass führt, ist er ein beliebtes Ziel für Radfahrer.

Wir haben nur am Großglockner Zimmer reserviert. Ansonsten sind wir auf gut Glück unterwegs. Wenn einmal keines frei sein sollte, wird halt das Zelt ausgepackt. Heute würden wir uns allerdings über einen gemütlicheren Schlafplatz freuen. So frage ich im Gasthof nach einem freien Zimmer und das Glück ist auf unserer Seite. Um 20 Euro buchen wir eines samt Frühstück. Es ist wirklich sehr schön hier oben. Die Wolken, die sich tagsüber noch gehalten haben, sind alle verschwunden und der Abendhimmel erstrahlt in tiefem Dunkelblau. Würde ein Kind ein solches Blau in einem Bild malen, würde man es rügen, diese Farbe sei doch etwas zu kitschig und unrealistisch … Wir stillen unseren Hunger mit einer deftigen Speck- und Käseplatte und unseren Durst mit einem Weißbier.

Bei etwa 18 Grad sitzen wir noch vor der Gaststätte im Freien und genießen die Aussicht und die Stille. Ein unglaublich anstrengender erster Tag liegt hinter uns. Mario ist froh, angekommen zu sein, und massiert seine Beine. Wir erfreuen uns noch an der untergehenden Sonne und fallen angenehm müde in dem gemütlichen kleinen, mit frisch duftendem Bettzeug ausgestatteten Zimmer ins Bett. In Gedanken lasse ich unseren ersten Tag auf „meinem" Trail und unserer Hochzeitsreise Revue passieren und falle bald in einen tiefen Schlaf.

Mario:

Zum ersten Tag fällt mir eigentlich nur ein bestimmtes Wort ein. Als wir um 8 Uhr losmarschieren, bin ich noch guter Dinge und die erste Stunde verläuft so, wie ich es mir vorgestellt habe. Doch bereits beim ersten (!) Abstieg – vielleicht 20 Höhenmeter – zwischen Wolfschwang und Hallthurm spürte ich starke Schmerzen in meinen Beinen und dachte mir: Lass dir ja nichts anmerken! In den nächsten Stunden war der Weg nur leicht hügelig. Ich spürte zwar immer wieder das eine oder andere Zwicken, dachte aber, dass es mit der Zeit besser werden würde. Der Anstieg aufs Hochschwarzeck bereitete mir noch keine Probleme, doch ab da war es endgültig vorbei. Auf der Asphaltstraße bergab konnte ich keinen Schritt mehr vor den anderen setzen. Petra und Thomas schauten mich an und konnten es kaum glauben. Ich dachte mir nur: Wie soll ich da runterkommen? Zum Glück gibt es freundliche Autofahrer. Eine Dame nahm mich ein Stück mit hinunter ins Tal, das war meine Rettung.

Wir genossen die Rast in der Ramsau und verabschiedeten uns von Thomas. Danach galt es noch, den Anstieg zum Hirschbichl zu bewältigen. Der lange Tag und die Schmerzen machten sich jetzt auch schon beim Bergaufgehen bemerkbar. Das Resümee des ersten Tages: Ich habe das Ganze total unterschätzt und kann mir im Moment beim besten Willen nicht vorstellen, wie das weitergehen soll.

2. Tag:
Kilometer: 30,5
Höhenmeter aufwärts: 640
Höhenmeter abwärts: 810
Gehzeit: 6 ¼ Stunden
Gesamtdauer: 8 Stunden

Hirschbichl – Berggasthof Huggenberg

Obwohl ich in fremden Betten meist nicht wirklich guten Schlaf finde, war ich diese Nacht wie narkotisiert. Trotz einer Gruppe mit Kindern in den Nebenzimmern erwachte ich nicht. Mario weckt mich um sieben Uhr früh. Für meinen Geschmack heute noch dunkelste Nacht, um nicht zu behaupten Geisterstunde. Der gestrige Tag macht sich bemerkbar. Verschlafen blicke ich zum Fenster hinaus. Strahlend blauer Himmel und kein Wölkchen zu sehen. Herrlich! Das motiviert mich schließlich doch aufzustehen. Ich gehe mich waschen, packe mein Zeug wieder in den großen Rucksack und warte, bis Mario fertig ist. Im angrenzenden Gasthaus ist das Frühstück bereits für uns gerichtet. Wir genießen frisch gemahlenen Kaffee und Brötchen mit Wurst und Käse. Dann brechen wir auf. Die Strapazen von gestern sind schnell vergessen und die Vorfreude auf neue Erlebnisse beflügelt mich. Auch Mario ist gut gelaunt. Ich mache noch schnell ein paar Fotos von dieser herrlichen Umgebung am Hirschbichl, bevor wir Richtung Weißbach weitergehen. Es ist 8:35 Uhr.
Ein paar Schritte weiter zweigt ein Weg zur Litzlalm ab, einer netten Jausenstation, die man von hier in etwa einer halben Stunde gut erreichen kann. Wir jedoch verlassen den Nationalpark Berchtesgaden und wechseln in den Naturpark Weißbach, wo wir über den Erlebnisweg in den Ort gelangen. In historischen Zeiten erfüllte der Hirschbichlpass eine wichtige Funktion als Verbindung zwischen Bayern und Österreich. Auf diesem Weg wurden alle Arten von Waren, vor allem aber Salz transportiert. Der vom Hirschbichl herabfließende Weißbach gab dem Ort dann auch seinen Namen. Schön, so manches über den Weg, auf dem man sich gerade bewegt, zu wissen. Ich lese gerne am Vortag ein bisschen

über die Strecke, die vor mir liegt. Das bringt Informationen, die das Wandern am nächsten Tag zu einem speziellen Erlebnis werden lassen. So auch heute. Es herrscht Stille. Man hört nur die Vögel zwitschern. Die Luft ist am Morgen angenehm kühl und das Wetter ein Traum. Was für ein herrlicher Tagesbeginn! Mario geht voran. Ich folge ihm. Keiner von uns beiden sagt etwas. Obwohl ich ihn gerne fragen würde, wie es ihm geht. Die Frage kann ich mir allerdings sparen, denn nach nur wenigen Schritten bergab beginnen sich Marios Oberschenkelmuskeln wieder zu verkrampfen und er flucht und schimpft, bleibt stehen, versucht die Beine zu dehnen, auszuschütteln und geht wieder weiter. Ich halte etwas Abstand und gehe langsam hinter ihm her. Mir gelingt es dennoch, abzuschalten und das herrliche Panorama zu genießen.

In Weißbach kaufen wir uns in einem kleinen Laden eine Jause und halten kurz Rast. Die Sonne brennt vom wolkenlosen Himmel und die Temperatur steigt rasant an. Bestimmt hat es jetzt schon um die 20 Grad. Dabei ist es erst 9:45 Uhr. Dass der Weiterweg bis Saalfelden immer am Radweg entlangführt und nicht besonders aufregend sein wird, weiß ich natürlich – schließlich habe ich selbst die Routen von zu Hause bis zur Franz-Josefs-Höhe am Großglockner zusammengestellt. So marschieren wir den doch sehr eintönigen Weg entlang. Fußgänger treffen wir keine, nur einige Radfahrer, ab und an einen Läufer oder Rollerskater. Bei

sengender Hitze und nach schier endlosem Weg kommen wir endlich zum Buchweißbach, an dem wir eine Rast einlegen und unsere Füße abkühlen. Mario hat neben seinem Muskelproblem nun auch noch mit ersten Blasen an den Zehen und Fußballen zu kämpfen. Auch an mir ist der lange erste Tag nicht gänzlich ohne Folgen vorbeigegangen. Diese beschränken sich aber Gott sei Dank auf leichte Schulter- und Nackenschmerzen. Einzig eine sehr unangenehme Augenentzündung kündigt sich an. Die Augen jucken und kratzen. Da werde ich wohl die nächsten Tage auf die Kontaktlinsen verzichten und auf die Brille umsteigen müssen. Mal schauen, wie sich das weiterentwickelt. Bepanthen Augentropfen sind eingepackt.

Wir kühlen uns ab, um der Tropenhitze möglichst zu entkommen. Das Wasser des Baches ist trotz der 37 Grad Lufttemperatur eisig kalt. Nur ungern packen wir wieder zusammen, um den Rest der heutigen Strecke in Angriff zu nehmen. Bis zum Berggasthof Huggenberg, unserem heutigen Ziel, ist es noch ein Stück.

Zurück auf dem Radweg, gehen wir stillschweigend und in Gedanken versunken nebeneinander her, als ein Rennradfahrer an uns vorbeifährt. Kurz hinter ihm folgt das weibliche Pendant. Plötzlich bremst sie, etwa 50 Meter vor uns, stark zusammen, bleibt stehen und dreht sich um. Sie sieht etwa eine Minute in unsere Richtung, ohne etwas zu sagen. Ich nehme im ersten Augenblick an, sie warte auf jemanden. Doch plötzlich wendet sie sich direkt an uns: „Bist du die Petra? Seid ihr die zwei vom Alpe-Adria-Trail??" Erstaunt bejahe ich ihre Frage. Ich muss wohl ziemlich verdutzt ausgesehen haben, denn sie kommt näher, nimmt die dunkle

Sportbrille ab und stellt sich vor. „Hi, ich bin die Christine und verfolge deine Vorbereitungen zum Trail schon seit Wochen auf Facebook mit großem Interesse! Ohh … Ich freu mich sehr, dass ich euch heute treffe!" Und ich erst! Was für ein schöner Zufall! Wir sind leider beide so perplex, dass wir völlig versäumen, ein Foto von dieser Begegnung zu machen. Trotzdem – sie bleibt in meinem Kopf! Christine wünscht uns noch alles erdenklich Gute und verspricht, auch weiterhin gespannt den Trail zu verfolgen. Dann fährt sie ihrem Mann hinterher. Weg ist sie. Ich freue mich noch lange über diese schöne Begegnung.

Wir erreichen endlich Saalfelden und kehren im ersten Café ein. Durst! Die Hitze ist enorm. Wir genießen die kurze Pause vor dem letzten Anstieg zum Berggasthof Huggenberg, wo wir die Nacht verbringen werden. Die Hitze macht mir heute besonders zu schaffen. Oder ist es nicht nur die Hitze? Immerhin hatten wir gestern eine Megaetappe und auch heute ist es kein Spaziergang. Wir sind froh, als wir endlich oben ankommen.

Nach einem ersten kühlen Getränk freue ich mich auf die Dusche. Dann sitzen wir auf der schönen Terrasse mit Aussicht auf ganz Saalfelden, das Steinerne Meer und die umliegende Bergwelt. Herrlich. Rund um uns tummeln sich Esel, Schafe, ein Pfau, ein Hund, Katzen und junge Enten. Ein Idyll! Wir kennen die Familie Strickner schon seit längerer Zeit und haben hier auf der Huggenbergalm bereits einige nette Feten gefeiert. Im Sommer führt eine Sommer-, im Winter die Winterrodelbahn ins Tal. Auch mit den Tourenschi sind wir hier schon gewesen. Und fast immer gab's die legendären Kasnockn!

Wir genießen die hervorragenden Kochkünste von Franz und plaudern mit seiner Frau Sonja. Gemütlich ist es hier. Um 21 Uhr gehen wir in

unser Schlafgemach. Mario schaltet noch den Fernseher ein. Der fehlt mir gar nicht. Während er nach einigen Minuten einschläft, lasse ich den vergangenen Tag noch einmal ablaufen und gehe die morgige Route in Gedanken durch. Schließlich fallen auch mir die Augen zu.

Mario:
Ausgeschlafen gehen wir zum Frühstück ins Gasthaus Hirschbichl und zu meiner Verwunderung habe ich so gut wie keine Beschwerden nach dem Marsch von gestern. Kein Muskelkater, nichts dergleichen. Da wir ja heute nur kurz bergab nach Weißbach marschieren müssen und die restliche Strecke flach nach Saalfelden verläuft, denke ich mir nichts. Doch bereits nach wenigen Metern fährt es wie ein Blitz in meine Oberschenkel und es ist wieder dieselbe Situation wie gestern. An den Weg kann ich mich kaum erinnern, ich bin nur mit meinen Schmerzen beschäftigt. Als wir endlich unten sind, herrscht schon eine ziemliche Hitze, und das um diese Uhrzeit! Das macht es nicht einfacher für mich. Den Weg nach Saalfelden am Radweg entlangzuhatschen ist schrecklich, aber dabei können sich wenigstens meine Beine wieder etwas ausruhen. Zu allem Überfluss kommt jetzt auch noch eine Blase an den Zehen dazu. Das Desaster ist perfekt. Endlich angekommen, raus aus den Schuhen und: ... „Oh je, des schaut ned guat aus!" Wie soll das die nächsten Tage gehen, das Gehen?

3. Tag:
Kilometer: 24
Höhenmeter aufwärts: 127
Höhenmeter abwärts: 305
Gehzeit: 5 Stunden
Gesamtdauer: 8 Stunden

Huggenberg – Bruck

Während Mario wie ein Bär im Winterschlaf schläft und sich dabei wie üblich von nichts und niemandem stören lässt, ist mein Ausruhen in dieser Nacht nicht besonders erholsam. Genau vor unserem Schlafzimmerfenster grasen die Schafe. Eines davon hat eine Glocke um den Hals (oder alle, so wie es bimmelt?). Ich habe von jeher keinen sehr tiefen Schlaf und höre selbst die leisesten Geräusche. Diese jedoch sind alles andere als leise. Irgendwann reicht es mir und ich schließe das Fenster. Das halte ich exakt eine halbe Stunde aus. An Einschlafen nicht zu denken. Gut. Decke runter, aufstehen, Fenster wieder auf. Rein ins Bett, Polster über den Kopf. Es wird etwas leiser, nicht etwa wegen dem Kopfpolster, sondern weil die Schafe sich endlich vom Fenster entfernt haben. Ich schlafe sofort ein. Lange dauert die nächtliche Erholungsphase allerdings nicht. Ein lautes „Yiiiahh" reißt mich aus dem Schlaf. Paul, der Hausesel, macht sich vor dem Schlafzimmer auf der Weide lauthals bemerkbar. Ist dieser „Weckservice" im Preis inbegriffen? Völlig entnervt stehe ich auf und krame die Ohropax aus den Untiefen meines großen Rucksackes hervor. Endlich sind mir doch noch ein paar Stunden Schlaf gegönnt, ehe ich von Mario geweckt werde. Er ist ausgeschlafen und guter Dinge, während ich mein Spiegelbild kaum wiedererkenne. Na dann: Guten Morgen!

Wir packen alles ein und gehen frühstücken. Hausgemachte Marmeladen, frisches Krustenbrot, Schinken, Käse, Ei in jeder Variante zu haben, Obst ... herrlich! Da fängt der Tag gleich gut an! Das Wetter wie gehabt: schon sehr früh sehr warm, wolkenlos, Sonne pur. Eine flache Etappe liegt vor uns. Vom Gasthaus Huggenberg gibt es die Möglichkeit, mit einer Sommerrodel ins Tal zu fahren. Leider ist diese so früh noch nicht in Betrieb. Wir entschließen uns, nicht darauf zu warten, bis sie geöffnet wird, und nehmen den kürzesten Abstieg, der die Bahn entlangführt. Mario ist gespannt, wie es ihm dieses Mal geht – und ich erst! Doch leider. Bereits nach einem kurzen Stück und einigen Schritten sind die Krämpfe wieder da – massiver und schlimmer als je zuvor. Mit schmerzverzerrtem Gesicht quält er sich Schritt für Schritt den Berg hinunter Richtung Tal. Ich mache mir ernsthaft Gedanken, wie das weitergehen soll. Es liegen noch zwei Wochen vor uns und diese Etappen haben es zum Teil in sich. Zum ersten Mal überlege ich, ob es nicht besser für ihn und auch für mich wäre, ohne ihn weiterzuwandern. Alleine der Gedanke daran macht mich unheimlich traurig! Ich weiß, der Tag wird kommen, an dem ich so oder so ohne Begleitung meinen Weg bestreiten werde und wir uns trennen – aber bitte noch nicht jetzt! Als wir endlich unten ankommen, fahren bereits die ersten Gäste mit der Sommerrodelbahn bergab. Da hätten wir gleich darauf warten können! Zumindest hätte Mario sich den schmerzhaften Abstieg erspart. Andererseits – wer

weiß, wofür es gut ist. Vielleicht brauchen seine Muskeln einfach nur noch ein paar Tage Zeit, um sich umzustellen.

Von nun an geht es flach weiter. Wir wandern kleine Landstraßen und Wege entlang durch Wiesen und Felder. Der kleine Ort Gerling hat eine schöne Kirche, die bereits von Weitem zu sehen ist. Ich will sie mir kurz ansehen. Mario macht inzwischen eine kleine Pause. Drinnen eine gute Atmosphäre. Wie immer spreche ich ein paar Worte mit meiner Oma. Ich bin nicht besonders gläubig und trotzdem hoffe ich, ein paar Energien in das Weltall schicken zu können. Der Mensch tut sich einfach leichter, wenn er an irgendetwas glauben kann – und wenn es nur der Glaube an sich selbst ist. Dieser versetzt ja bekanntlich Berge.

Wir kommen an die Saalach. Der Fluss, der auch durch unseren Heimatort fließt, von dem wir vor zwei Tagen aufgebrochen sind. Die Saalach entspringt in den Kitzbühler Alpen, fließt nördlich am Zeller See vorbei und bildet in Saalfelden eine Talwasserscheide, die das Zeller Becken vom Saalfeldener Becken trennt. Kaum zu glauben, dass wir schon hier sind – unterwegs Richtung Bruck an der Glocknerstraße. Die Sonne brennt unerbittlich auf uns herab. Deshalb bleibe ich stehen und krame aus meinem Deckelfach den Sonnenschutz heraus. Ich möchte nicht bereits nach den ersten Tagen mit einem gekochten Hummer verwechselt werden. Aufgrund der Hitze – die Sonne hat auch um 9 Uhr bereits genug Kraft – habe ich mich heute Morgen für ein Träger-Top entschieden. Daher ist es besonders wichtig, auch die Schultern ordentlich mit Sonnenschutz zu bedecken. Wer schon einmal einen Rucksack auf aufgebrannten Schultern platziert hat, weiß, wovon ich spreche. Das hält aber alle Viecher dieser Welt, die stechen, nicht davon ab, sich auf mich zu stürzen. Also Sonnenschutz wieder rein in den Rucksack, Anti Brumm raus. Die blutrünstigen Sauger nutzen jede erdenkliche Gelegenheit, um sich an unserem Blut zu laben, vor allem Bremsen gibt es hier, wohin man schaut. Auch Mario sprüht sich dieses Mal gern ein. Die Biester stechen sogar durch die Kleidung. Danach lassen uns die Tiere in Frieden weiterwandern und wir genießen die herrliche Landschaft. Außer ein paar hitzeresistenten Radfahrern ist kaum jemand unterwegs und wir freuen uns schon auf den Zeller See, den wir nach drei Stunden Gehzeit genau zur Mittagszeit an seinem südlichen Ende erreichen. Überall badende Menschen, kleine Boote. Sommer im Land. Doch wir müssen noch ein Stück weiter und hoffen, ein Freibad oder einen netten Zugang zum See zu finden.

Bei circa 35 Grad wandern wir am östlichen Seeufer entlang und genehmigen uns lediglich kurze Trinkpausen. Da wird doch irgendwo ein Strandbad sein? Wir gehen und gehen. Nur private Badeplätze überall. Müde, durstig und etwas genervt marschiere ich voran. Bei dieser Hitze würde ich weitaus lieber in den schönen See springen, der zum Greifen nahe scheint. Dann endlich: Am nördlichen Ende des Sees, bei Thumersbach, taucht plötzlich vor uns ein Strandbad auf. Eintritt frei noch dazu! Das trifft sich gut. Wir suchen uns ein nettes Plätzchen, nahe des Buffets versteht sich, lassen unsere zwei Rucksäcke ins Gras fallen, packen die Badehose aus und springen ins kühle Nass ... springen? Nicht so ganz. Der See führt so wenig Wasser, dass man sich etliche Meter hinausbegeben muss, bis es an die Knie reicht. Macht nichts – wir sind ja ohnehin Wanderer. Das Wasser ist so seicht, dass ich meine Kamera hole und bis weit hinaus mitnehme, um Fotos zu machen. Diese Gelegenheit bietet sich nicht oft. Die super Abkühlung vermittelt der See auch nicht (wenn ich ihn mit dem eiskalten Buchweißbach von gestern vergleiche) und dennoch ist es herrlich erfrischend nach dem langen Marsch. Bruck ist ja nicht mehr weit entfernt und wir beschließen, am See eine längere Rast einzulegen und den hochsommerlichen Nachmittag zu genießen. Wir schwimmen, trinken etwas Kühles am Buffet, gehen wieder ins Wasser ... Ich sag's doch: Urlaub!

Um 16 Uhr brechen wir schweren Herzens auf und verlassen das Strandbad. Der Rucksack scheint in den zwei Stunden um das Doppelte schwerer geworden zu sein. Aber bereits nach einer Dreiviertelstunde erreichen wir Bruck an der Glocknerstraße. In einer Apotheke wird wieder etwas Vorrat eingekauft: Energiepulver von Dr. Böhm, Magnesium, Augentropfen. Leider hat sich meine Augenentzündung nicht gebessert, sondern ist eher noch schlimmer geworden. Ich hoffe, ich bekomme sie mit den neuen Augentropfen etwas besser in den Griff. Wir überqueren die Salzach – schon wieder ein Heimatfluss – suchen noch ein Geschäft und kaufen dort ein kleines Mitbringsel für die Eltern von Hans-Peter, einem Radfahrkollegen von Mario und gutem Freund, bei denen wir heute nächtigen werden. Morgen wird Hans-Peter in aller Frühe zu uns stoßen und uns auf der langen Tagesetappe von Bruck auf die Edelweißspitze begleiten. Als wir bei seinen Eltern ankommen, ist bereits alles vorbereitet. Das Bett gerichtet, Handtücher im Bad und das Essen fast fertig. Was für eine nette Bewirtung! Wir trinken ein Weißbier und freuen uns auf eine erfrischende Dusche. Dann werden wir mit herrlichem Rindsbraten verwöhnt und verbringen noch einen netten Abend mit Willi und Brigitte. Wir erzählen, was wir bisher erlebt haben, und erklären den genauen Streckenverlauf. Die beiden sind voller Bewunderung über unser Vorhaben und freuen sich aufrichtig, dass wir bei ihnen den Abend und die Nacht verbringen. Im Zimmer vervollständige ich noch die Notizen des heutigen Tages. Es kommt mir absolut nicht so vor, als würde ich jetzt wochenlang unterwegs sein. Es fühlt sich eher an wie Urlaub – ganz „gewöhnlicher" Urlaub. Denn sportliche Betätigung gehört bei uns zur Freizeit dazu. Das ist nichts Außergewöhnliches. Einen Tag nur am Strand zu liegen – das schaffen sogar wir. Mehrere Tage jedoch keinen Sport auszuüben, das geht nicht. Es ist, als würde etwas fehlen. Ich freue mich darauf, Hans-Peter morgen zu sehen, und gehe im Kopf den sehr langen, morgigen Weg noch einmal durch. Dann falle ich in einen tiefen Schlaf.

Diese Nacht gibt es keine Schafe und keinen Esel, die mich wecken, sodass ich die Augen erst wieder am nächsten Morgen öffne, als der Tag erwacht.

Mario:
Im Unterschied zu Petra habe ich super geschlafen. Mich kann sowieso kein Esel oder Schaf wecken. Die Aufmerksamkeit gehörte allem voran meinen Zehen und dabei sah ich zu meiner Verwunderung, dass sich die abendliche Behandlung mit Betaisodona doch ausgezahlt hatte. Mal schauen, dachte ich, wie das heute wird, es wartet ja wieder nur ein kurzes Stück bergab auf mich und danach ist der Weg wieder

flach bis nach Bruck. Nach dem super Frühstück bei Franz und Sonja gingen wir los und mir wäre die Abfahrt mit der Sommerrodelbahn um Häuser lieber gewesen, hätte ich gewusst, was dann kam: Schon nach wenigen Schritten dasselbe Spiel. Dieses Mal war es sogar noch schlimmer als gestern. Ich sah ins Tal hinunter und dachte mir nur: Oh Gott, wie soll ich da runterkommen? Wir reden hier nur von ein paar Höhenmetern. Die Krämpfe in den Oberschenkel taten dermaßen weh, dass ich die Blasen auf meinen Füßen gar nicht bemerkte. Schritt für Schritt ging es langsam nach unten und als wir endlich ankamen, fuhren die Ersten schon mit der Bahn herunter. Na super, das hätten wir auch noch abwarten können! Im Nachhinein ist man halt immer gescheiter. Aber egal. Ab jetzt ging es wieder flach weiter. Die Hitze war auch schon wieder da und der Weg bis zum Ziel noch weit.

Heute war erst der dritte Tag und ich bin schon erledigt!

4. Tag:
Kilometer: 29,8
Höhenmeter aufwärts: 1 782
Höhenmeter abwärts: 72
Gehzeit: 7 ½ Stunden
Gesamtdauer: 8 ½ Stunden

Bruck – Edelweißspitze

Als ich meine Augen heute früh öffne, höre ich bereits die Stimme von Hans-Peter. Ich gehe ins Bad, um mich zu waschen. An Kontaktlinsen ist nicht zu denken. Meine Augen sind stark gerötet und tränen. Die Augentropfen haben bisher keine Linderung bewirkt. Selbstverständlich ist das Frühstück bereits aufgetischt, als wir die Küche betreten. Wir begrüßen unseren Freund und setzen uns an den reichlich gedeckten Tisch mit vielen selbst gemachten Köstlichkeiten. Willi schneidet gerade noch persönlich hergestellte Hauswürste auf und zeigt anschließend Mario stolz seine leckeren Wurstwaren und den herrlich duftenden Speck, die im Keller zum Austrocknen lagern. Ein Brötchen mit Wurst und Käse und einen Apfel packen wir als Jause ein. Heute steht uns eine der längsten Tagesetappen bevor. Umso besser, dass Hans-Peter mit uns geht! Der erste Teil der Strecke ist unspektakulär und trotz der Fuscher Ache, der wir folgen, nicht besonders attraktiv. Zum Glück herrscht hier in aller Frühe noch kaum Verkehr. Die ersten Radfahrer sind jedoch schon Richtung Großglockner Hochalpenstraße unterwegs. Der Rucksack kommt mir heute schwer vor. Überhaupt fühle ich mich müde und matt. Die Augenentzündung trägt auch nicht gerade zu mehr Wohlbefinden bei. Obwohl die Sonne das Tal noch nicht erreicht hat, blendet mich das Licht und Tränen laufen über meine Wangen. Da ich aber eine optische Brille habe, muss ich auf die Sonnenbrille verzichten.

Nach 14 Kilometern und fast drei Stunden Marsch kommen wir bei der Mautstelle in Ferleiten an. Hier machen wir eine kurze Rast.

Die Autos auf der Mautstraße werden von Minute zu Minute zahlreicher. Auch Busse bewegen sich einer nach dem anderen die steile Straße hinauf. Einen richtigen Gehweg gibt es leider nicht. So sind wir gezwungen, neben den vielen Fahrzeugen zu marschieren. Trotzdem genießen wir immer wieder den tollen Ausblick und das herrliche Bergpanorama rundherum und erfreuen uns an den vielen Radfahrern, die sich ebenfalls mehr oder weniger schnaubend die Straße hinaufquälen und dabei zumeist noch freundlich grüßen. Abkürzungen sind hier leider eine Seltenheit, da die Wiesen und Weiden mit hohen Zäunen abgegrenzt sind, die es dann mit dem schweren Gepäck zu bewältigen gilt. Doch die herrliche Landschaft entschädigt für alles.

Die Hitze ist auch heute kaum zu ertragen und der Rucksack wiegt gefühlsmäßig noch einmal so schwer wie üblich. Aber bei fast 1 800 Höhenmetern, die zu überwinden sind, ist es wohl nicht verwunderlich, dass mir das Tragen von 18 Kilogramm nicht so leicht fällt. Dicke Schweißperlen tropfen beim Gehen von allen Körperteilen, die nicht bedeckt sind. Meine Augen brennen und ich kann kaum etwas sehen. Die hellen Sonnenstrahlen sind für die Sehorgane wie Nadelstiche und der Schweiß tut sein Übriges. Beim Museum, nach etwa einem Dreiviertel des heutigen Weges, legen wir eine längere Pause ein. Wir trinken einen

gekühlten Radler und ich kaufe mir eine „Großglockner Hochalpenstraße Kappe". Nicht etwa, weil sie mir so unglaublich gut gefällt oder ich Touristenkram sammle, sondern um mich vor der Sonne zu schützen.

Nach einer Stunde Rast nehmen wir den letzten Teil der Strecke in Angriff. Ausgepowert und durstig kommen wir auf der Edelweißspitze an. Sie bildet den höchsten Punkt der Großglockner Hochalpenstraße auf 2 571 Metern Seehöhe. Als wir um 18 Uhr dort eintreffen, sind nicht mehr viele Touristen hier. Auf der Terrasse ist es außergewöhnlich warm. Noch immer wird sie von der Sonne beschienen. Wir können mit (kurzärmeligen) T-Shirts gemütlich ein Weißbier genießen und etwas essen. Mario ist es heute gut gegangen – es ging aber auch nur bergauf. Hans-Peter ist einen harten Sattel unter seinem Hintern gewohnt, aber nicht, so weit zu marschieren, und somit froh, dass wir endlich oben angekommen sind.

Auf der großen Aussichtsplattform lassen wir einen atemberaubenden Sonnenuntergang in den höchsten Bergen und vor den schönsten Gipfeln unseres Landes auf uns wirken. Die Lichter weit unten im Tal wirken wie winzige Leuchtkäfer. Alles ist so ruhig, so entspannt. Kein Lärm, reine Luft. Nur ein paar Pfiffe sind zu hören von den vielen Murmeltieren, die hier ausgelassen zwischen den Felsen herumtollen. Diese Augenblicke sind es, die den Strapazen des Aufstieges Sinnhaftigkeit verleihen, und ich genieße sie in vollen Zügen!

Die Zimmer sind wunderschön, das Essen schmeckt hervorragend. Was will man mehr. Wir verbringen einen gemütlichen Abend zu dritt und fallen um 21:30 Uhr müde ins kuschelige Bett. Gute Nacht!

Mario:
Das gestrige Bad im Zeller See bedeutete etwas Erholung und die Ab-kühlung hat richtig gut getan – es mutete schon fast wie Urlaub an. Am Etappenziel angelangt, war der Empfang bei den Eltern von Hans-Peter wie immer sehr herzlich und Verköstigung inklusive Schlafgelegenheit ließ keine Wünsche offen.

Als ich am nächsten Morgen aufwachte, spürte ich nur meine Zehen etwas, aber sonst ging es eigentlich ganz gut. Als mich Hans-Peter in der Früh sah, kam jedoch nur ein: „Oida, wie schaust denn du aus?" aus ihm heraus.

Heute würde es ausschließlich bergauf gehen. Ich hatte kaum Probleme beim Anstieg, einzig die Blasen waren unangenehm. Nach Stunden, in denen uns die Autos, Motorräder, Fahrräder und Busse nur so um die Ohren fuhren, machten wir Rast beim Museum unterhalb der Edel-weißspitze. Ich kenne die Strecke vom Radfahren wirklich gut, aber dass es zu Fuß so anstrengend ist, habe ich mir bei Weitem nicht gedacht. Die letzten paar Höhenmeter rauf zur Spitze waren dann noch einmal anstrengend und ich war froh, als wir endlich am Ziel anlangten.

Alles in allem war der Tag ganz gut verlaufen und die Laune wurde bei gutem Essen und ein paar Weißbier immer besser, so dass ich mir über die nächsten Tage keine Gedanken machte. Anscheinend sah das mein Freund etwas anders als ich, denn er riet mir, das Ganze zu be-enden. Er glaubte nicht, dass ich es schaffen würde, so wie meine Zehen aussahen. Das hatte er genau dem Richtigen gesagt. Da war er wieder, mein Ehrgeiz. Na warte, aufgegeben wird ein Brief, aber sonst nichts!

Edelweißspitze – Glocknerhaus

In der Nacht werde ich wach. Wind weht den Vorhang vor dem ge-
öffneten Fenster hin und her. Die ersten Tropfen fallen schwer auf das
Fensterbrett. Ich stehe auf und schaue aus dem Fenster in den gewittrig-
stürmischen Nachthimmel. Über den Gipfeln der höchsten Berge blitzt
es heftig. Überwältigt von dem nächtlichen Naturschauspiel, bleibe ich
wie gebannt eine Weile am offenen Fenster stehen. Fasziniert beobachte
ich die Blitze, die völlig unerwartet einmal hier, einmal dort zur Erde
rasen. Erst als Regen und Wind stärker werden, schließe ich das Fenster
und lege mich wieder schlafen.

Als wir am Morgen erwachen, ist von den Gewittern nichts mehr zu
bemerken. Die Sonne lacht vom Himmel, als wäre es nie anders gewesen. Mario hat nichts vom nächtlichen Treiben mitbekommen. Ich fühle
mich heute etwas besser. Obwohl sich der Schmerz in der rechten Schulter nach wie vor hoch bis in den Nacken zieht. Ich bin total verspannt.
Na toll! Ich knete und massiere ein wenig herum und hoffe, dass es besser
wird, wenn wir uns wieder bewegen und die Muskeln warm werden.
Meine Augen kratzen heute nicht mehr ganz so schlimm. Trotzdem ist
an ein Tragen der Kontaktlinsen nicht zu denken. Brille und Kappe sind
wieder angesagt.

Beim Frühstück warten wir auf Hans-Peter, der erst nach einer Weile zu
uns kommt. Er hat vergessen, den Wecker zu stellen – die „Jugend" halt ...
Rund um uns tummeln sich vergnügt die Murmeltiere in der morgendlichen Sonne und ihre Pfiffe gellen durch die herrlich frische Luft. Hoch
über uns einige Greifvögel, die ihre Kreise ziehen. Wir besteigen noch
einmal den Aussichtsturm neben dem Alpengasthof und genießen die

unglaubliche Fernsicht. Was für ein An- und Ausblick! Wunderbar! Den Großglockner sieht man von hier nur sehr verdeckt. Er wird unser großes Ziel in zwei Tagen sein, falls das Wetter hält. Im Touristenshop kaufe ich zwei Weißbiergläser als Andenken.

Von der Edelweißspitze hinunter bis zum Parkplatz Fuscher Törl begleitet uns Hans-Peter noch, dann trennen sich unsere Wege. Ich gebe ihm die erstandenen Weißbiergläser mit, die er in der Zwischenzeit für uns aufbewahrt. Wir umarmen und verabschieden uns und er wünscht uns noch einen guten Weiterweg.

Dann wandern wir hinab auf die Glocknerstraße und weiter in Richtung Franz-Josefs-Höhe bis zum Alpenvereinshaus Glocknerhaus. Zuerst geht es gleich ein großes Stück abwärts bis zur Fuscher Lacke. Bisher geht es Mario gut. Noch keine Beschwerden. Die Hoffnung steigt ... Immerhin fingen die Schmerzen in den letzten Tagen bereits nach den ersten getanen Schritten an.

An der Fuscher Lacke, einem kleinen Bergsee, befindet sich eine interessante Ausstellung über den Bau der Straße. Bereits zwei Jahrhunderte vor Christi Geburt wurde der Pass von Kelten und Römern begangen. Nach dem Brenner und dem Tauernpass war dies im 17. Jahrhundert der drittwichtigste Alpenübergang. Am 30. August 1930 wurde der Bau der Großglockner Hochalpenstraße mit einem Sprengschuss in Ferleiten symbolisch eröffnet. Das kleine Museum ist wirklich sehr interessant und es wird mir klar, wie hart die Männer gearbeitet haben, wie viele dabei ihr Leben lassen mussten – die meisten bei Lawinenabgängen –, damit wir hier gehen können. Der Berggasthof Fuscherlacke, besser bekannt als „Der Mankeiwirt", befindet sich in unmittelbarer Nähe. Herbert Haslinger, der Wirt, bezeichnet sich als Murmeltierprofi und beherbergt ein zahmes Murmeltier, im Volksmund „Mankei" genannt, zur Freude der Gäste. Für eine Pause ist es hier noch viel zu früh, aber ein Foto der Almhütte mit dem großen, hölzernen Murmeltier lassen wir uns nicht entgehen. Dann marschieren wir, teils auf Trails, meist jedoch entlang der asphaltierten Straße weiter durch das Hochtor. Es bildet die Grenze zwischen Salzburg und Kärnten auf 2 576 Meter Seehöhe. Auf Kärntner Seite folgen wir dem markierten Weg bis zum Glocknerhaus.

Erst als die Straße dann längere Zeit abwärtsführt, beginnen bei Mario wieder die Schmerzen. Tapfer kämpft er sich Schritt für Schritt weiter. Am Schöneck, einem nett gelegenen Alpengasthof, legen wir eine Pause

ein, trinken etwas und rasten. Hier gibt es einen interessanten Lehrweg über die Glocknerwiesen und eine kleine Naturschau.

Der Weg bis zum Glocknerhaus ist nicht mehr weit und führt meist leicht bergauf. Der Großglockner liegt jetzt in seiner vollen Pracht direkt vor uns. Was für ein beeindruckender Berg! Um 17 Uhr treffen wir im Glocknerhaus ein. Wir befinden uns jetzt im Herzen des Nationalparks Hohe Tauern. Das Alpincenter liegt auf 2 132 Höhenmeter und ist riesig. Das Restaurant im neuen verglasten Anbau wirkt nobel. Wir genießen noch die letzten Sonnenstrahlen bei einem Spaziergang rund um das Haus (offensichtlich sind wir heute noch nicht genug gegangen!) und machen uns dann über die Speisekarte im Restaurant her.

Neben Bergsteigern mit Kletterausrüstung und Rucksäcken betreten auch ausländische Touristen mit hochhackigen Stöckelschuhen den Raum. Multikulti. Ich mag das und beobachte die Leute rund um mich. Draußen fängt es an zu regnen und ein Gewitter zieht auf.

Meine Schulter schmerzt nach wie vor. Ich hoffe nur, dass sich das wieder legt. Mit Dehnungsübungen versuche ich vor dem Zu-Bett-Gehen abermals, die Muskulatur etwas zu beruhigen. Schmerzen jeglicher Art kann ich morgen nicht gebrauchen, sollte das Wetter mitspielen, denn wir wollen auf den Großglockner.

Mario:

Die Nacht habe ich wie immer super geschlafen und von all dem, was loswar, nichts bemerkt. Das ist wohl zurzeit das Einzige, was normal verläuft. Nach dem Aufwachen denke ich noch einmal über die Worte meines Freundes nach und als ich meine Zehen anschaue, wird mir klar, dass er eigentlich recht hat. Wie soll das funktionieren? Es liegt noch ein sehr weiter Weg vor mir und gleich zwei Baustellen in oder besser gesagt an meinem Körper sind für ein solches Vorhaben genau zwei zu viel.

Zum einen sehen besagte Zehen aus, als ob sie nicht meine wären, zum anderen wollen sich die Oberschenkel einfach nicht an das Gehen gewöhnen. Ich muss das irgendwie hinbekommen, nur wie? Einerseits ist da mein Ehrgeiz und zum anderen will ich Petra nicht enttäuschen, denn sie lebt gerade ihren Traum und hat sich so sehr auf diesen Trail gefreut!

Bei strahlendem Sonnenschein und angenehmen Temperaturen starten wir in den neuen Tag und siehe da, das Bergabgehen funktioniert ganz gut. Nachdem wir uns von Hans-Peter verabschiedet hatten, erkannte ich in weiter Ferne das Hochtor und dachte mir: „Des schaut ganz schön weit aus." Doch nach nicht einmal zwei Stunden erreichten wir es bereits. Sollte genau heute der Tag sein, an dem alles gutgeht? Fast! Erst beim letzten Stück, natürlich bergab, fangen die Schmerzen wieder an, aber zum Glück nicht mehr so schlimm wie an den vergangenen Tagen.

Das stimmt mich positiv und ich kann endlich auch das herrliche Panorama und die schöne Bergwelt so richtig genießen, einmal davon abgesehen, dass wir immer noch auf der Großglockner Hochalpenstraße und noch nicht viel im Gelände unterwegs waren. Nach fast 25 Kilometern auf Asphaltstraßen scheint es mir berechtigt, froh zu sein, dass die Straßen jetzt endlich ein Ende haben – zumindest für die nächsten Tage.

Nachdem wir das Zimmer bezogen und uns um unsere Wehwehchen gekümmert haben, setzen wir uns auf die etwas enge, aber doch gemütliche Terrasse des Glocknerhauses. Meine Zehen pochen, aber zum ersten Mal, seit wir unterwegs sind, überkommt mich ein Glücksgefühl! Morgen steht der Großglockner an!

Alles wurde von uns schon im Vorfeld geplant und das Wetter sollte auch passen. Nur, wie schaut es mit uns aus? Schaffen wir das nach den letzten Tagen? Als dann auch noch ein heftiges Gewitter aufzieht, glaube ich eigentlich nicht mehr daran, dass wir morgen den höchsten Berg Österreichs besteigen können.

6. Tag:
Kilometer: 17
Höhenmeter aufwärts: 1 882
Höhenmeter abwärts: 1 882
Gehzeit: 11 ¾ Stunden
Gesamtdauer: 13 ½ Stunden

Großglockner

Der Wecker meines Handys reißt mich unsanft aus dem Schlaf. Am Horizont wird es erst langsam hell. Es ist 4 Uhr Früh. Ich bin augenblicklich furchtbar aufgeregt und wecke Mario. Ob ich noch Schmerzen in der Schulter habe? Ich weiß es nicht. Ich hab keine Zeit, darüber nachzudenken. Alles dreht sich jetzt um den heutigen Tag!

Wir gehen uns nur kurz waschen – ist ja nicht immer das Wichtigste im Leben – und packen alles zusammen, was wir brauchen. Von den Utensilien, die wir hier am Trail dabei haben, ist das nicht viel. Alles andere wartet bereits bei Sepp, einem Bergführer und gutem Freund. Er lebt in Lienz und hat versprochen, uns vom Glocknerhaus abzuholen und dann nach Kals bis zum Lucknerhaus zu bringen. Wir haben gestern bereits alles besprochen und er war zuversichtlich, dass das Wetter hält. Unsere warmen Jacken und meine guten Bergschuhe sowie Steigeisen und Pickel haben wir schon vor Wochen bei ihm deponiert. Wenn alles glattgeht, ist er schon auf dem Weg hier herauf. Als wir zusammengepackt haben, steht auch schon ein Auto vor dem Haus und Sepp wartet bereits auf uns. Wir begrüßen uns kurz und fahren gleich los. Wir können unser Glück, dass das Wetter auch heute wieder so wunderschön geworden ist, kaum fassen. Es soll laut allen Vorhersagen auch halten. Keine Regenschauer und Gewitter zu erwarten. Gut. Sonst wären wir das Risiko einer Besteigung des Großglockners natürlich nicht eingegangen. Ich äußere auf der Fahrt kurz Bedenken wegen des Abstiegs. Da wir für die Besteigung nur diesen einen Tag eingeplant haben, frage ich Mario, ob er sich denn auch sicher ist, dass seine Beine diese Anstrengung mitmachen und er es schaffen wird. Er bejaht. Gut, denke ich mir. Er wird sich schon richtig einschätzen können – da bin ich mir sicher! Sepp zählt auf, was er alles mithat, um sicherzugehen, dass wir auch nichts vergessen: Kurzseil, Steigeisen, Pickel, Helm, Handschuhe, warme Kleidung, meine Bergschuhe, natürlich ein Erste-Hilfe-Paket. Nach etwa eineinhalb Stunden sind wir beim Startpunkt, am Parkplatz Lucknerhaus. Ich staune nicht schlecht, als um diese Uhrzeit bereits einige Autos hier parken und gerade mehrere Leute die Rucksäcke schultern und ebenfalls aufsteigen. Es wird langsam hell. Wir waren bereits einmal auf dem Großglockner, damals allerdings mit Übernachtung auf der „Adlersruh". Dort steht auf 3 454 Meter Seehöhe die Erzherzog-Johann-Hütte, die damit das höchstgelegenste Schlafzimmer Österreichs darstellt. Ich bin nervös und etwas unsicher. Hoffentlich schaffe ich diese unglaublich schwere Bergtour ohne Pause und das nach all den Tagen mit den langen Märschen, die wir jetzt bereits in den Beinen haben – ohne Ruhetag! Und doch freue ich mich darauf. Es ist spannend und so fühlt sich auch mein Körper an: angespannt. Wir verabschieden uns von Sepp und vereinbaren, dass er uns hier am späten Abend wieder abholt. Kurz vor 6 Uhr gehen wir los.

Warm ist es nicht, aber schon nach den ersten Höhenmetern in schnellem Schritt beginne ich zu schwitzen und die Kälte ist kaum mehr spürbar. Unser Weg führt vorbei an der Luckner- hinauf zur Stüdlhütte. Diese nutzen viele als Stützpunkt und beginnen hier ihren Aufstieg zum Gipfel. Daher ist es nicht verwunderlich, dass schon buntes Treiben herrscht, als wir bei der Hütte ankommen. Die Stüdlhütte liegt auf 2 801 Metern und die Höhe macht sich bereits beim Atmen bemerkbar. Wir gelangen nach kurzer Zeit zum unteren Rand des Gletschers, dem Ködnizkees. Eine Gruppe vor uns geht ungesichert über das Eis. Es ist aber am Rand des Gletschers durchaus mit Spalten zu rechnen, weshalb wir uns gegenseitig mit dem Seil absichern. Es bleibt jedem selbst überlassen, ob er derartige Vorkehrungen trifft. Ich fühle mich so besser.

Mario tut sich ebenfalls schwer mit der Höhe und klagt darüber, dass er pusten und prusten muss. Es liegt aber vielleicht auch daran, dass wir nicht gerade langsam unterwegs sind. Ich bitte ihn, etwas Tempo rauszunehmen. Immerhin haben wir das Schwerste noch vor uns: den Gipfelanstieg über die Eisrinne, den Klein- und den Großglockner. Nachdem wir den Gletscher ohne Zwischenfälle überwunden haben, geht es steil bergauf, zum Teil mit Stahlseilen versichert, am Grat mit bizarren Felsformationen entlang, bis zur Erzherzog-Johann-Hütte.

Hier gönnen wir uns nur eine kurze Verschnaufpause. Auf 3 454 Meter Seehöhe wird die Luft schon merklich dünn. Wir legen die Steigeisen an. Auf dem hart gefrorenen Schnee queren wir einen Hang, bis wir vor dem „Glocknerleitl" stehen. Das ist ein etwa 40 Grad steiler Eishang, den es zu überwinden gilt. Ich bin erstaunlich ruhig. Es liegt vermutlich daran, dass ich mich voll und ganz auf das Wesentliche, auf das, was ich zu tun habe, konzentriere. Mario geht vor mir. Ganz genau sehe ich ihm zu und versuche, mir seine Schritte einzuprägen. Jetzt bin ich an der Reihe. Ich ramme den Pickel, so fest ich kann, in den eisigen Untergrund. Das Eis ist so hart, dass es mir kaum gelingt, ihn tief genug hineinzuschlagen. Gerade mal die äußerste Spitze bohrt sich in den kalten Untergrund. Dann ein Schritt. Es knirscht, als die Steigeisen in das Eis eindringen. Konzentration. Ich beobachte die Leute rund um uns, um reagieren zu können, falls einer den Halt verliert oder nach unten rutscht. Wieder ein Schritt und noch einer ... Langsam, aber sicher komme ich vorwärts. Weiter oben, am Ende des Leitls, befinden sich nach wie vor einige Bergsteiger. Bleibt zu hoffen, dass von dort nichts runterkommt. Zügig kämpfen wir uns das steile Eis empor. Ich bin froh, als wir diese schwere Passage überwunden haben. Da der Grat eis- und schneefrei ist, montieren wir die Steigeisen ab. Oben am kleinen Plateau redet gerade ein Bergführer beruhigend auf einen Mann ein, der offenbar völlig überfordert auf dem Boden sitzt, weint und sich zitternd an den Fels daneben festklammert. Offensichtlich überschätzen sich immer wieder Leute und wissen gar nicht, was bei so einer hochalpinen Besteigung auf sie zukommt. Oder ist die Profitgier der Bergführer die Ursache? 60 bis 70 Prozent aller Besteiger dieses Berges erreichen den Gipfel mithilfe eines Führers. Im krassen Gegensatz dazu stehen jene, die den Berg solo und ungesichert, in zum Teil unglaublicher Geschwindigkeit hochlaufen. Ich versuche meine Gedanken wieder zu sammeln und bin gleich wieder voll bei mir und dem Fels. Ab dem Leitl erleichtern Eisenstangen die Sicherung und weisen den Weg. Weiter oben bleiben wir kurz stehen. Wir sind zu ein paar Leuten aufgeschlossen. Als ich hinaufblicke, sehe ich die vielen Bergsteiger, die bereits vor uns sind. Das trägt nicht gerade dazu bei, mich zu beruhigen. Was, wenn wir in einen Stau geraten? Wie man weiß, ist der Gipfel erst der halbe Weg.

Zum Glück sind wir früh genug dran. So hält sich der „Gegenverkehr" noch in Grenzen. Zwischen Kleinglockner, dem Vorgipfel des Großglockners, und dem letzten steilen Gratanstieg liegt die Pallavicini-Rinne. Rechts und links geht es 600 Meter abwärts – bis zum Ködnitzkees. Dort würde man mehr oder weniger „landen", wenn man ungesichert und unfreiwillig hier „absteigt". Jedes Jahr sterben Bergsteiger am Großglockner, immer wieder auch an dieser markanten Stelle, und zumeist versierte, die den Gipfel ungesichert erreichen wollen. Die Scharte selbst ist etwa acht Meter lang und 35 Zentimeter breit.

Um zu ihr zu gelangen, muss man erst noch vom Kleinglockner absteigen. Ein langer, etwas versetzter Schritt über einen kleinen Felsvorsprung bringt einen dann an den Rand der eisigen Palavicini-Rinne. Dies ist der sogenannte „Zwergentod", den es zu überwinden gilt. Mit Steigen oder gar einem Schritt ist es bei mir nicht getan. Ich rutsche langsam und etwas verängstigt den Fels hinunter. Mario ist bereits unten und weist mich zur richtigen Stelle. Geschafft. Kleinere Menschen haben es hier wirklich nicht leicht, den Fuß sicher auf den eisigen Boden zu stellen, und ich bin nicht gerade Goliath. Bin ich froh, dass Mario jetzt auch an der Rinne vorsteigt, während ich ihn sichere und er mich dann hinübersichern kann. Der letzte Aufstieg am Grat entlang gestaltet sich nicht mehr als sehr schwierig, wenn es aufgrund der vielen Leute auch etwas langsamer vorangeht. So stehen wir nach sechs Stunden wohlbehalten und überglücklich am höchsten Punkt unserer Heimat, dem Kaiserkreuz am Großglockner auf 3 798 Metern Seehöhe.

Schnell ein paar Fotos, die atemberaubende Aussicht kurz genießen und dann heißt es, flott den Abstieg in Angriff nehmen, bevor die Menschenmassen den Berg erklimmen. Mario meint, es wäre besser, wenn ich vorginge. Er könne mich so besser sichern. So klettere ich die schräge Verschneidung im zweiten Grad hinunter. Auch hier gibt es immer wieder kleinere Eisenstangen als Sicherung. Angst verspüre ich keine, trotzdem erfordert der Abstieg totale Konzentration. Wieder an der Pallavicini-Rinne angekommen, stehe ich jetzt jedoch vor meiner persönlichen Schlüsselstelle. Bereits vor zwei Jahren hatte ich hier meine Probleme, da man sehr schräg auf die vereiste Rinne auftreten muss und die Füße leicht den Halt auf dem Eis verlieren können. Nicht auszudenken, wenn ich hier ausrutsche! Dann überkommt mich Panik! Soll ich Mario, wie damals, bitten vorzusteigen? Ich schließe kurz die Augen, nur für ein paar Sekunden, gehe in mich, atme tief durch, öffne die Augen und steige hinunter. Dieses Mal fühle ich mich sicherer als damals. Den Blick auf die Wand gegenüber gerichtet, gehe ich hinüber, einen Schritt nach dem anderen. Als ich am Ende der Rinne ankomme, schlinge ich das Seil um die Stange, um Mario, der nun nachkommt, zu sichern. Bin ich froh, drüben zu sein! Ein Stein fällt mir vom Herzen. Doch es geht gleich weiter. Noch besteht kein Grund, sich in Sicherheit zu wiegen. Vor allem weil uns jetzt immer mehr Bergsteiger entgegenkommen. Kaum zu glauben, was sich hier abspielt. Rücksichtsloses Verhalten und Drängeleien wechseln mit Überholmanövern, dass mir fast die Spucke wegbleibt. Einmal rempelt mich ein Italiener, sodass ich kurz den Halt verliere und mich gerade noch an einem Fels festhalten kann. Nicht, dass ich weiß Gott wohin abgestürzt wäre, aber einen Meter unkontrolliert in diesem Gelände hinunterzusteigen kann sofort einen Bänderriss oder eine Zerrung bedeuten und das braucht hier oben weiß Gott niemand. Der italienischen Sprache nur wenig mächtig, rufe ich ihm laut „Stronzo" nach. Ein nicht gerade netter Ausdruck für einen Mitmenschen ... Er blickt sich nur kurz kommentarlos um und klettert weiter. Mario beruhigt mich. Wir kommen zur letzten Schlüsselstelle

der Tour, dem schwierigen Abstieg über die Eisrinne. Kurz müssen wir warten, bis eine Gruppe von Bergsteigern oben ankommt. Dann steigen ein paar Leute vor uns in die Rinne ein. Da passiert genau das, wovor ich mich am meisten fürchte: Die drei haben sich gegenseitig mit dem Seil gesichert. Der Letzte der Gruppe verliert den Halt und beginnt zu rutschen. Er schlittert nur knapp am Vordermann vorbei. Dieser wird jedoch ein Stück mitgerissen. Erst nach mehreren Metern kommen die drei Männer wieder zum Stillstand. Zum Glück hat keiner den anderen mit dem Steigeisen verletzt und ist niemandem etwas Ernsthaftes passiert. Jetzt hab ich es doch ein wenig mit der Angst zu tun. So fest ich nur kann, trete ich meine Steigeisen in den Hang und bemühe mich, so schnell wie möglich den felsigen Abschnitt zu erreichen. Mario steigt nach. An einer sicheren Stelle warte ich auf ihn. Wir lassen das Leitl hinter uns und gehen über den Schräghang hinunter in Richtung Erzherzog-Johann-Hütte. Als die schwierigsten Abschnitte hinter uns liegen, bleiben wir stehen und entfernen das Seil, die Nabelschnur von mir zu ihm, von ihm zu mir. Da fällt alle Anspannung von mir ab. Ich mache einen Schritt nach vorne, falle meinem Mann um den Hals und weine. Jetzt erst strömt das Glücksgefühl durch meinen Körper. Ich spüre es vom Scheitel bis zu den Zehen. So schön! Wir umarmen und küssen uns. Ich weiß nicht, wie lange wir so dastehen, wir genießen schweigend den Augenblick in der einmaligen Gletscherwelt.

Natürlich wissen wir, dass der Abstieg noch vor uns liegt. Er ist technisch nicht besonders schwierig, aber braucht auch noch seine Zeit. Als wir an der Hütte ankommen, trinken wir deshalb nur schnell ein Soda, Mario schickt ein SMS an Sepp und wir steigen ab. Gut gelaunt fliegen wir förmlich ins Tal. Da uns noch etwa eine Stunde Zeit bleibt, bis Sepp uns abholt, kehren wir bei der Lucknerhütte ein und trinken ein wohlverdientes Weißbier. Oder waren es doch zwei? Jetzt überkommt mich die Müdigkeit. Die letzten Meter bis zum Parkplatz fallen mir schwer und ich bin überglücklich, als ich Sepp schon auf uns warten sehe. Er gratuliert uns zum erfolgreichen Gipfelsieg mit einem Abklatsch und Berg-Heil. Dann bringt er uns hinauf zum Glocknerhaus. Schon nach ein paar Minuten Fahrt schlafe ich im Auto ein und werde erst wieder wach, als wir dort ankommen. Wir stoßen gemeinsam auf diesen unglaublichen Tag und die tolle Bergtour an, bevor Sepp uns verlässt. Um 21 Uhr falle ich ins Bett. Die letzten Tage hinterlassen so ihre Spuren.

Mario:
Da sich das Gewitter gestern Abend genauso schnell wieder verzogen hat, wie es gekommen ist, und der Hüttenwirt auch die Schönwetterprognose für morgen bestätigte, gingen wir zeitig ins Bett, weil ja schon um 4 Uhr der Wecker läuten sollte. Dann könnten wir immer noch entscheiden, ob wir den Glockner machen wollten oder nicht.
In der Früh: wolkenloser Himmel. Heute war irgendwie alles anders. Trotz der Anstrengungen der letzten Tage kam ich mir wie ausgewechselt vor. Ich glaube einfach, dass man mit der Herausforderung wächst, und sie war heute größer denn je. Der Aufstieg würde sicher nicht das Problem sein, aber der Abstieg? Nicht auszudenken, wenn die Krämpfe wiederkommen würden! Da aber alles ziemlich eng geplant war, blieb keine Zeit, um lange zu überlegen.
Nach dem sehr spärlichen Frühstück im Bett, das wir uns gestern am Abend noch zusammengestellt hatten, saßen wir bald bei Sepp im Auto, unterwegs Richtung Kals. Der Aufstieg gestaltete sich dann so wie erwartet, wir kamen zügig voran, der Gletscher war schnell überwunden. Einzig beim Stück zur Adlersruh überkam mich eine mittlere Atemnot. Es dauerte eine Weile, bis ich wieder Luft in meine Lungen brachte, und nach kurzer Pause bei der Hütte ging es weiter Richtung Leitl. Als wir am Grat ankamen, sahen wir die lange Menschenschlange bis zum Gipfel, die sich schön langsam nach oben bewegte. Der Aufstieg ging dann aber Gott sei Dank reibungslos über die Bühne und

es sollte sich als Vorteil erweisen, das Gelände schon einmal bestiegen zu haben. Da waren wir nun: am höchsten Punkt Österreichs, froh, dass wir es heute doch geschafft hatten. Da wenig Zeit zum Ausruhen blieb, stiegen wir rasch wieder ab.

Bis zum Gletscher spürte ich so gut wie nichts von meinen Beschwerden. Erst unterhalb des Lucknerhauses, von wo es in Anbetracht des heute zurückgelegten Weges nicht mehr weit ist, fing erneut ein leichtes Ziehen in den Oberschenkeln an. Petra sagte ich davon nichts. Es war schön zu sehen, wie glücklich sie war, und ich wollte ihr dieses Gefühl heute keinesfalls nehmen!

Der offizielle Alpe-Adria-Trail beginnt (690 km)

7. Tag:
Kilometer: 22,1
Höhenmeter aufwärts: 598
Höhenmeter abwärts: 1 390
Gehzeit: 5 ½ Stunden
Gesamtdauer: 7 Stunden

Glocknerhaus – Heiligenblut

Wir schlafen uns so richtig aus – bis 8:30 Uhr – und frühstücken ausgiebig. Meine Augen kratzen. Die Entzündung hält sich hartnäckig und das Tragen der Kontaktlinsen gestern war dem Heilungsprozess sicherlich auch nicht gerade dienlich. Also heute wieder bebrillt. Ich bin müde und ausgelaugt vom gestrigen schweren Tag und trotzdem: Sofort als ich aufwache, sind die schönen Momente und Bilder von unserem Gipfelsieg am Großglockner in meinem Kopf! Wow! Ich bin immer noch völlig überwältigt! Zum Glück marschieren wir heute fast nur abwärts. Zum Glück? Mal schauen, wie es Mario geht. Gestern haben seine Beschwerden erst gegen Ende der Tour angefangen. Immerhin stehen uns mehr als 1 300 Höhenmeter Abstieg bevor. Zuerst jedoch müssen wir vom Glocknerhaus hinauf auf die Kaiser-Franz-Josefs-Höhe. Dort beginnt auch der offizielle Alpe-Adria-Trail. Ich freue mich schon darauf. Wir starten in unseren siebten Tag bei herrlichem Wetter und sind bestens gelaunt. Bereits jetzt am Morgen ist es auf dieser Höhe nicht gerade kalt. Wir starten jedenfalls mit kurzen Ärmeln und kommen auf den ersten Metern bergauf auch gleich ordentlich ins Schwitzen – könnte aber auch an unserer Marschgeschwindigkeit liegen. Immer wieder ermahne ich Mario, langsamer zu gehen. Wir sind ja nicht auf einem Marathon oder auf der Flucht! Während Mario vor mir die Straße in eiligem Schritt erobert, freunde ich mich mit sämtlichen Murmeltieren an, die bettelnd auf Futter warten. Leider hab ich nichts zum Füttern bei mir. Trotzdem kommt eines ganz nah an mich heran und lässt sich sogar berühren. Mario bekommt leider von diesem schönen Szenario nichts mit. Er ist schon ein gutes Stück voraus. Ich eile ihm nach, es kommt kurz zu einem verärgerten Wortwechsel. Der Ärger vergeht mir aber gleich, als ich staunend vor der Pasterze stehe. Das war einmal der größte Gletscher der Ostalpen am Fuß des Großglockners. Doch jetzt ... Es ist nicht mehr viel da von der eisigen Schönheit! Dass die Gletscher schmelzen, weiß jeder, aber dieses Ausmaß war mir nicht bewusst. Es macht in jedem Fall betroffen und nachdenklich. Als der Kaiser im Jahre 1856 mit seiner Gattin Elisabeth den Großglockner besuchte, reichte der Gletscher bis an den Rastplatz, den sich Seine Hoheit damals am Rand der Pasterze ausgesucht hatte. Seither heißt

dieser Platz Kaiser-Franz-Josefs-Höhe. Der Kaiserstein und die Kaiserstatue erinnern ebenfalls daran. Heute sieht man die Ausläufer des Gletschers weit im Hintergrund. Das Wort Pasterze kommt ursprünglich aus dem Slowenischen und bedeutet so viel wie Almwiese oder Viehweide. Das heißt, es gab hier also auch bereits vor Hunderten von Jahren eisfreie Zeiten. Das mag alles stimmen. Doch noch nie zuvor ist das vorhanden gewesene Eis unserer Gletscher in so hoher Geschwindigkeit zurückgegangen wie in unseren Tagen.

Wir wandern hinauf zum Besucherzentrum. Jetzt, um diese frühe Zeit, tummeln sich hier oben noch kaum Touristen. Es gibt ein Restaurant und eine sehr interessante Ausstellung historischer Automobile. Wir sind aber wieder einmal zu früh dran und alles hat noch geschlossen. Das stört uns jedoch herzlich wenig. Die Schönheit des höchsten Berges Österreichs, auf den wir uns gestern noch hinaufgekämpft haben, und die umliegende Gebirgswelt nehmen uns gefangen. Atemberaubend ist wohl das treffendste Wort für diese Naturschönheit, in deren Nähe wir uns befinden. Wir machen einige Fotos und ich kann mich gar nicht satt sehen. Wieder zurück am Parkplatz, fragen wir uns, wo sich denn jetzt die Säulen des Alpe-Adria-Trails befinden? Wir sehen uns um. Mario blickt über die Brüstung und: Da sind sie endlich! Sehr schön sehen sie aus! Endlich kann ich sie in natura bewundern. Schnell die Stufen hinunter zur Plattform. Gespannt lese ich mir die Stationen durch. Sehr informativ. Der Alpe-Adria-Trail kann beginnen!

Wer will, kann von hier auch mit der Gletscherbahn abwärtsfahren. Der Weg ist mit dem Schild: „Nur für Geübte" ausgewiesen. Das dürften wir mittlerweile sein, und so starten wir den Trail und wandern los. Der überdurchschnittlich gut beschilderte Weg führt nun hinunter auf den Talboden, wo sich einst der Gletscher befand. Immer wieder kommt man dabei an Tafeln vorbei, welche die Höhe der Pasterze mit der dazugehörigen Jahreszahl anzeigen. Unter uns sprudelt rauschend das Wasser des Gletschers, das sich schließlich im Sandersee sammelt. Der schimmert türkis-blau und zieht mich an wie ein Magnet. Mario ist ohnehin einige Schritte hinter mir (ich wage gar nicht nachzufragen, ob ihm seine Beine wehtun). So schlüpfe ich schnell aus meinen Schuhen, krame mein Handtuch aus dem untersten Fach des Rucksackes hervor und wate zügigen Schrittes ins kühle Nass – und noch zügigeren Schrittes wieder

heraus. Waaahh ... Echt kalt, saukalt! Naja, was auch sonst, wenn's doch geradewegs vom Gletscher kommt. Eine Erfrischung war es allemal. Jetzt noch schnell die Füße, vor allem die Zehen und die Zehenzwischenräume sowie die Fersen gut trocknen, um einer Blasenbildung vorzubeugen. Den Hirschtalg trage ich auch noch einmal neu auf. Bisher ist sämtliche Haut an meinen Beinen intakt. Nicht so bei meinem Ehemann. Ihm ist nicht danach, den Gletschersee zu erproben. Er plagt sich nicht nur mit den beleidigten Muskeln herum, sondern auch mit einigen Monsterblasen. Der Ärmste! Ich bewundere ihn, wie er trotz der anhaltenden Schmerzen Tag für Tag in seine Bergschuhe schlüpft und mit mir diesen Weg bestreitet. Ich bin sicher, dass er das hauptsächlich für mich macht, obwohl es letztendlich auch für ihn eine Bereicherung sein wird, diese Erfahrung zu machen.

Schnell wieder rein in die Schuhe und weiter geht's. Wir wandern am wunderschönen Sandersee entlang bis zur Hängebrücke. Das Schmelzwasser donnert wie ein Schnellzug unter uns hindurch. Die Kraft der Wassermassen ist beeindruckend, sie rauschen über einen Wasserfall Richtung Margeritzenstausee. Wir nützen die kurze Rast für ein paar Fotos.

Weiter führt uns der Weg vorbei an einem Platz voller Steinmännchen. Es sollte nicht der einzige sein auf meinem Weg ... Der Möllschlucht in

ziemlicher Höhe folgend, warte ich jetzt immer wieder auf Mario. Er wird langsamer. Natürlich weiß ich, was das zu bedeuten hat. Schon wieder! Vielleicht wäre es doch besser, er ließe sich in Heiligenblut abholen. Ich werde am Abend noch einmal mit ihm darüber reden. Stillschweigend gehe ich weiter. Der Weg ist nicht ungefährlich. Stolpern oder ausrutschen könnte hier fatale Folgen haben und sogar tödlich enden, denn links geht es hier steil hinab in die Schlucht. Wir kommen an schönen Wasserfällen und an der Briccius-Kapelle vorbei. Hier wird der Ursprung von Heiligenblut beschrieben. Briccius war der Sage nach ein sehr gläubiger Däne, der in Konstantinopel Dienst tat. Auf dem Weg zurück in seine Heimat nahm er ein Fläschchen vom Blut Christi mit sich. Um das wertvolle Gut vor Räubern zu schützen, ließ er das Fläschchen in seine Wade einwachsen (hmmm – ist ja nur eine Sage!). Er wurde hier von einer Lawine verschüttet, worauf drei Ähren aus dem Schnee wuchsen. Dadurch wurden der Leichnam des Heiligen und auch das Blut Christi gefunden. Briccius soll an der Stelle begraben worden sein, an der sich jetzt die Kirche von Heiligenblut befindet. Dieser Vorfall verlieh dem Ort schließlich den Namen.

Wir passieren jedenfalls kurz darauf die Kapelle. Bis Mario aufschließt, habe ich Zeit, sie mir von innen anzusehen. Schön. Allerdings gerade jetzt nicht wirklich das Wichtigste für uns. Mario brauchte dringend eine Pause, wir haben ziemlichen Durst und vor uns steht, zum Glück gerade mal ein paar Schritte entfernt, die bewirtschaftete Sattelalm. Wir bestellen Apfelsaft und Radler – gleich in doppelter Ausführung. Die Getränke verdunsten geradezu. Wir sprechen nicht viel. Nach einer Weile brechen wir wieder auf und kommen schon bald an eine Abzweigung. Hier befindet sich eine schöne, in den Hang montierte Aussichtsplattform mit tollem Ausblick weit in das Mölltal und auf unser Ziel, Heiligenblut. Es ist also nicht mehr sehr weit. Obwohl wir heute noch nicht so lange unterwegs sind, freuen wir uns darauf, die Schuhe „an den Nagel zu hängen" und den Abend zu genießen. Im Ort herrscht reges Treiben. Tourismus pur. Zum Glück sind wir nicht auf Herbergssuche, denn eine günstige Unterkunft scheint hier nicht zu bekommen zu sein. Vorbei an der wunderschönen Kirche wandern wir bergab. Von hier aus sehen wir bereits von Weitem unsere heutige „Bleibe", den örtlichen Campingplatz. Es ist das erste Mal auf dieser Tour, dass wir unser Zelt aufstellen und campen. Irgendwie freue ich mich darauf, obwohl es noch zusätzliche

Arbeit bedeutet und ich ziemlich müde bin. Mein Magen meldet bereits Hunger und Durst. Mario tendiert dazu, einen Platz zu suchen und im hiesigen Campingrestaurant etwas trinken zu gehen. Keine gute Idee, denn danach würde es keinen mehr freuen, das Zelt aufzubauen. Also suchen wir uns ein nettes Plätzchen. Das Aufstellen unseres tollen Zeltes (mein Heiligtum) gestaltet sich als völlig unkompliziert und kurzweilig. Wir bezahlen 8,40 Euro pro Person für's Campen. Wahrlich nicht teuer. Der Campingplatz ist sehr schön gelegen und bietet alles, was man braucht. Sogar eine Waschmaschine und einen Trockner.

Über dem Großglockner ziehen auch diese Nacht Wolken auf. Wir hoffen, dass sie Heiligenblut nicht erreichen und es in der Nacht nicht zu regnen beginnt. Nach einem Schwätzchen mit dem Besitzer des Campingplatzes fallen wir dieses Mal nicht ins Bett, sondern ins Zelt und schlafen schon bald ein.

Mario:
Nach dem gestrigen Gipfelsieg war heute wieder eine „normale" Etappe dran. Beim Ansehen des Höhenprofils wurde mir aber schon etwas komisch zumute. Normalerweise freut man sich ja, dass es mehr bergab geht als bergauf, aber in meinem Fall würde das wieder Schmerzen bedeuten. Mich hat es ehrlich gesagt gewundert, dass mir beim Abstieg vom Großglockner so gut wie nichts wehgetan hat. Es lag wohl an der Anspannung und der Konzentration. Leider sollte sich das am heutigen Tag wieder ändern. Schon bei den ersten Schritten zur Pasterze hinunter war alles wieder beim Alten. Am Anfang ließ ich mir nichts anmerken, aber je länger der Abstieg wurde, desto schlechter ging es mir. Mir kamen das erste Mal echte Zweifel an der Sinnhaftigkeit des Weitermachens. Ich konnte weder die schöne Gegend noch sonst irgendetwas genießen. Es war einfach nur eine einzige Plagerei. Ich kann mich gar nicht mehr so richtig daran erinnern, wie ich überhaupt ans Tagesziel gekommen bin – ich weiß nur, als ich endlich den Kirchturm von Heiligenblut sah, fiel mir ein Stein vom Herzen. Zu meinem Glück war der Campingplatz auch gleich in der Nähe und wir mussten nicht lange herumsuchen, denn heute sollten wir ja die erste Nacht im Zelt verbringen.

8. Tag:
Kilometer: 32,2
Höhenmeter aufwärts: 1 634
Höhenmeter abwärts: 1 070
Gehzeit: 7 ¼ Stunden
Gesamtdauer: 10 ½ Stunden

Heiligenblut – Döllach – Marterle

Die erste Nacht im Zelt liegt hinter uns. Trotz seines angenehm leichten Gewichtes (2,35 kg) ist es sehr geräumig und bietet wirklich viel Platz, auch in seiner Höhe. Was nun aber nicht zwingend heißen muss, dass man auch genug Raum vorfindet, um einen ruhigen Schlaf darin genießen zu können. Zwar konnte ich am Abend gleich einschlafen, doch irgendwann zu finsterer Stunde ging es los: Fuß hier hinein, Hand da, „platsch", die Uhr im Gesicht und dazu noch das ständige Schürfgeräusch, das erzeugt wird, wenn man sich auf der Matratze umdreht. Mein Schatz ist ein absoluter „Wetzer". Er schafft es einfach nicht, sich hinzulegen und ruhig liegen zu bleiben. Und somit zählt die vergangene Nacht nicht gerade zu den erholsamen Nächten auf unserem Weg – für mich jedenfalls. Müde krabble ich am frühen Morgen aus dem Zelt. Alles tut mir weh. Mein erster Weg führt mich zum Dusch- und Waschraum. Viele Leute sind um diese Zeit, es ist etwa 7 Uhr Früh, noch nicht unterwegs auf dem Campingplatz. Alles ist ruhig und ich habe den Raum für mich alleine. Ich stehe vor dem Spiegel und kenne mich selbst kaum wieder. Scheine etwas gealtert zu sein in dieser Nacht. Ich wasche dieses Gesicht trotzdem und putze ihm die Zähne. Nach der Morgentoilette fühle ich mich etwas besser. Bevor wir uns ans Frühstück im Campingrestaurant machen, nehmen wir das Außenzelt ab, damit es in der Zwischenzeit die Nässe, die es durch das gebildete Kondenswasser hatte, wieder abgibt. Die anderen Utensilien verstauen wir ordnungsgemäß in unseren Rucksäcken. Ich bin sowieso sehr ordnungsliebend, aber im Rucksack herrscht strengste Ordnung. Es ist wichtig, immer zu wissen, wo alles ist. So bedarf es nur eines Reißverschlusses und eines Griffes und schon hat man das in Händen, was man sucht. Nicht auszudenken, würde ich jedes Mal den halben Krempel raus- und wieder reinräumen müssen!

Wir gehen frühstücken. Bereits am Vorabend hat es uns die nette Kellnerin angeboten. Und es ist wirklich toll: Wurstaufschnitt, verschiedene Käsesorten, Tomaten, Gurken, Paprika, weiche Eier, Marmeladen ... Der Chef legt sogar noch eine Tageszeitung auf den Tisch. Beim Zahlen wissen wir dann auch warum. Die Zeitung sollte bei stolzen 13 Euro pro Person schon dabei sein! Etwas verärgert über uns selbst, dass wir uns nicht zuvor über den Preis erkundigt haben, ziehen wir schließlich von dannen. Aber was soll's. Ist ja immerhin unsere Hochzeitsreise. Dann war das eben das Hochzeitsfrühstück. Noch einmal vorbei an der schönen Kirche von Heiligenblut. Auch jetzt nehme ich mir nicht die Zeit, sie mir von innen anzusehen. Nicht etwa, weil es mich nicht mehr interessiert, sondern eher meinem Mann zuliebe, der es schon wieder eilig hat. Ganz unrecht hat er damit nicht, denn wir haben uns für heute eine längere Wegstrecke vorgenommen und möchten bis zum Abend beim Alpengasthaus Marterle ankommen. Wir wandern auf dem AAT durch den Nationalpark Hohe Tauern.

In früheren Zeiten, vor allem im 16. und 17. Jahrhundert, wurde in diesem Gebiet Gold abgebaut. In Erinnerung daran hat man hier im Fleißtal ein original Goldgräberdorf errichtet. Insbesondere für Familien mit Kindern bietet das Goldschwemmen am Fleißbach ein schönes und spannendes Abenteuer. Wir kommen nicht in Versuchung, hier eine Rast einzulegen, und wandern weiter. Ich bleibe von Zeit zu Zeit stehen und bestaune den Weg, der hinter uns liegt. Immer wieder eröffnen sich herrliche Blicke in das Mölltal bis zum Großglockner.

Drüben auf der rechten Talseite hören wir das Rauschen eines riesigen Wasserfalls, des Jungfernsprunges. Plötzlich läuft ein riesiger Schäferhund, die Zähne fletschend und bellend, aus einer Hauseinfahrt auf uns zu. Mir rutscht fast vor Schreck das Herz in die Hose. Mario geht vor mir. Er schreit den Hund laut an, der verdutzt abbremst und stehen bleibt. Er hält den Kopf schief und spitzt die Ohren. Mario geht weiter auf ihn zu, während ich etwas zurückbleibe. Echt mutig! Bin ich froh, dass mein Schatz in diesem Augenblick dabei ist. Da setzt sich der Hund wieder in Bewegung, geht auf Mario zu, schmeichelt um seine Beine und wartet darauf, gekrault und gestreichelt zu werden. Wir kommen in Unterschachnern an und zum ortsbekannten Zirbenwirt ist es nicht mehr

weit. Hier wollen wir unseren Durst stillen und eine kurze Rast einlegen, denn die Sonne brennt, wie so oft in letzter Zeit, unbarmherzig auf uns herab. Der Zirbenwirt ist ein kleines Gehöft und hat seinen Namen von der sehenswerten alten Zirbenstube aus dem Jahr 1826. Auch außen sorgen die Wirtsleute für liebevolle Details, so zum Beispiel gibt es einen lustigen alten Klapptisch aus Holz in Form eines Männchens. Wer hier einkehrt, wird mit hausgemachten Leckereien und Säften verwöhnt. Wir löschen den Durst mit Hollersaft. Vier junge, verspielte Kätzchen tummeln sich im Garten. Die große Freude über die kleinen Vierbeiner liegt fast ausschließlich bei mir. Meinem Mann fällt es weniger schwer, die süßen Kätzchen wieder zu verlassen. Aber tatsächlich ist es höchste Zeit aufzubrechen. Schon bald kommen wir zum Apriacher Bergbauerndorf mit seinen alten Stockmühlen.

Diese sind Zeugen der jahrhundertelangen Tradition des Getreideanbaus an diesen Sonnenhängen. Der Name „Stockmühlen" leitet sich von der Antriebsachse des Mühlsteins aus Holz ab. Die Mühlen, eine über der anderen, stehen auf hohen Holzfüßen, darunter befindet sich jeweils der Mühlstein. Das Wasser fließt von oben nach unten und versorgt so Mühle für Mühle. Seit 1983 sind die Mühlen unter Denkmalschutz gestellt.

Wir gehen hinauf bis zur obersten, füllen dort am glasklaren Mühlbach unsere Wasserflaschen auf und gönnen uns auch gleich einen Schluck des erfrischenden Wassers. Wir wissen es oft gar nicht zu schätzen, in welch wunderbarem Paradies wir leben. Das wird mir hier wieder klar. Am liebsten würde ich mich von allem befreien und unter den kühlenden Wasserstrahl stellen, doch dafür bleibt keine Zeit, wenn wir heute noch weiterkommen wollen. Das Wasser ist vielleicht auch zu kalt. Anschließend besuchen wir noch kurz den Mentlhof, einen alten Schaubauernhof. Auch hier gibt es allerhand selbst gemachte Köstlichkeiten, auf die wir aber nach dem üppigen Frühstück noch nicht so richtig Appetit verspüren. Die altbäuerlichen Brauchtümer und Gegenstände faszinieren dafür umso mehr und erinnern mich an die Geschichten von früher, die mir meine Großmutter so oft erzählt hat. Über die „guten alten Zeiten", als die Leute mit geringen Mitteln schwerste Arbeit leisten mussten, um ihren Lebensunterhalt bestreiten zu können. Und doch bin ich davon überzeugt, dass die Menschen damals zufriedener waren. Vor einem kleinen Haus sitzt ein alter Mann mit einem Wasserschlauch und gießt Blumen. Er spricht uns freundlich an und fragt, woher wir kommen und wohin wir gehen. Er bietet uns etwas zu trinken an und ist sehr angetan von unserem Vorhaben. Schließlich wandern wir weiter Richtung Döllach. Mir ist heiß. Ich bleibe stehen, trinke aus meiner Flasche und spreche laut meinen Wunschgedanken aus: „Ich will, dass es in Döllach ein Freibad gibt und dann legen wir da eine Pause ein. Habt's gehört, ihr Geister da oben? Bitte macht's, dass es da ein Bad gibt!" Mario lächelt nur mitleidig und geht unbeeindruckt weiter. Der Weg führt oberhalb des Ortes vorbei und dann hinunter und was sehen wir da? Richtig! Da ist es – ein kleines, aber feines Freibad, in dem sich die Leute tummeln. Ich kann es gar nicht in Worte fassen, wie sehr ich mich freue! Schnell sind wir dort. Man sieht uns an, als kämen wir vom Mars! Völlig verschwitzt mit unseren großen Rucksäcken bei dieser Affenhitze – kein Wunder! Wir schlüpfen in unsere Badesachen und nichts wie rein ins kühle Nass!
Nachdem wir uns ausgiebig abgekühlt haben, legen wir uns auf unsere Handtücher ins Gras. Ich liege in der Wiese, neben mir summen Bienen um Kleeblüten und ich schaue in den blitzblauen Himmel. Während ich daliege und darüber nachdenke, wie gut es mir geht, wie wunderbar ich mich fühle und wie schön alles ist, fällt irgendetwas von mir ab. Ich weiß nicht genau, was es ist und was das Gefühl bedeutet. Als würde ich

plötzlich um ein paar Kilogramm leichter werden. Ich atme tief ein und wieder aus. Unbeschwert und absolut glücklich lausche ich dem Treiben der Kinder, die ausgelassen und vergnügt um das Schwimmbecken toben. Zum ersten Mal denke ich an die Arbeit, an die Kollegen. Sofort überkommt mich ein beklemmendes Gefühl. Der Stress, der innerliche Druck kehrt augenblicklich in meine Gedanken zurück. Schnell öffne ich die Augen. Ich will nicht daran denken. Abstand. Das ist es, was ich brauche. Ich stehe auf, hauche Mario einen Kuss auf seinen durchtrainierten Bauch und springe ins Wasser. Ich sollte einfach nur froh sein, das erleben zu dürfen, und mich meines Lebens freuen, denn es fühlt sich gut an! Mario kommt zu mir, wir tauchen uns gegenseitig unter und haben Spaß – so soll es sein. Schnell sind die trüben Gedanken und das seltsam beklemmende Gefühl wieder vergessen. Seele und Geist sind in Urlaub! Wir setzen uns an die kleine Bar und trinken noch ein erfrischendes Getränk, bevor wir alles einpacken und uns schweren Herzens wieder auf den Weg machen. Wir wollen ja noch zum Alpengasthof Marterle. Somit liegen noch 19 Kilometer und 1 100 Höhenmeter vor uns. In Mörtschach kaufe ich in einem kleinen Kramerladen, der zu einem Bauernhof gehört, noch eine Jause. Mario wird von einem jungen deutschen Pärchen angesprochen, das ebenfalls Rucksäcke mit sich trägt. Ich geselle mich dazu und wir plaudern kurz über unsere Vorhaben. Das Pärchen geht in seinem Urlaub auch einige Etappen des AATs. Genau wie wir wollten sie heute noch zum Alpengasthof, lassen sich dann aber von einem Shuttle-Taxi in eine Pension im Tal bringen. Laut ihrer Aussage soll es am Marterle keine freien Zimmer mehr geben. Mit dem Zelt im Gepäck sollte das aber kein Problem darstellen. Ein Dach über dem Kopf haben wir in jedem Fall. Wir verabschieden uns von den beiden, wünschen einander noch einen guten Weg und viel Spaß und gehen weiter. Wir folgen zuerst einem langen Schotterwaldweg, der sich in Serpentinen aufwärtsschlängelt. Apropos schlängelt ... Wer mich kennt, weiß, dass ich Schlangen nicht gerade liebe! Hier handelt es sich wohl um die bevorzugte „Schlangenselbstmordstraße". Alle paar Meter liegt eine überfahrene Schlange, so manche lebt noch. Zumeist handelt es sich um Blindschleichen. Genau gesehen, eigentlich keine Schlangen, aber für mich ist es das Gleiche. Auch zwei Kreuzottern liegen platt wie Flundern auf dem Schotter. Erst nach etwa zwei Dritteln des Weges wird das Gelände abwechslungsreicher und wir verlassen den Schotterweg.

Zuerst noch steil und steinig geht der Pfad in moosigen Waldboden mit mystisch anmutenden Fichten und dichtem, graugrünem Geflecht über, das wie Schleier von den Ästen hängt. Ich warte nur darauf, dass plötzlich ein Elf oder ein Hobbit aus dem Dickicht hüpft. Aber nichts passiert. Nur Mario hüpft schon fast wie Rumpelstilzchen. Zumindest flucht und schimpft er vor sich hin. Zum Glück nicht mehr aus demselben Grund wie bisher, weil er vom Schmerz verfolgt wird, sondern weil er endlich ankommen will. Durst, Hunger und Müdigkeit machen sich bemerkbar. Zur Hitze kommt auch noch eine beinahe unerträgliche Schwüle und wir sind froh, als wir endlich am Ziel sind. Unerwartet lichtet sich plötzlich der Wald und wir stehen vor einer Almwiese und mehreren Almhütten. Kühe grasen friedlich. Die Sonne steht bereits flach und zaubert schönes, warmes Licht auf diesen herrlichen Flecken Erde. Vor uns liegt der malerische Alpengasthof Marterle.

Wir wählen einen Tisch an der Umzäunung, um den Ausblick genießen zu können. Kaum das Gepäck abgelegt und hingesetzt, kommt auch schon eine Frau auf uns zu. Die Wirtin sieht uns an und überlegt kurz. Dann fragt sie: „Bist du nicht die aus dem Internet? Seid ihr die zwei, die auf Hochzeitsreise sind? Die Petra?" „Ja, die bin ich", ist meine Antwort. Da ist sie total begeistert und meint nur, dass sie schon auf uns gewartet hat und sie sich schon dachte, dass wir jetzt bald mal hier sein müssten. Sie ist bereits lange Fan meiner Facebook-Seite „Der AAT – Time-out statt Burn-out von Petra Albenberger" und verfolgte von den Vorbereitungen bis zum aktuellen Zeitpunkt alles mit. Jetzt freut sie sich total, dass wir auf ihrem Berghof gelandet sind. Ich frage nach, ob nicht doch vielleicht noch ein Zimmer frei ist. Natürlich! Wir bekommen das Zimmer mit der schönsten Aussicht. Gott sei Dank! Die Wirtin verschwindet, kommt gleich wieder mit Schnäpsen aus dem Haus, reicht uns die Hand und stellt sich als Erika vor. Wir stoßen an und genießen unsere Getränke.

Hier oben, in der Gemeinde Rangersdorf, gleich neben dem Gasthof, steht auf 1 186 Meter die höchstgelegene Wallfahrtskirche Österreichs. Sie ist untertags immer geöffnet, ansonsten kann man sich den Schlüssel von Erika holen. Die Kirche ist es wert, besichtigt zu werden. Das mache ich dann auch. Ein wahrer Ort der Stille. Die Atmosphäre hilft mir, meine Seele in Einklang mit meinem Körper zu bringen. Ich genieße nicht nur die Ruhe in dem schönen Gebäude, sondern auch jene, die in mir einzieht. Ich weiß, wir sind nicht alleine auf dieser Welt. Es gibt Energien, die wir nicht orten oder sichtbar machen können, aber sie umgeben uns. Ich zünde noch eine Kerze an. Das Licht flackert und im Schein des Kerzenlichts sehen die mit Gold verzierten Statuen noch beeindruckender aus. Ich verlasse die Kirche und wir betrachten die Säulen des AATs genauer, die auch hier oben nicht fehlen dürfen.

Die Sonne steht schon tief und einige Wolken ziehen auf. Die meisten Leute haben sich bereits auf den Heimweg gemacht, da kommt das Pärchen aus Deutschland an. Die zwei sehen ziemlich müde aus, setzen sich kurz zu uns und warten auf das Taxi, das sie ins Tal bringt. Sie sind ziemlich verdutzt, als sie erfahren, dass noch einige Zimmer frei sind. Lieber hätten sie auch hier oben übernachtet. Sie haben schon vor Wochen bei Erika reservieren wollen, bekamen aber zur Antwort, dass das so lange im Vorhinein nicht möglich sei. Wir verabschieden uns voneinander. Vielleicht sehen wir uns ja noch einmal am Trail. Wir bestellen original Kärntner Kasnudeln (was sonst!) und Erika bringt eine Flasche Rotwein mit und meint, das sei ein Geschenk zur Hochzeit für den Abend, damit wir es uns so richtig schön machen können. Wow! Echt nett! Wir freuen uns sehr darüber. Das Essen schmeckt ausgezeichnet, anschließend ziehen wir uns ins Schlafgemach zurück. Während Mario duschen geht, kommt ein Gewitter auf und es fängt an stark zu regnen. Es blitzt und

der Donner hallt in den Bergen wider. Ich stehe an der Balkontür und genieße dieses Naturschauspiel. Genauso schnell, wie das Unwetter aufzog, verschwindet es auch wieder und die Abendsonne kommt noch einmal zum Vorschein. Schnell schnappe ich mir ein Nachtkästchen, stelle es auf den Balkon, zwei Sessel dazu, Decken zum Zudecken und den Tisch mit dem Wein und kleinen Dekorationen gedeckt.

Mario staunt nicht schlecht, als er das Zimmer betritt. Die frische, kühle Luft nach dem Gewitterregen tut richtig gut. Wir reden noch über die vergangenen Tage. Genau eine Woche sind wir jetzt unterwegs und es ist beinahe unglaublich, wie viel wir erlebt und gesehen haben. Wir sehen uns Fotos an und genießen den Wein. Ich erkundige mich bei Mario über sein Befinden. Er hat heute kein einziges Mal über Schmerzen geklagt. Und tatsächlich: Die Schmerzen haben nicht nur nachgelassen, sondern sind sogar weitgehend weg. Hin und wieder ein leichtes Ziehen. Einzig die Blasen auf den Zehen sind etwas störend, aber kein Vergleich zu den vorherigen Muskelfasereinrissen an den Oberschenkeln. Er krempelt die Hosenbeine nach oben und ich kann kaum glauben, was ich sehe: Seine Oberschenkel sind mit kleinen blauen Flecken übersät. „Was hast du denn da gemacht??!!", frage ich ihn. Nichts. Es sind Hämatome von den Muskelverletzungen, hervorgerufen durch die Krämpfe der letzten Tage. Unglaublich! Wie sehr muss er sich gequält haben? Bin ich froh, dass es jetzt besser geworden ist! Noch ein Grund zum Feiern! Auch er erkundigt sich bei mir. Nicht über mein körperliches Befinden, sondern mein seelisches. Dass er sich darüber Gedanken macht, freut mich. Ich sage ihm, dass ich mich entspannt und wohl fühle. Es geht mir zur Zeit wirklich sehr gut. Vor allem heute, wo ich gemerkt habe, dass er Freude am Wandern hat und endlich alles genießt! Ein richtig schöner Abend.

Mario:
Die erste Nacht im Zelt war der Horror schlechthin. Obwohl es sich um ein sehr geräumiges Schlafgemach (zumindest für Zeltverhältnisse) handelt, ist das nichts für mich. Ich brauche sehr viel Platz zum Schlafen. Da wir für heute wieder eine ziemlich lange Route geplant hatten, machten wir uns nach dem Frühstück auch gleich auf den Weg. Die ersten Meter bergauf taten ordentlich weh, aber das sollte sich schon bald ändern. Wir gingen etwa eine halbe Stunde locker dahin und dabei fiel mir auf: Meine Muskelschmerzen waren plötzlich kaum mehr vorhanden — es

war fast ein Wunder. Vielleicht hat sich die Muskulatur jetzt auf die ungewohnte Bewegung eingestellt. Wie erleichtert ich war, wie froh – um nicht zu sagen glücklich! Es war das erste Mal, seit wir von zu Hause aufgebrochen waren, dass ich die Gegend und den Weg wirklich genießen konnte. Ich war richtig gut gelaunt und das tat meiner Frau auch wohl. Nach etwa einer Stunde Marsch in brütender Hitze äußerte Petra plötzlich einen ungewöhnlichen Wunsch: „Ich wünsche mir, dass es im nächsten Ort ein Freibad gibt!" Von wegen Freibad im nächsten Ort. Warum sollte ausgerechnet da ein Bad sein? Meine liebe Frau, dachte ich, die ist und bleibt halt eine Träumerin ... Wir gingen noch circa eine Stunde, als wir oberhalb von Döllach schon einige Häuser erkennen konnten. Und was war das? Ich dachte zuerst an ein Hotel mit Schwimmbad, aber nein – tatsächlich war da ein öffentliches, kleines, feines Freibad! Nicht zu glauben, der Wunsch war in Erfüllung gegangen! Eigentlich sind mir Freibäder nicht besonders sympathisch, aber heute war es, als liege das Paradies vor meinen Füßen. Die Rast dort und die Abkühlung kamen wie gerufen und wenn es nach mir gegangen wäre, hätte ich am heutigen Tag keinen Schritt mehr gemacht.

Nach der Pause dauerte es eine Weile, bis sich meine Beine wieder ordentlich bewegten, und der anfangs fade Weg entlang der Möll und an der Straße trug auch nicht gerade zur Erheiterung bei. Das änderte sich jedoch schon bald. Die Wanderung wurde landschaftlich immer reizvoller und die letzten Höhenmeter in Richtung Berggasthof Marterle, unserem heutigen Ziel, wurden schließlich sehr steil. Einzig der Gedanke, heute wieder im Zelt schlafen zu müssen, trübte meine Stimmung. Ich war erst mal froh, aus meinen Schuhen herauszukommen, und als sich die Wirtin dann auch gleich zu uns gesellte, war der lange Weg schon fast vergessen. Auch erkannte sie uns sofort, da sie die Seite über den Trail auf Facebook, wie sie sagte, mit Spannung verfolgte. Für mich war es einer der schönsten Abende, die wir auf unserer Hochzeitsreise (!) erleben durften. Zwar hundemüde und mit ziemlich ramponierten Füßen (dieses Mal sind es die Blasen), aber dieser Ort hier oben hat etwas so Gemütliches, richtig zum Genießen! Dass ich Derartiges sage, ist ja kaum zu glauben. Erika bewirtete uns vom Feinsten und das Zimmer mit dem herrlichen Ausblick, das wir bekamen, war der Wahnsinn. Da konnte das kurze, aber heftige Gewitter auch nichts daran ändern.

9. Tag:
Kilometer: 21
Höhenmeter aufwärts: 1 250
Höhenmeter abwärts: 1 331
Gehzeit: 5 ½ Stunden
Gesamtdauer: 7 ½ Stunden

Marterle – Stall – Bodenhütte

Gleich am frühen Morgen erwartet uns die nächste Überraschung: Erika hat den Tisch auf der von der Morgensonne bereits gewärmten Terrasse für uns in einen romantischen Hochzeitstisch verwandelt. Sie findet es einfach super, dass wir unsere Hochzeitsreise auf diese Art und Weise verbringen und auch noch bei ihr vorbeikommen. Was dann alles serviert wird, führt beinahe dazu, dass der Tisch aus allen Nähten platzt. So viel können wir gar nicht essen. Wir richten uns noch eine kleine Wegzehrung her und verabschieden uns herzlich von Erika und dem schönen Alpengasthaus Marterle.

Bis nach Stall geht es erst einmal nur bergab. Wir wandern entlang einer alten Wallfahrer-Route über Weiden und durch Wälder. Die Markierungen befinden sich auf Steinen am Boden und sind nicht leicht ausfindig zu machen. Zum Glück ist uns das Wetter hold. Sonne und Wolken wechseln sich ab. Das Mühsamste an diesem Weg sind die Übertritte an den Zäunen: Stacheldraht, soweit das Auge reicht und in einer Höhe angesetzt ... Ich weiß, wir beide sind nicht unbedingt die größten Menschen, aber wäre ich hier alleine unterwegs gewesen, hätte ich tatsächlich Probleme gehabt, von einer Zaunseite auf die andere zu gelangen. Mario geht vor. Mit aller Kraft drücke ich den Stacheldraht hinunter. Er ist doch ein Stück größer als ich und steigt darüber. Jetzt bin ich an der Reihe. Auch er drückt mit aller Kraft den Zaun nieder und ich schaffe es gerade, ohne meine Hose zu ruinieren. Dafür bleibe ich mit dem Rucksack hängen. Kann nur von Leuten gemacht worden sein, die entweder nicht wollen, dass man über ihre Wiesen wandert, oder nicht besonders viel mitdenken bei der Arbeit. Immer wieder kommen uns auf dem heutigen Weg derartige Übergänge unter. Als ich dann bei einem Übergang nach Ablegen meines Rucksacks darüberspringen muss und auf der anderen Seite genau in einer überdimensionalen, noch frischen Kuhflade lande, platzt mir fast der Kragen. Ich schimpfe und maule und bin total verärgert. Gott sei Dank gibt es hier einige Bäche und ich kann die übel riechende Masse von meinem Schuh entfernen. Dies hat zwar zur Folge, dass dieser auch innen etwas feucht wird, aber immer noch besser als der Gestank.

In der Dorfschenke in Stall machen wir Pause. Ich bin müde und möchte am liebsten gar nicht mehr weiter, aber es ist erst Mittagszeit und was sollten wir hier den ganzen Nachmittag machen? Ich sehe mir die schöne Kirche von Stall an – dieses Mal auch von innen. Wir wandern steil einen Kreuzweg entlang zur Ruine der einstigen Burg Wildegg oberhalb von Stall. Hinauf zum Sonnberg folgen wir einem alten Bergweg mit herrlichen Ausblicken immer wieder bergauf durch den Wald und über Wiesen. Kaum zu glauben, dass dies auch der Schulweg einiger Kinder war, die bis 2004 hier oben in einem alten, kleinen Gebäude die Grundschule absolvierten.

Wir machen kurz Rast. Die sonnige Terrasse bietet sich dafür optimal an. Die Fenster der Schule sind noch mit bunten Bildern geschmückt, als wären hier die Kinder gestern noch gesessen. Wir packen unsere Jause aus, die wir uns von Erikas tollem Frühstück gemacht haben. Sofort schwirrt eine Wespe um mich herum. Ich bleibe ganz ruhig. Sie verschwindet. Doch es kommt schon wieder eine daher. Noch eine und noch eine ... Es werden immer mehr und ich fuchtle nun doch nervös herum. Bald erblicke ich auch den Grund dafür: ein faustgroßes Nest oben an der Decke. Das brauche ich nicht – bin ich doch auch noch allergisch auf deren Gift. Also nichts wie weg, bevor mich Panik überkommt.

Wir folgen dem ausgeschilderten Weg in Richtung Goldberghütte. Unser heutiges Ziel ist jedoch die Bodenhütte. Durch die Steilheit war der Weg von Stall bis hierher doch unerwartet anstrengend und wir freuen uns auf ein Nachtquartier. Dieses muss aber erst einmal gefunden werden. Der vorerst gut gekennzeichnete Trail hat schon bald ein Ende und nichts weist mehr darauf hin, ob wir uns noch auf dem richtigen Weg befinden. Das Navi zeigt schließlich die Goldberghütte in einer ganz anderen Richtung an. Offensichtlich sind wir bereits oberhalb der Abzweigung. Also wieder retour. Das macht mir besonders zu schaffen, wenn

wir uns vergehen. Als wäre der Weg an und für sich nicht schon genug, irren wir jetzt durch dichten Wald unglaublich steil bergauf. Motocross-Spuren führen hinauf, denen wir folgen und dabei hoffen, auf einen weiteren Weg zu stoßen, der zur Hütte führt. Irgendwann stehen wir vor absolutem Dickicht und einer Schlucht. Laut Navi befindet sich die Bodenhütte genau auf der anderen Seite dieser Schlucht. „I geh da ned runter!", sage ich sofort und Mario pflichtet mir bei. Also den steilen Waldpfad wieder hinunter auf die Forststraße, der wir schließlich folgen, bis wir auf einen Wegweiser „Bodenalm 20 Minuten" stoßen. Na toll. Das hätten wir früher haben können und vor allem wesentlich einfacher. Aber was soll's. Mario geht hinter mir. Ich komme also zuerst an der Bodenhütte an, steige die paar Holztreppen hinauf zum Eingang. Einige Leute sitzen drinnen und spielen „Mensch ärgere dich nicht". Als ich völlig verschwitzt und außer Atem mit meinem roten Kopf in der Tür stehe, sehen alle auf. Meine ersten Worte sind: „Durst! Zwei große Soda und zwei Weißbier bitte!" und danach noch ein „Griaß Eich". Wir stellen die Rucksäcke auf der schönen Terrasse ab. Da kommt ein Monster von einem Hund auf uns zu. Der Wirt, der bereits unsere Getränke in Händen

hält, meint nur, wir sollten uns vor „Inka" in Acht nehmen – wer ihn einmal streichelt, bekommt ihn nicht mehr los!

Wir essen und trinken mit Genuss, sind ausgepowert und wirklich sehr froh, hier gelandet zu sein. Doch macht uns der Hüttenwirt darauf aufmerksam, dass er in der Hütte keine Schlafgelegenheit hat. Wir fragen, ob wir unser Zelt aufstellen können, aber rund um die Alm sind lauter Weidekühe. Außerdem, hier einen ebenen Fleck zu finden, wäre ein Zufall. Er bietet uns an, das Zelt im nahe gelegenen Heuschober aufzuschlagen oder … als Alternative könnten wir im Wohnwagen übernachten. Im Wohnwagen? Ja! Kaum zu glauben, aber wahr: Neben der Almhütte steht ein bunt bemalter alter Wohnwagen. Dieses Angebot nehmen wir gerne an. Die Hüttenwirtin fährt extra noch ins nahe gelegene Haus hinunter, um frische Bettwäsche zu holen, und macht unsere Schlafstätte zu einem gemütlichen kleinen Heim für eine Nacht.

Als die anderen Gäste bereits Richtung Tal unterwegs sind, gesellt sich noch ein junger Senner mit seiner Familie zu uns. Gottlieb und Christine, die Hüttenwirte, sind sehr interessiert daran, wo wir mit unserem schweren Gepäck herkommen und wohin wir gehen. Wir erzählen, was wir vorhaben und all die vielen Dinge, die wir bereits erlebten. Gespannt hören uns alle zu. Als wir jedoch zum Besten geben, wo wir heute schon waren und dass wir uns im Dickicht vergangen haben, muss der Hüttenwirt so lachen, dass ihm die Tränen kommen. Wie gibt's denn das? Trotz Navi und nur unweit der Hütte im Dickicht und dann den ganzen Weg wieder zurück? Wir sitzen noch lange mit den netten Leuten zusammen und bekommen dies immer wieder zu hören – es ist allen dann und wann einen Lacher wert! Erst spät machen wir es uns im Wohnwagen gemütlich und trotz Kuhgebimmel rundherum schlafen wir schnell ein.

Mario:
So gut habe ich seit unserem Aufbruch vor gut eineinhalb Wochen nicht mehr geschlafen. Ich fühlte mich heute Morgen so richtig fit und für jeden Marsch bereit.
Nach dem herrlichen Frühstück sind wir dann bei strahlendem Sonnenschein aufgebrochen. Auf – von Kuhfladen übersäten – Almwiesen Richtung Stall stellten sich uns immer wieder fast unüberwindbare Stacheldrahtübergänge in den Weg. Ich frage mich, wie man da alleine rüberkommen soll? Wie soll das Petra alleine machen? Das hätte sie

echt nicht geschafft, ohne sich die Hose zu ruinieren, oder einen weiten Umweg in Kauf nehmen müssen, um einen Übertritt zu finden. Noch dazu war der Weg heute so gut wie nicht und wenn, dann nur schwer ersichtlich gekennzeichnet. Da tauchte in mir das erste Mal die Frage auf, wie das alles sein wird, wenn sie alleine weitergeht. Wird sie es schaffen? Ja, tatsächlich ist es bald so weit. Der Trail geht für mich zu Ende. In einer Woche bin ich wieder zu Hause. Ich versuchte, nicht so viel darüber nachzudenken und stattdessen den Sonnenschein und die wunderschöne Umgebung zu genießen. Es wird schon alles gut gehen. Die kurze Rast in Stall, wo ja schon das Ende der heutigen Etappe sein sollte, nutzten wir für eine Pause beim Dorfwirt. Dann machten wir uns weiter auf den Weg zur Goldberghütte, die wir am heutigen Tag jedoch nicht mehr erreichen sollten … Irgendwo auf dem zum Teil extrem steilen Wiesen- und Waldweg haben wir wohl eine Abzweigung oder ein Schild übersehen. Keine Ahnung. Das Navi hat ausgerechnet hier ebenfalls verrückt gespielt. Wir irrten im Dickicht auf einem sehr steilen Hang herum und wer mich kennt, der weiß, wie ich mich zu diesem Zeitpunkt gefühlt habe. Unser neu erklärtes Ziel, die Bodenhütte, war einfach nicht zu finden. Nach fast einer Stunde beschlossen wir, zurück auf die Forststraße zu gehen und dieser einfach zu folgen. Endlich, nach einer weiteren Stunde, ein Schild und schon bald erreichten wir die Hütte. Am Himmel bildeten sich erste Gewitterwolken. Zelt- oder Schlafplatz gab es hier keinen. Doch erst einmal etwas zu essen und trinken.

10. Tag:
Kilometer: 27,5
Höhenmeter aufwärts: 635
Höhenmeter abwärts: 1570
Gehzeit: 6 Stunden
Gesamtdauer: 8 ½ Stunden

Bodenhütte – Außerfragant

In der Nacht wache ich ein, zwei Mal auf und höre Tropfen auf den Wohnwagen fallen. Zum Glück denke ich nicht länger darüber nach, wie der nächste Tag aussehen könnte, sondern schlafe gleich wieder weiter. Gegen 6 Uhr werde ich zum ersten Mal munter. Kein Regen zu hören. Ich blinzle aus dem Fenster des Wohnwagens. Wolken ziehen schnell über uns hinweg. Sofort ziehe ich die Decke wieder über den Kopf und versuche noch einmal einzuschlafen. Vergebens. Draußen höre ich bereits Gottlieb, Christine, die Kühe und ... vor allem den Hund, der mitbekommen hat, dass hier drinnen jemand ist. Er steht vor der Tür des Wohnwagens, scharrt mit den Beinen am Eingang und winselt. Irgendwann stehe ich auf und lass ihn herein. Er ist ganz verrückt, flippt völlig aus. Gleich zu Mario hin – halb am Bett, halb am Boden – und holt sich seine morgendlichen Streicheleinheiten.

Wir genießen noch ein tolles Frühstück, verabschieden uns von den netten Leuten und marschieren zügig los. Der Wettergott scheint uns heute zum ersten Mal so ganz und gar nicht gut gesinnt zu sein. Kaum sind wir ein paar Minuten von der Hütte entfernt, setzt auch schon leichter Regen ein. Wir stellen unsere Rucksäcke ab und ziehen den Regenschutz über – sowohl unsere Regenjacken als auch den Schutz für die Rucksäcke. Da es zwar regnet, aber noch nicht kalt ist, fangen wir in den Regenjacken schon nach kurzer Zeit zu schwitzen an. Doch der Regen wird stärker und etwas Wind kommt auf. Aus der Ferne ziehen mit rasanter Geschwindigkeit dunkle Wolken auf uns zu.

Vorbei geht es an den idyllisch und schön gelegenen Sagaser Almen. Heute ist hier kein Mensch zu sehen und alles wirkt etwas trostlos. Doch trotz des Regens genieße ich von Zeit zu Zeit die schöne Aussicht weit in die Täler und hin zu den fernen Bergen. Erst als der Himmel immer dunkler wird und der Regen heftiger, mache ich mir Gedanken über den Weg. Als es dann hinter uns zu blitzen und donnern beginnt, hoffe ich nur, dass wir die Goldberghütte schnell erreichen. Nicht schnell genug! Plötzlich ist es da, das Gewitter – schneller, als wir es erwartet haben. Und wir mitten drin!! Wie verhält man sich bei einem Gewitter am Berg? Man soll nicht gehen, stehen oder sich wo hinlegen, sich keinesfalls unter Bäumen, neben Zäunen, Bächen oder Moorflächen aufhalten. Also eigentlich sollte man schlicht und einfach nicht hier sein! Eigentlich sollte man sich auch nicht unterstellen, aber wir tun das trotzdem. Ich bekomme leichte Panik, als der Blitz fast neben uns heruntersaust und sehe nicht unweit von uns einen Unterstand für Kühe. Ob richtig oder nicht, dem Blitz auf freiem Steig ausgeliefert zu sein, das halte ich für noch gefährlicher. Mein Instinkt WILL, dass ich mich unterstelle. So laufen wir eine Wiese hinunter zu dem Unterstand. Zum Glück sind die Kühe heute ausgegangen und wir stehen zwar im Dreck, aber dafür im Trockenen und – wie ich annehme – in Sicherheit. Wir warten ab, bis das Unwetter weiterzieht. Der Wind weht heftig und schon nach kurzer Zeit fröstelt mich. Es regnet immer noch stark, aber wir entschließen uns zum Weitergehen. Der Weg führt durch dichten, steilen Wald, den wir queren. Die Wurzeln der Bäume sind extrem glatt und bei einem

unbedachten Schritt reißt es mir die Beine aus. Unbeholfen rutsche ich einige Meter den Hang hinab. Fluchend und mich über mich selbst ärgernd, krabble ich auf allen Vieren wieder hinauf auf den Weg. Mario geht vor mir und hat alles gar nicht mitbekommen. Ich rufe ihm nach, er möge doch kurz warten. Zu allem Übel steht auch noch plötzlich eine Kuhherde direkt vor uns am engen Weg und die Tiere machen keinerlei Anstalten, uns auszuweichen. Da auch Jungtiere dabei sind, versuchen wir an ihnen ohne viel Trara vorbeizugehen. Sie sehen uns misstrauisch an. Eine Mutterkuh macht mit gesenktem Haupt ein paar Schritte in unsere Richtung. Mario schreit sie an. Verdutzt bleibt sie stehen. Wir gehen weiter. Ich drehe mich noch ein paar Mal um, um sicherzugehen, dass sie uns nicht etwa nachlaufen.

Sollte das Kuhtrauma, das ich nach einem Erlebnis in meiner Kindheit hatte, in den Jahren meines Erwachsenwerdens wieder verschwunden sein, so war es jetzt zu neuem Leben erwacht. Nicht zum ersten Mal stehen die Rindviecher genau am Weg. Noch ist Mario mit dabei. Mein Beschützer. Aber wenn ich alleine bin ... Dann sind noch die Pferde auf den Almen – die mag ich auch nicht besonders. Und was war da noch? Ja genau: Schlangen ...

Endlich sehen wir die Goldberghütte vor uns, allerdings viel später als erwartet. Die Zeit- und Kilometerangaben aus dem Trail-Führer stimmen nicht mit dieser Etappe überein. Jedenfalls sind wir froh, endlich die Hütte erreicht zu haben, denn der Regen wird wieder stärker. Als wir ankommen, verabschieden sich gerade ein Mann und zwei Frauen mit ebenfalls großen Rucksäcken und gehen weiter. Deutsche Wanderer, die (ebenfalls) ein paar Tage ihres Urlaubes auf dem AAT verbringen und hier übernachtet haben. Wir setzen uns auf die überdachte Veranda. Alles ist hier verspielt und liebevoll eingerichtet. Pauline, die betagte Hüttenwirtin, begrüßt uns mit Elan und Schwung und der Ärger über Wetter und Kühe ist schon bald vergessen. Wir bestellen zwei Getränke und ziehen uns um. Sie bringt uns Decken, die wir über die Beine legen können, und setzt sich zu uns. Das nächste Gewitter ist im Anmarsch und wir sind froh, es hier abwarten zu können. Pauline erzählt über drei Kühe und fünf Schafe, die in der letzten Woche vom Blitz auf den Weiden rund um die Alm erschlagen wurden. Puhh ... Das verringert meine Angst vor Gewittern nicht wirklich und ich beschließe, erst wieder weiterzugehen, wenn das Unwetter weg ist. Das ist nicht das Einzige, was Pauline heute zu erzählen hat. Diese Frau ist ein weithin bekanntes Unikat. Sie hat zwölf Kinder großgezogen und schreibt zeit ihres Lebens Gedichte. Und eines davon, über ihr Leben, gibt sie uns jetzt zum Besten. Aus dem Stehgreif heraus sozusagen. In etwa zehn Minuten erfahren wir alles über ihr Leben. Unglaublich und ein unvergessliches Erlebnis! Gerne möchte ich bei schönerem Wetter noch einmal hierher zu Pauline auf die Goldberghütte. Man könnte ihr stundenlang zuhören. Endlich verzieht sich das Gewitter und der Regen hört sogar für kurze Zeit zur Gänze auf. Da beschließen wir schweren Herzens, Pauline und die Goldberghütte wieder zu verlassen und weiterzuziehen in Richtung Innerfragant.

Nach etwa 20 Minuten stoßen wir auf den historischen „Rollbahnweg". Auf diesem Weg wurden früher Kupfer, Erz und Gold transportiert. Diese im Bergbau gewonnenen Erze wurden von Pferden in sogenannten Loren gezogen. Das sind fahrbare Untersätze, die auf Schienen gerollt werden können. Unglaublich, was Mensch und Tier damals leisten mussten. Ein solches Wissen macht den ohnehin landschaftlich schönen und beeindruckenden Weg natürlich noch interessanter. Leider regnet es immer wieder mehr oder weniger stark. Trotzdem lasse ich mir die Schönheit der Natur nicht entgehen. Wir sehen wir an diesem Tag einen Alpensalamander. Und dann noch einen und noch einen ...

Weiter folgen wir dem Weg zum Fraganter Schutzhaus, immer den Kennzeichnungen des AATs entlang. Laut Navi hätten wir den Forstweg nehmen müssen, das wäre heute der logischere Weg gewesen und auch der kürzere. Egal. Wir nehmen einen kleinen Umweg in Kauf und gelangen schließlich nach Innerfragant. Dort treffen wir bei einem großen Wasserfall wieder auf die drei Säulen des Trails. Mehr freuen wir uns aber auf den im Trailbuch angekündigten Innerfraganter Wirt. Ich will schon eintreten, als Mario mich auf ein Schild aufmerksam macht: Geöffnet ab 14 Uhr. Es ist 13:45 Uhr. Die Tür ist aber nicht verschlossen und drinnen sehe ich Leute sitzen – wie sich herausstellt, die drei, die wir schon auf der Goldberghütte getroffen haben. Wir betreten die Gaststube und begrüßen die anderen Wanderer. Letztlich bekommen wir ein sehr leckeres Schnitzerl von einer immer freundlicher werdenden Wirtin serviert und doch steht für mich und auch für Mario fest: Hier bleiben und übernachten wir sicher nicht, auch wenn der Wirt als Endpunkt der Etappe angegeben wird. Ich sollte später noch erfahren, dass dies – preislich gesehen – eine gute Entscheidung war. So genießen wir die warme

Mahlzeit und gehen weiter. Wir folgen erst einmal ein gutes Stück der Straße, bis wir auf einen Schotterweg stoßen und schließlich in Außerfragant ankommen. Es hat aufgehört zu regnen und wir marschieren auf der Suche nach einer geeigneten Unterkunft die Hauptstraße entlang. Von Weitem ist eine große Leuchtaufschrift „Sporthotel" zu sehen, hinten dran ein paar Sterne. Auch wenn die Übernachtung auf der Bodenhütte so gut wie nichts gekostet hat, möchte ich hier nicht in einer Luxusabsteige unterkommen. Gerade als wir beschließen, etwas Günstigeres zu suchen, kommen wir an der Tafel der Pension Maier vorbei. Kurz nachgefragt und schon haben wir ein Doppelzimmer um nur 27 Euro pro Nacht inklusive Frühstück. Geht doch! Wenn wir nach einem langen Tag ein Zimmer nehmen und dieses dann betreten, habe ich jedes Mal das Gefühl des Nach-Hause-Kommens. Dies liegt bestimmt auch daran, dass wir bisher mit den Unterkünften immer Glück hatten. So ist es auch dieses Mal. Das Zimmer ist äußerst geräumig, mit Balkon, einem großen Bad, alles sauber und adrett und vor allem strahlt es vom ersten Augenblick an Gemütlichkeit aus.

Raus aus den nassen Klamotten und erst einmal unter die heiße Dusche! Nach zwei Tagen ohne Wäsche weiß man das Nass erst so richtig zu schätzen. Herrlich, kann ich euch nur sagen. Ich genieße es so richtig. Anschließend wasche ich die ganze Kleidung durch. Im Zimmer sieht es lustig aus. Überall hängen Socken, T-Shirts, Hosen ... Alles wird ausgebreitet, sogar das feuchte Zelt packen wir aus und legen es zum Trocknen auf den Boden.

Im nahe gelegenen Geschäft kaufen wir noch Proviant und eine Flasche Wein und genießen einen gemütlichen Abend im warmen, kuscheligen Zimmer.

Mario:
Die Nacht in einem bunten Wohnwagen auf 1 800 Meter Seehöhe zu verbringen ist ja nicht gerade alltäglich! Die Wirtin holte extra noch frische Bettwäsche. Außerdem wurden wir perfekt bewirtet – nicht nur mit Essbarem. Da wir gestern etwas länger gesessen sind, weil's halt mal wieder lustig wurde, und das Wetter heute auch nicht einladend aussah, war meine Laune am Morgen nicht gerade berauschend. Gleich nach dem Aufbruch fing es auch noch an zu regnen und je weiter wir uns von der Hütte entfernten, umso schlimmer wurde es. Aus

dem Nieselregen wurde Schnürlregen und es entwickelte sich ein richtig heftiges Gewitter, genau das, was man am Berg braucht! Ehrlich gesagt, ich war echt besorgt um uns. Was machen wir jetzt? Weitergehen oder unterstellen? Umkehren? Da die Goldberghütte noch gut eine Stunde von uns entfernt war, entschlossen wir uns zum Unterstellen. Die Blitze schossen nur so zu Boden und ich fühlte mich in der Viehscheune auch nicht besonders wohl. Als wir uns so gegenüberstanden und uns ansahen, wussten wir beide, dass es nicht klug war, hier zu sein. Aber was sollten wir machen? Nach einer Weile besserte sich das Wetter leicht und wir setzten unseren Marsch so rasch wie möglich fort. Zu allem Überfluss stellte sich uns im steilen Waldgelänge eine Kuhherde mit Jungtieren in den Weg. Na bravo, das auch noch! Ich mag die Viecher lieber, wenn sie auf meinem Teller liegen. Ich brülle die Mutterkuh an – da hätte jeder Reißaus genommen, aber die Kuh zeigt keine Regung. Nur schnell vorbei, dachte ich und ließ mir nicht anmerken, dass mir gar nicht besonders wohl dabei war.

Der restliche Weg gestaltete sich dann ohne Probleme. Obwohl es fast ununterbrochen regnete, wurde unsere Laune diesmal nicht getrübt. Die kurze Rast auf der Goldberghütte mit der netten alten Sennerin war heute ein echtes Highlight! Gerne hätten wir ihren Geschichten noch lange zugehört, aber die nasse Kleidung und der auffrischende Wind regten nicht gerade zum Verweilen an. Schade nur, dass es immer wieder zu regnen begann – die Landschaft hier wäre mit Sonne bestimmt um ein Vielfaches schöner gewesen. So blieb wieder einmal Zeit, um über dies und das nachzudenken.

Nach einem langen Tag kamen wir endlich in Außerfragant an, wo wir beschlossen, ein Zimmer zu suchen. Gott sei Dank waren wir schnell erfolgreich. Endlich wieder duschen! Herrlich! Irgendwie habe ich ja schon richtig Gefallen an dem Ganzen gefunden (den ganzen Tag gehen mit schwerem Rucksack ...), aber an das könnte ich mich nie gewöhnen: tagelang nicht duschen!

11. Tag:
Kilometer: 27,5
Höhenmeter aufwärts: 1 312
Höhenmeter abwärts: 1 370
Gehzeit: 6 ¼ Stunden
Gesamtdauer: 7 ¾ Stunden

Außerfragant – Obervellach

Beim guten Frühstück plaudern wir noch mit der Hausherrin über unseren Weg und über Gott und die Welt. Wir verlassen Außerfragant und gleich geht es ein kurzes Stück steil bergauf durch den Wald. Hier treffen wir abermals auf die drei Deutschen, überholen sie und marschieren zügig weiter, bis wir auf eine asphaltierte Bergstraße kommen. Das Wetter ist uns leider auch heute nicht besonders hold. Dichte Wolken stehen am Himmel, aus denen es immer wieder leicht regnet. Der eintönige Weg bietet viel Zeit zum Nachdenken. Wir reden kaum miteinander. Mario geht ein Stück vor mir. Jeder von uns hängt seinen Gedanken nach. Ganz bewusst atme ich tief aus und ein, schärfe mein Gehör, horche auf alle Geräusche rund um mich, nehme Gerüche wahr. Das schlechte Wetter kann nichts an meiner Gemütslage ändern. Es geht mir gut. Die Natur und ich sind eins. Ich genieße jeden Schritt und bin mir dessen bewusst, wie gut ich es habe. Kann ich doch hier wandern, Neues sehen, alles Schöne dieser Erde auf mich einwirken lassen. Ruhe breitet sich in mir aus und wohlige innere Wärme. So gut habe ich mich schon lange nicht mehr gefühlt. Es war ja keinem von uns beiden klar, wie es sein wird, wenn wir miteinander wandern, uns jede Sekunde nahe sind, auf engstem Raum ununterbrochen auf Du und Du. Es läuft nicht nur gut, sondern geradezu wunderbar. Dies war nicht selbstverständlich, nachdem es Mario anfangs so schlecht ergangen ist. Da habe ich mir wirklich große Sorgen gemacht um unseren gemeinsamen Weiterweg. Vor allem auch, weil Marios Laune anfänglich nicht die beste war und ich ebenfalls darunter litt. Doch jetzt … Nicht im Entferntesten hatte ich mir ausgemalt, dass es so schön werden würde. Es macht mich innerlich stark und vor allem glücklich. Plötzlich lichten sich die Bäume und geben herrliche Ausblicke auf Täler und Bergwelt frei. Um zum viel gelobten „Himmelbauer", einem beliebten Berggasthof, zu gelangen, müssen wir wieder ein Stück abwärts gehen. Verzichten wir auf diesen Besuch, so könnten wir gleich weiter aufwärts Richtung Mallnitz wandern. In der Zwischenzeit hat der Regen zwar aufgehört, dafür aber starker Wind eingesetzt. So entschließen wir uns dazu, den kurzen Abstieg in Kauf zu nehmen und uns beim Himmelbauer mit einer heißen Suppe aufzuwärmen.

Gut gestärkt wandern wir weiter. Bevor wir losgehen, bleibe ich vor Mario stehen, umarme und küsse ihn und sage ihm, wie sehr ich ihn liebe. Er sieht mir in die Augen und sagt: „Ich liebe dich auch!" Da ist es wieder, dieses seltsame Honigkuchenpferdgrinsen.

Wir kommen am frühen Nachmittag in Mallnitz an und suchen den örtlichen Campingplatz. Dieser ist genauso einladend wie der Ort selbst – nämlich gar nicht! Es bedarf nicht vieler Überlegungen, ob wir hier bleiben oder heute noch den Weg bis nach Obervellach fortsetzen. Wir lassen uns auf einer Bank nieder und ich packe das Tablet aus. Die Route führt durch zwei Schluchten und nur noch bergab. Das sollte also kein Problem darstellen. Vom Ortszentrum entlang der Bahngeleise kommen wir direkt zum Eingang der Rabisch-Schlucht. Mehrere Aussichtsplattformen bieten tolle Blicke auf den schäumenden Wildbach, der ins Tal führt. Einem Steig folgend, gelangen wir zur zweiten Schlucht, der wunderschönen Groppenstein-Schlucht. An ihrem Eingang werden wir von einer Tafel überrascht, die anzeigt, dass das Begehen der Schlucht in dieser Richtung nicht gestattet ist. Noch einmal lese ich die genaue Route nach. Nein, nein, stimmt schon, der Weg geht von oben nach unten durch die Schlucht. Gleich zu Beginn werden wir jedoch von entgegenkommenden Wanderern angepöbelt. Sehr wohl fühle ich mich dabei nicht. Dazwischen genießen wir die Einzigartigkeit dieser herrlichen Umgebung.

Immer wieder hören wir so Sätze wie: „Wieder zwei, die nicht lesen können" oder „De können sich an Bus ned leisten". Wahrlich unangenehm! Trotzdem gelangen wir irgendwann ans Ende der Schlucht. Dort werden wir gleich von einer Dame angehalten, dass wir für die Begehung zu bezahlen hätten. Ist zwar in Ordnung, denn die Wartung der Steige kostet bestimmt nicht wenig, trotzdem sollte dies auch im AAT-Buch erwähnt werden und ebenso am oberen Ende der Schlucht ausgeschildert

sein. Ich bezahle also unsere Begehung und frage die Dame, warum wir uns ständig anpöbeln lassen mussten. Ob denn die Begehung in dieser Richtung nicht gestattet sei. Sie klärt uns darüber auf, dass tatsächlich nur von unten nach oben gegangen werden dürfe und die Besucher für den Rückweg ins Tal den Bus nehmen müssten – mit Ausnahme von AAT-Wanderern. Ich mache den Vorschlag, doch eine große Tafel am Eingang anzubringen, dass es durchaus möglich ist, dass einem hier jemand entgegenkommt.

Wir gehen weiter bis in den Ort Obervellach und dort zum örtlichen Campingplatz. Dieser ist nicht schwer ausfindig zu machen. Von Rafting bis Kinderauto und Spielplatz wird hier alles geboten. Wir steuern gerade auf den Eingang zu, als ich plötzlich jemanden laut meinen Namen rufen höre. „Petra, Petra!" Eine junge Frau kommt auf uns zugelaufen. „Hallo, ich bin die Andrea von Facebook! Seid ihr heute schon da? Ich hatte euch erst morgen erwartet." Sie verfolgt unsere Wanderung von Beginn an und ist eigentlich zufällig hier am Campingplatz. Sie freut sich riesig, uns zu treffen, und erkundigt sich, ob wir hier bleiben. Wir plaudern eine Weile und verabschieden uns dann. Ich freue mich ebenfalls über eine so nette Begegnung und vor allem, dass es so viele Menschen gibt, die sich für mein Vorhaben interessieren.

Wir finden ein geeignetes Plätzchen für unser Zelt und stellen es auf. Doch nicht nur das, heute wird auch noch richtig aufgekocht. Kocher und Trekkingfood kommen dabei erstmals zum Einsatz. Mir schmeckt das Essen ehrlich gesagt nicht schlecht, Marios Begeisterung hält sich allerdings in Grenzen. Trotzdem, satt werden wir, und das ist das Wichtigste.

Das Wetter hat sich inzwischen gebessert. Die Sonne scheint wieder vom abendlichen Himmel und die Laune ist richtig gut. Frisch geduscht und gestärkt suchen wir noch das tolle Campingrestaurant auf und bestellen uns eine Karaffe Rotwein.

Als wir so sitzen und den Wein genießen, kommt plötzlich Andrea wieder. Sie ist extra von zu Hause noch einmal hierher zum Campingplatz gefahren, um uns etwas zu bringen. Ihr Mann, ebenfalls ein Sportler, bäckt selbst Powerkekse, und eben diese hat sie uns jetzt, liebevoll verpackt, als Energieschub für zwischendurch mitgebracht. Total nett! Wir laden sie auf ein Glas Wein ein und plaudern noch, ehe Andrea uns weiterhin alles Gute wünscht und wieder nach Hause fährt.

Mario:

Am Morgen aufwachen und sich gut fühlen ist einfach super. Nach dem herrlichen Frühstück, das uns Frau Maier servierte, packten wir in gewohnter Gründlichkeit alles zusammen und machten uns – bei nicht gerade warmen Temperaturen – wieder auf den Weg. Es ging gleich mal steil in einem Wald bergauf, aber die Luft war einfach herrlich. Als hätte der Regen den ganzen Staub der letzten Tage weggespült. Man konnte endlich einmal so richtig durchatmen und die Ruhe des Waldes genießen.

Als wir am sogenannten Ziel in Mallnitz ankamen und ich mir vorstellte, hier die Nacht verbringen zu müssen, war mir klar: Das will ich nicht! Der angegebene Campingplatz war eine blanke Wiese mit wirklich nichts drumherum und der Ort wirkte alles andere als einladend. Dank Petra, die ja perfekt auf das Ganze vorbereitet war, entschlossen wir uns dann doch noch, bis nach Obervellach weiterzugehen. Es waren zwar noch zwölf Kilometer, aber dies durch zwei wirklich sehr schöne Schluchten.

Einzig die entgegenkommenden Wanderer, die uns immer wieder anpöbelten, gingen mir auf die Nerven. Einer regte mich derart auf, dass ich ihm meine Meinung sagen musste. Aber was soll's, es war einer der schönsten Teile des Trails. Der Himmel war mittlerweile wieder strahlend blau und der Weg zum Campingplatz betrug nur noch zwei Kilometer. Wir trafen durch Zufall auch eine Facebook-Leserin, die unseren Trail mitverfolgte. War schon eine sehr nette Überraschung, als sie uns plötzlich von Weitem zurief! So gabs auch leckeres Travelfood …

12. Tag:
Kilometer: 20,6
Höhenmeter aufwärts: 1 010
Höhenmeter abwärts: 1 050
Gehzeit: 4 ¾ Stunden
Gesamtdauer: 6 Stunden

Obervellach – Kolbnitz

Ich freue mich richtig auf den heutigen Tag. Von Früh an strahlt wieder einmal die Sonne vom blauen Himmel. Wir kochen uns Kaffee und bereiten ein Müsli. Dann bauen wir das Zelt ab und packen wie üblich alles zusammen. Das wurde in der letzten Zeit schon zur Routine, sodass wir immer weniger Zeit dazu benötigen. Jeder Gegenstand hat seinen Platz und jeder Handgriff sitzt. Genau wissen wir nicht, wie weit wir heute gehen werden, aber es sollte eine etwas kürzere Etappe sein. Wir haben nichts fix geplant und lassen alles auf uns zukommen. Das Gute daran ist, dass wir unterwegs haltmachen können, wo es uns beliebt. So starten wir los.

Im Ortskern von Obervellach entdecke ich das Wappen von Muggia – dem Zielort. Die beiden Gemeinden sind Partnerstädte. Ich denke: „Wow, Muggia! Wie lange ich bis dahin noch unterwegs bin! Was wird mich wohl noch alles erwarten?" Unser erstes Ziel ist heute die Burg Niederfalkenstein. Sie steht auf einem Felsen im Ort Pfaffenberg. Eigentlich war sie keine selbstständige Burg, sondern gehörte zur Wehranlage der wesentlich größeren Burg Oberfalkenstein, heute eine Ruine oberhalb von Niederfalkenstein, welche sich in Privatbesitz befindet und bewohnt ist. Wir wandern an vielen Bauernhöfen vorbei und sehen, dass so mancher Bauer lustige Ideen entwickelt hat, um auf seinen Hof aufmerksam zu machen.

Nach den letzten regnerischen und kühlen Tagen macht uns heute die drückende Hitze ganz schön zu schaffen. Aber jammern will ich nicht. Besser 35 Grad und Sonnenschein als 15 Grad und Dauerregen – keine Frage. Natürlich haben wir genügend Getränke eingepackt.

Trotzdem freuen wir uns, als wir auf einen kühlen Gebirgsbach stoßen. Noch dazu werden wir hier von einem freundlichen Gesicht begrüßt. Wer hat wohl all die lustigen Ideen?

Wir wandern vorerst gemütlich auf und ab auf guten Pfaden und den Glockner-Radweg entlang durch die Ortschaften Gratschach, Gappen und Penk. Der Danielsberg ist in der Ferne sichtbar. Die Kilometerangaben stimmen aber auch hier nicht mit denen im Buch überein und ehrlich gesagt denke ich nicht, dass unser Navi lügt. In diesem Fall sind es drei Kilometer mehr als angegeben. Hört sich nicht viel an, aber für fünf Kilometer braucht man, wenn man zügig unterwegs ist, etwa eine Stunde. Auf den Danielsberg führt ein Jagdlehrpfad, dem wir folgen. Er steigt ziemlich steil – man bedenke immer den schweren Rucksack – durch den Wald empor und wir kommen ordentlich ins Schwitzen. Umso mehr freuen wir uns, als der unglaublich schöne Herkuleshof vor uns aus dem Wald auftaucht. Es ist ein zum Hotel umgebauter Gutshof aus dem Jahr 1820. Alles sieht hier sehr fein und nobel aus. Da fühle ich mich nicht ganz so wohl, wenn ich so verschwitzt auftauche. Aber wir werden sehr herzlich empfangen und die nette Kellnerin weist uns einen Platz zu. Ich verschwinde gleich mal auf die Toilette, ziehe mich um und wasche mein verschwitztes T-Shirt gleich mit der gut riechenden Seife aus. Jede Gelegenheit nutzen heißt das Motto. Wir bestellen eine Kleinigkeit zum

Essen und jede Menge Getränke. Durst ist bekanntlich schlimmer als Heimweh, und das hab ich zurzeit wirklich ganz und gar nicht. Bevor wir weitergehen, genießen wir noch diese herrliche Landschaft um den Herkuleshof. Hier am Danielsberg gibt es auch einige Kletterrouten und eine Via Ferrata, einen Klettersteig. Wir klettern auch gerne. Durch den Wald steigen wir ab. Zuvor haben wir uns noch erkundigt, ob es im Tal einen Campingplatz gibt. Lustigerweise schicken einen die Leute immer weiß Gott wohin. Ein Herr schlug uns einen Campingplatz vor, der „nur" 15 Kilometer entfernt ist. Nur! Danke. Dass wir dafür drei Stunden brauchen ist ihm, der mit seinem Auto hier ist, nicht klar. Wir bedanken uns für die nette Auskunft und sehen doch lieber auf dem Tablet nach. Auch da werden wir nicht fündig, und so gehen wir einfach auf gut Glück weiter. Ich schlage vor, den Trail zu verlassen und an der Möll weiterzuwandern. Die Chancen, da auf einen Campingplatz zu stoßen, sind ungleich höher und siehe da, kaum an der Hauptstraße angekommen, sehen wir auch schon ein Schild: Campanula Camping 400 Meter! Als wir den Platz erreichen, staunen wir nicht schlecht. Obwohl er sich direkt an der Möll befindet, ist hier nicht sehr viel los. Während Mario wartet, gehe ich auf das Holzhaus zu und erkundige mich. Ich werde mit tschechischer Musik von einem Tschechen begrüßt, der gerade von seinem tschechischen Bier trinkt. Auf die Frage, ob wir denn hier unser Zelt aufstellen könnten, legt der nette Herr seine Hände auf die Brust, breitet sie sodann weit aus und meint: „Schaust du – gaaanze Platz gehert dir!" Aha. Deutsch spricht er also wenigstens. Ich bedanke mich und gehe zu Mario zurück. „Wir sind hier in Klein-Tschechien gelandet!", kläre ich ihn auf. Warum nicht. Wir bauen unser Zelt auf und das Erste, was ich mache, ist, meinen Bikini anzuziehen. Dann laufe ich schnurstracks auf die Möll zu. Gar nicht lange nachdenken – einfach rein ins kalte Nass. Und es ist tatsächlich kalt, 13 Grad, wie wir später noch erfahren werden, aber dafür erfrischend. Wir kochen uns wieder eines unserer Trekking-Menüs am Zelt und besuchen anschließend den angepriesenen Biergarten. Die einzigen deutschsprachigen Mitcamper sind ein Pärchen aus Düsseldorf, das mit Fahrrad und Zelt unterwegs ist. Sie verabschieden sich allerdings früh und ziehen sich in ihre kleine Behausung zurück. Wir verbringen noch einen sehr gemütlichen Abend zwischen lauter Tschechen, mit tschechischer Musik, tschechischem Bier ...

Mario:

Diese Nacht im Zelt verlief schon bedeutend besser, doch so richtig gewöhnen werde ich mich an dieses „Schlafzimmer" wohl nie. Bei herrlichem Sonnenschein packten wir unsere Sachen und machten uns auf den Weg. Das Thermometer zeigte bereits am Morgen in Obervellach 24 Grad. Doch die Etappe sollte heute ja nicht zu lange sein. Auch der einzige Anstieg, der Danielsberg, dürfte kein großes Hindernis darstellen. Dürfte …!

Nach etwa zweieinhalb Stunden zügigem Marschieren fragte ich mal nach, wo denn dieser Berg sein solle, denn das Einzige, was zu sehen war, war ein mit Wald überzogener Hügel in weiter Ferne. Der kann es doch wohl nicht sein? Unser Navi behauptete jedoch genau das. Von wegen kurze Etappe! Die Kilometerangaben stimmten heute wieder einmal bei Weitem nicht. Immerhin: 5 Kilometer Fußmarsch bedeuten eine Stunde! Irgendwann haben wir diesen Danielsberg dann doch noch erreicht, obwohl es richtig anstrengend für mich war. Die kurze Rast oben genoss ich sehr und es ging mir dann wieder um Vieles besser. Unten im Tal erreichten wir einen etwas seltsamen Campingplatz, auf dem wir von Tschechen nur so umzingelt waren. Zuerst fühlte ich mich nicht wirklich wohl, was auch am Trekkingfood liegen konnte, das wir heute Abend wieder einmal „genossen". Der Campingplatz selbst bot jedoch alles, was das Herz begehrt. Da war für jeden etwas dabei: Raften, Kajakfahren, Klettern und noch einiges mehr. Unser Bedarf an Action war für heute gedeckt. Einzig das kalte Wasser im Fluss bot die ersehnte Erfrischung – ebenso wie das tschechische Bier …

Als wir nach dem „Abendmahl" zum Campingbuffet gingen und dort unglaublich herzlich aufgenommen wurden, war meine Skepsis schnell verflogen. Wir bekamen vom Chef des Platzes noch eine Flasche Wein spendiert und fühlten uns schließlich noch richtig wohl. Diese Nacht im Zelt würde ich wohl etwas besser schlafen …

13. Tag:
Kilometer: 33,6
Höhenmeter aufwärts: 1 270
Höhenmeter abwärts: 980
Gehzeit: 6 ¼ Stunden
Gesamtdauer: 7 ¾ Stunden

Kolbnitz – Zlatting

Vor Mario wache ich heute im Zelt auf und möchte einen Blick auf mein Handy werfen, um zu sehen, wie spät es ist. Normalerweise liegt es immer neben mir. Doch ich kann es nicht finden. Na gut, dann schau ich eben am Tablet nach. Das muss ich erst einschalten, wenn ich es denn finde ... Plötzlich bin ich hellwach. Habe ich doch tatsächlich gestern Abend meinen Packsack mit allen wichtigen Sachen im tschechischen Biergarten liegen lassen? Nicht nur Handy und Tablet befinden sich darin, sondern auch noch meine Geldtasche mit etwa 200 Euro, Kreditkarte, Führerschein usw. Hektisch springe ich auf, sodass Mario wach wird. „Was ist denn los?", fragt er mich erstaunt. Ich antworte erst gar nicht und bin schon in meiner Hose und aus dem Zelt in Richtung Holzblockhütte unterwegs. Kein Mensch weit und breit. Auf den Bänken ist nichts zu sehen. Als ich nach längerem Suchen nichts entdecken kann, klopfe ich an die Türe. Keiner da. Die Tür ist nicht verschlossen und ich trete ein. Da liegt er ganz im Eck. Als ich den Packsack öffne, bin ich mehr als erleichtert, dass alles noch da ist. Es fehlt nichts. Ein Felsbrocken fällt mir vom Herzen und ich nehme mir vor, meine Geldtasche und die übrigen Sachen von jetzt an getrennt aufzubewahren und vor allem mehr auf mein Zeug zu achten. Das darf nicht mehr passieren! Richtig froh kehre ich zum Zelt zurück. Warum hatte ich eigentlich kurz dieses Vorurteil im Kopf, es wäre wohl nicht mehr da? Nur weil es sich hier um einen tschechischen Campingplatz handelt? Streng gehe ich mit mir selbst ins Gericht. Vielleicht sollte ich darüber nachdenken, was Ausländer von Landsmännern unterscheidet – nämlich nichts! Wir gehen uns waschen und werden anschließend mit einem unglaublichen Frühstücksbuffet überrascht. Es wird wirklich alles geboten: mehrere Wurst- und Käsesorten, verschiedene Aufstriche, Obst und Gemüse, Müsli, Eier und Gebäck in jeder erdenklichen Form, selbstverständlich Kaffee und unterschiedliche Säfte. In einem Fünf-Sterne-Hotel könnte es nicht besser sein. Wir stärken uns für den heutigen Tag und als ich zahle, wartet die nächste Überraschung auf mich: fast peinliche 26 Euro für uns beide. So billig haben wir schon lange nicht genächtigt und gefrühstückt. Ich bedanke mich für alles, für die Freundlichkeit der Mitarbeiter und dafür, dass sie meine Sachen in Sicherheit gebracht haben. Wer also hier einmal Urlaub machen möchte, dem kann ich diesen schönen Campingplatz nur empfehlen. Es wird wirklich einiges geboten – einfach im Internet ein Auge darauf werfen.

Wir machen uns auf den Weg und steigen bergauf, bis wir wieder auf den AAT stoßen. Nach kurzer Zeit gelangen wir zur Barbarossaschlucht, auch Klinzerschlucht genannt. Diese Schlucht mit ihren eindrucksvollen Wasserfällen erzählt die Geschichte von Kaiser Friedrich I., wegen seines langen, roten Bartes auch Barbarossa genannt. Wir sind an einem Ort, um den sich viele Mythen und Legenden ranken. Der Sage nach soll der Kaiser mit seinen Rittern und Gefolgsleuten auf dem Rückweg von einem Kreuzzug im Heiligen Land durch die schöne Barbarossaschlucht gekommen sein. Auf riesigen metallenen Tafeln wird vom Kaiser und seinen Mannen erzählt, denen hier der Teufel erschienen sein soll. Wir kommen an eine Wegkreuzung und wissen nicht, welche Richtung wir einschlagen sollen. Keine Beschilderung, keine Kennzeichnung. Also her mit dem Navi. Genau ersichtlich ist der Weg auch auf dem Navi nicht und wir entscheiden uns für die linke Variante, etwas bergauf, an einem Haus vorbeiführend. Oberhalb des Hauses schreit plötzlich ein kleiner Junge von unten herauf: „Haaaalllooo! Alpe-Adria-Geher! Der richtige Weg ist hier unten!" Wir kehren um, treffen auf den freundlichen Jungen und bedanken uns. Er meint: „Ach, die meisten gehen hier falsch", und begleitet uns ein Stück. Er wird den Weg auch einmal gehen, weil er neugierig ist, wohin er führt, meint er und wünscht uns noch eine gute Wanderung. Wir gelangen zur Wallfahrtskirche St. Maria mit dem dazugehörigen Gasthaus Hohenburg. Hier hätten wir gerne eine Rast eingelegt, doch leider ist genau heute Ruhetag. Also ziehen wir weiter und gehen dabei an einem Herrn vorbei, der gerade am Wegesrand sein Auto parkt. Wir begrüßen uns und plaudern kurz über unser Vorhaben. Er ist

sehr interessiert und kann gar nicht glauben, von wo wir kommen. Auch er macht gerade eine Auszeit, erzählt er uns. Für ein paar Tage – Auszeit von den Enkelkindern, die er und seine Frau gerade betreuen. „Do brauch i dringend moi a Ruah", meint er. Dann verabschieden wir uns wieder und gehen weiter. Nach ein paar Minuten hören wir den Mann rufen: „Halt, halt, stopp!" Wir drehen uns um. Ich dachte, bestimmt haben wir etwas verloren, doch er will unbedingt ein paar Fotos von uns machen und meint nur, dass ihm das sonst zu Hause keiner glaubt, dass er zwei solche Weitwanderer kennengelernt hat.

Schließlich gelangen wir zum Kolmwirt, wo wir endlich pausieren, etwas essen und trinken. An und für sich ist hier Endstation der heutigen Etappe, doch die Uhr zeigt erst Mittag und wir wollen noch weiter. Die Wirtin sagt uns, dass seit Anfang des Jahres vermehrt AAT-Wanderer bei ihr übernachten, doch sie habe noch keinen kennengelernt, der die gesamte Strecke in Angriff nahm – vor allem mit Zelt und etlichen zusätzlichen Kilometern. Sie spricht uns ihre Bewunderung aus und lädt uns auf ein Schnapserl ein. Danach geht es für uns wieder los. Der Weg bietet immer wieder schöne Ausblicke und wir sehen zum ersten Mal den Millstätter See, wo mich Mario in ein paar Tagen verlassen wird ...

Wir möchten bis zur Bergfriedhütte aufsteigen und sind auch schon ein gutes Stück unterwegs, als uns auf etwa 1 300 Metern ein Jäger entgegenkommt und uns darauf aufmerksam macht, dass die Hütte dieses Jahr durchgehend geschlossen hat. Na toll! So drehen wir um und steuern den Familiengasthof Preis in Altersberg an, um dort eventuell zu nächtigen. Schon von Weitem kann man das Hotel mitsamt seinem Swimmingpool sehen und ich bezweifle sogleich, dass wir hier ein Zimmer bekommen. Es wimmelt nur so von Italienern rund um den Gasthof. Familien, soweit das Auge reicht. Ich frage um ein Nachtquartier, doch es ist, wie erwartet, alles besetzt. Die Kellnerin ist so freundlich und telefoniert in der Gegend herum, um nach einem freien Zimmer zu fragen. Der „Zlattinger" hat noch was frei, allerdings sind dafür noch ein paar Kilometer zu gehen. Die Zeitangaben variieren von einer Stunde (Kellnerin) und zwei Stunden Gehzeit (Köchin). Ist ja fast dasselbe! Egal, wir brauchen so und so ein Zimmer, trinken noch ein Soda und machen uns wieder auf die Beine. Die halbe Stunde, die wir im Gasthof verbrachten, war dermaßen anstrengend und laut – ein Familiengasthof eben –, dass es uns nicht schwerfällt weiterzugehen. Und weil doch in jedem Erwachsenen ein Kind steckt (oder nur in den erwachsenen Männern?), gehen wir die Märchenmeile entlang durch die Drachenschlucht. Oder doch, weil es eben der kürzeste Weg ist bis zur Unterkunft? Wenigstens bietet die Märchenmeile viel Abwechslung mit lustigen, meterhohen Figuren und führt über die längste Hängebrücke der Alpen mit 175 Metern Spannweite. Da es schon spät am Nachmittag ist, sind nicht mehr sehr viele Menschen auf dem Weg unterwegs und wir können in aller Ruhe dahinwandern. Die Hängebrücke ist wirklich beeindruckend und unglaublich hoch.

Danach ist die Wanderslust auf fast null gesunken und wir wünschen uns nur noch ein Zimmer, eine Dusche und etwas zu essen und zu trinken. Die Dauer des Weges bis zum „Zlattinger" stimmt eher mit der Zeitangabe der Köchin überein. Wir gehen doch noch mehr als eine Stunde. Als wir von der Ferne das Gasthaus Laggner – auch Zlattinger genannt – sehen, befürchten wir das Schlimmste. Mario meint nur: „Was, in der Bruchbude solln ma schlafen? Da stell i ja lieber des Zelt auf!" Auch ich bin vom ersten Anblick nicht gerade begeistert. Doch als wir näher kommen, erkennen wir hinter dem alten Gasthof einen monströsen Bau, ein dreistöckiges Hotel mit Appartements, Zimmer und einem Gasthausbetrieb. Alles vom Feinsten und überdimensional groß. Das Zimmer ist wunderbar und selten habe ich eine Dusche so genossen wie heute. Wir

waschen unsere Kleidung gründlich durch. Platz zum Aufhängen ist ja reichlich vorhanden.

Nach der „Hausarbeit" begeben wir uns auf den Balkon (oder besser die Terrasse) des Gastbetriebs und gönnen uns ein leckeres Schnitzerl und eine Karaffe mit gutem Rotwein. Das haben wir uns nach diesen heißen 33 Kilometern heute redlich verdient. Bevor wir zu Bett gehen, werden wir von der Wirtin gewarnt: Es könnte sein, dass wir vom Esel geweckt werden. Er hat es sich zur Gewohnheit gemacht, gegen 4 Uhr ein paar Mal laut zu schreien. Das kenn ich doch von wo!

Na dann ... Gute Nacht!

Mario:
Es lag vermutlich am tschechischen Bier, dass ich heute einmal durchgeschlafen habe im Zelt. Petra weckte mich am Morgen. Sie schien aufgeregt, sagte aber nicht, was los ist. Erst nach einigem Nachfragen erzählte sie mir von ihrem Missgeschick. Typisch für meine Frau!
Wohin uns der Weg heute führen sollte, war nicht ganz klar – so weit wie möglich jedenfalls. Es ging mir wieder etwas besser und ich hatte trotz Startschwierigkeiten nach dem herrlichen Frühstücksbuffet am Campingplatz auch wieder Lust am Wandern. Wir trafen einige Menschen, die sich nach unserem Weg erkundigten, und wir erzählten immer wieder, woher, wohin, weshalb. Erst als wir nach mehreren Stunden des Wanderns keine Bleibe fanden, wurde ich etwas unruhig. Wir quälten uns bei sengender Hitze einen Berg hinauf, den wir dann wieder runtergingen, weil die erhoffte Berghütte geschlossen hatte. Auch beim auserwählten Familienhotel bekamen wir kein Zimmer. Also wieder weiter. Durch die Drachenschlucht. Das bot wenigstens Abwechslung und der Weg wurde kurzweiliger. Zum Glück lag die Pension, die uns angekündigt worden war, nicht mehr weit und wir verbrachten hier einen unserer schönsten Abende.
Meine Frau klagt nie – egal was kommt! Ich bewundere sie dafür!

14. Tag:
Kilometer: 22,8
Höhenmeter aufwärts: 435
Höhenmeter abwärts: 670
Gehzeit: 4 ½ Stunden
Gesamtdauer: 5 ½ Stunden

Zlatting – Seeboden

Den Esel höre ich tatsächlich am frühen Morgen, schlafe aber zum Glück gleich wieder weiter. Der Tag beginnt mit einem guten Frühstück und einem Stück sinnlosen Herumirrens auf dem offensichtlich falschen Weg. Unser Navi würde uns, vom Gasthof Laggner weg, die Straße entlang führen, die Kennzeichnung des AATs leitet uns jedoch einen Wald- und Wiesenweg aufwärts. Dies stellt sich schon bald als falsch heraus, doch woher sollen wir das wissen? Das Schild gleich an der Straße war leider das einzige seiner Art weit und breit und so machen wir einen großen Bogen oberhalb der Straße, auf die wir immer hinuntersehen können und letztendlich auch wieder stoßen. Weiter treffen wir, einer alten Römerstraße folgend, nach kurzer Zeit in Gmünd ein. Die Stadt überrascht mich mit ihrer Kreativität und Modernität und einem gemütlich wirkenden historischen Stadtkern.

Kaum angelangt, stürmen wir jedoch als Erstes eine Apotheke, um wichtige Sachen wie Dr. Böhm's Energie-Elixier, Hirschtalg und sonstige wichtige Vorräte zu ergattern. Wer weiß, ob es sobald wieder eine Apotheke geben wird. Augentropfen brauche ich nicht mehr. Die Entzündung hat sich so schnell wieder gelegt, wie sie gekommen ist. Als Nächstes gibt es ein hausgemachtes Eis in einem der vielen einladenden Cafés. Mario drängt zum Weitergehen.

Ein Besuch im Porsche-Museum muss aber unbedingt noch sein. Es ist das einzige Museum dieser Art europaweit, das sich in Privatbesitz befindet. Der Rucksack hinterlässt Eindruck und wir bekommen einen ermäßigten Eintritt. Sehr interessant und empfehlenswert, kann ich nur sagen.

Der Weiterweg ist leicht und langweilig. Das Gras und die Sträucher im Wald, leider auch die Himbeeren, sind aufgrund der lang anhaltenden Hitzeperiode ausgetrocknet und dürr. Zum Glück ist die Etappe heute nur kurz und das große Ziel während des Gehens heißt Seeboden am Millstätter See. Vor allem der See ist es, auf den wir uns schon riesig freuen. Wir können es kaum erwarten, ins kühle Nass zu hüpfen und ein paar Sonnenstunden zu genießen. So lässt uns die Vorfreude auf's Faulenzen und In-der-Wiese-Liegen zügig weiterwandern.

Nur einmal legen wir eine kurze Jausenpause im schattigen Wald ein, um Hunger und Durst zu stillen. Als Jausen- oder Rastplatz dient, was sich gerade anbietet. Ein paar gefällte Bäume oder Baumstümpfe reichen da völlig aus. Tisch und Sessel sind ja meist eher rar im Wald und so lassen wir uns wieder einmal auf übliche Weise nieder und genießen vom Frühstück übrig gebliebene Wurst- und Käsebrote.

Das einzige Highlight auf dem Weg stellt sich kurz vor Seeboden ein. Burg Sommeregg in der Ortschaft Treffling. Zurzeit finden hier auch Ritterspiele statt und eine Schar Touristen tummelt sich um die Burg. Eigentlich möchte ich mir das Foltermuseum nicht entgehen lassen, aber der Gedanke an den kühlenden See lässt die Entscheidung weiterzugehen, nicht schwerfallen. Mario hätte ohnehin gestreikt. Die Burg liegt auf einer kleinen Anhöhe und mir fällt auf, dass sich rund um uns bereits einige dunkle Wolken gebildet haben. Doch ich sehe keinen Grund

zur Besorgnis. Erst als die Wolken immer dichter werden und der Wind bedenklich zulegt, fange ich an zu zweifeln, ob es denn noch zum gemütlichen Badenachmittag kommen wird. Wir laufen regelrecht den Berg hinunter bis zum See und landen direkt am Campingplatz Winkler mit Strandbar und Strandrestaurant. Genau das haben wir gesucht. Wir entscheiden uns, völlig gegen unsere Gewohnheit, noch vor dem Zeltaufbau baden zu gehen. Eine gute Entscheidung, wie sich herausstellen sollte. Der See ist herrlich, bietet die erhoffte Abkühlung und wir genießen es, ein paar Runden zu schwimmen, bevor es an den Zeltaufbau geht. Der geht schon ruck-zuck. Je öfter wir das Zelt benutzen, umso mehr Routine spielt mit und jeder Handgriff sitzt. Gut so, denn das Zelt steht gerade, als es zu regnen beginnt. Die Duschen auf dem Campingplatz sind die miesesten, die wir bisher gesehen haben. Wenn ich da an den tollen Tschechen-Campingplatz in Kolbnitz denke ... Alles sehr veraltet hier und die Sauberkeit lässt ebenfalls zu wünschen übrig. Da hätte eine Stunde im Regen vermutlich denselben Effekt gehabt.

Gut, dass das Strandrestaurant nur ein paar Schritte entfernt ist. Auf der Terrasse sind große Schirme aufgespannt und so können wir trotz Nässe den Abend noch draußen verbringen. Wir bestellen Pizza und nutzen den guten Empfang zum Telefonieren mit unseren Kindern und Eltern. Neben uns sitzen drei Herren. Sie haben uns bereits beobachtet, als wir hier angekommen sind. Vor allem unsere Ausrüstung blieb ihnen nicht verborgen. Nachdem wir gespeist haben, werden wir wieder einmal nach unserem Weg gefragt. Wir beginnen mit den Herren zu plaudern und verbringen noch einen netten Abend miteinander. Sie werden sofort Fan meiner Facebook-Seite „Der AAT – Time-out statt Burn-out“ und verfolgen von da an mit Begeisterung unseren weiteren Weg.

Der Regen wird stärker, wir verstauen unser Hab und Gut im Zelt und kuscheln uns in unsere Schlafsäcke. Bleibt nur zu hoffen, dass es morgen wieder etwas besser wird. Doch die Wetterprognose verspricht nichts Gutes. Leider. Eine Bergetappe liegt vor uns und nicht nur das: auch die beiden letzten Tage, die Mario mich begleiten wird.

Ich liege lange wach, höre den Regen auf das Zeltdach prasseln und denke nach. Vor allem darüber, wie es sein wird, wenn ich allein weiterwandere. In der Nacht werde ich immer wieder vom Regen geweckt, der durch den Wind an die Zeltwand geweht wird. Erst als sich der Morgen langsam ankündigt, falle ich in einen kurzen, aber tiefen Schlaf.

Mario:

Wie gut man in einem Bett nach einer ausgiebigen Dusche schläft! Herrlich!

Die heutige Etappe sollte kurz sein und das war sie auch – kurz und unglaublich langweilig! Bis auf die Stadt Gmünd. Das dortige Porsche-Museum wollte ich unbedingt sehen (Männersache!) und es war auch einen Besuch wert. Wir bekamen sogar einen vergünstigten Eintritt als Wanderer.

Der restliche Weg war nur dazu da, um so schnell wie möglich den lang ersehnten Millstätter See zu erreichen und hineinzuspringen. Das hatte ich heute von der ersten Sekunde an im Kopf. Die Burg, die uns am Weg unterkam, interessierte mich nicht. Ich wollte zum See. Und dann war er endlich da. Still und ruhig lag er vor uns. Ein Camping-platz war schnell gefunden (zu horrendem Preis) und der dazugehörige Strandplatz auch.

Als wir endlich in das kühle Nass hüpften, zogen bereits die ersten be-drohlichen Wolken auf und, man glaubt es kaum, wir waren gerade einmal aus dem Wasser, da fing es auch schon an zu regnen! Ich war total genervt! Petra schaffte es dann doch noch, meine Laune wieder etwas zu bessern, und so wurde es eben ein gemütlicher Kuschelabend im Zelt – wenn auch etwas eng ...

15. Tag:
Kilometer: 22
Höhenmeter aufwärts: 1 648
Höhenmeter abwärts: 432
Gehzeit: 6 ¼ Stunden
Gesamtdauer: 7 Stunden

Seeboden – Millstätter Hütte

Die Augen sind noch nicht offen, aber die Ohren nehmen bereits die ersten Geräusche wahr. So ist gleich klar, dass es nach wie vor regnet. Nicht gerade das, was man hören will, wenn man in einem Zelt aufwacht. Die Nacht war viel zu kurz, um plötzlich richtig wach zu sein. Im Gegenteil, ich bin müde und fühle mich wie gerädert. Was tun, sprach Zeus? Wir sollen heute auf die Nockberge gehen und dabei immerhin an die 1 600 Höhenmeter überwinden. Bei dem Wetter? Ich versuche alle Gedanken abzuschalten und noch einmal einzuschlafen. Aber als draußen lautes Hundegebell und Reden zu hören sind, ist an Schlaf nicht mehr zu denken. Auch Mario, den so leicht nichts in seinem Schlummer stört, wird durch den Lärm geweckt. Offensichtlich legt der Regen gerade eine Pause ein, und so stehen auch wir auf. Zügig packen wir alles zusammen und lassen eine Diskussion, ob wir heute weitergehen sollen oder nicht, erst gar nicht aufkommen. Schon nach kurzer Zeit sind wir abmarschbereit. Eigentlich hatten wir vor, uns heute im Zelt unser Frühstück zuzubereiten, doch bei dem Wetter würde das nicht zur Gemütlichkeit beitragen und so suchen wir uns im Ort einen Bäcker mit Café. Dort wird erst einmal gefrühstückt. Ich freue mich über einen leckeren Cappuccino und schon sieht der Morgen viel freundlicher aus – trotz des Nebels. Immerhin, es regnet nicht mehr. Allerdings merken wir bald: Auch im Nebel zu wandern macht nass. Um die Feuchtigkeit draußen zu halten, ziehe ich meine Regenjacke an. Dies führt dazu, dass ich durch den Schweiß schon nach kurzer Zeit innen genauso nass bin wie außen. Aber mir geht es ja nicht allein so. Schon nach einem kurzen Wegstück treffen wir auf einen weiteren Wanderer mit einem großen Rucksack und sind uns sicher, es kann sich nur um einen AAT-Wanderer handeln. Wir grüßen kurz und ziehen an ihm vorbei. Nach etwas mehr als einer Stunde Gehzeit kommen wir zur Pichlhütte. Diese ist lieblich dekoriert. Ganz meins und ich fühle mich trotz des Sauwetters augenblicklich wohl hier. Eigentlich hatten wir ja noch nicht vorgehabt, eine Pause einzulegen, doch die ungemütliche Nässe lässt uns einkehren. Wir trinken etwas und wärmen unsere kalten Glieder auf. Es dauert nicht lange, da stößt auch der einsame Wanderer zu uns. Er setzt sich an unseren Tisch. Sein Name ist Benjamin und er hat sich vorgenommen, ebenfalls den gesamten Trail zu gehen. Allerdings ausschließlich Übernachtungen in Unterkünften und dadurch mit einem wesentlich leichteren Rucksack ausgestattet. Wir unterhalten uns über den Trail und er staunt nicht schlecht, als er erfährt, von wo wir bereits unterwegs sind. Als wir aufbrechen, lassen wir Benjamin hinter uns, sind uns aber sicher, dass wir uns wieder über den Weg laufen werden.

Der angeblich schönste Platz auf dieser Etappe, der steinerne Tisch, lädt heute nicht zu einem ausgiebigen Picknick und zum langen Verweilen ein. Hier soll die Aussicht an sonnigen Tagen ein Traum sein. Auf den Millstätter See, Spittal an der Drau, das Goldeck und die Gebirge an der Grenze zu Italien und Slowenien, wohin mich mein Weg noch führen wird. Heute sieht man den grauen Tisch vor grauem Hintergrund – mehr nicht.

Ich bin richtig froh, mich dazu entschieden zu haben, mit Stöcken zu gehen. Danke noch einmal an die vielen Facebook-Freunde, die die Vorbereitung zu meinem Weg mitverfolgt haben und mich davon überzeugen konnten, dass man mit vier Beinen wesentlich sicherer und auch zügiger vorankommt. Gerade mit dem schweren Rucksack und bei den vielen Höhenmetern sind sie unverzichtbar für mich geworden. Bergauf kann man die Armkraft nutzen und sich über große Stufen und Steine hinaufziehen, bergab werden vor allem die Knie und Gelenke geschont, aber auch die Gefahr, dass man auf dem Allerwertesten landet, wird erheblich verringert. Gerade auf der heutigen Etappe, mit rutschigem Untergrund, fällt es mir wieder auf, wie wichtig sie für mich geworden sind. Umso erstaunlicher, dass ich sie bei jeder sich mir bietenden Gelegenheit vergesse ...

Schließlich gelangen wir zum ersten Gipfel der Nockberge, dem Tschiernock auf 2 088 Meter Seehöhe. Wenn man da oben steht, ist es für einen Salzburger nicht gerade leicht zu glauben, dass man sich auf über

2 000 Metern befindet. Hierher gelangen selbst Halbschuhtouristen relativ einfach, denn die Berge sind völlig anders als bei uns. Gras, soweit das Auge reicht, und Straßen führen zum Teil bis knapp unter die höchsten Punkte. Gewöhnungsbedürftig. Vor allem, wenn es einem so geht wie uns: Wir wandern über Wiesen und durch Wälder, nehmen einen Steig, auf dem kaum eine Menschenseele unterwegs ist, biegen um eine Gruppe von Fichten und ... landen auf einer Asphaltstraße! Da schaut man momentan schon ein bisschen komisch drein. Trotzdem tut es gut, wieder einmal auf einem richtigen Gipfel und vor einem Gipfelkreuz zu stehen. Das Gipfelglück hält jedoch nicht besonders lange an. Sonne weg, Wolken da und Nebel zieht schon wieder auf. Dazu noch starker, kalter Wind. Gestern noch ein Bad im Millstätter See, heute frösteln am Berg. Da soll einer sagen, er wandert lieber im Regen als bei Hitze! Ich nicht. Eindeutig.

Noch dazu wollten wir den Tag heute genießen. Es sind immerhin die letzten Berge, die Mario mit mir bewältigt. Ich bitte ihn, langsam zu gehen. Langsam bedeutet natürlich nicht zwingenderweise für jeden dasselbe. Wenn ich langsam gehe, überhole ich dennoch viele Leute. Wenn Mario langsam geht, gehe ich schon schnell. Und wenn er schnell geht, dann braucht es schon einen guten Tag, dass ich ihm folgen kann. So wird das nix. Ich fluche in mich hinein und trabe hinter ihm her. Erst als ich mich absichtlich etwas zurückfallen lasse, verringert er sein Tempo. Auch so gelangen wir schließlich zu den Gipfeln des Hochpalfennocks und des Tschierweger Nocks. Der Wind legt zu und es ist empfindlich kalt. Wir freuen uns bereits auf die Alexanderhütte, auf der wir auch nächtigen möchten. Kurz davor treffen wir auf ein Pärchen, das uns berichtet, dass es dort keinen Platz mehr gäbe und sie aus diesem Grund umgekehrt seien. Dann bleibt wohl nur noch das Zelt. Bei dieser Kälte? Brrr ... Mario wirkt ebenfalls etwas unentspannt. Schließlich erreichen wir die Hütte. Schon am ausgelasteten Parkplatz (!) ist zu erkennen, dass die Hütte voll sein muss. Wir fragen trotzdem nach und müssen das erwartete „Leider nein" hinnehmen. Gerne hätte ich mir die dazugehörige Sennerei angesehen, aber der Appetit ist mir vergangen. Ich will nicht mehr weitergehen! Die einzige Möglichkeit, die bleibt, ist die nahe liegende Millstätter Hütte. Wir erkundigen uns nach der Gehzeit. In 20 Minuten sollen wir da sein, und das ohne nennenswerte Steigung. Also gut. Wenn da auch nichts frei ist, dann wird das Zelt aktiviert. Schon früher als gedacht

erreichen wir die – meiner Meinung nach – viel urigere, gemütlichere und letztendlich auch günstigere Millstätter Hütte. Doch auch hier ist alles voll oder reserviert. Enttäuscht, durstig und hungrig setze ich mich auf die Bank. Zumindest bekommen wir die Erlaubnis, das Zelt im Garten aufzustellen. Doch die Hüttenwirtin meint, wir sollen damit noch warten. Oftmals kommen die Leute bei so einem Wetter ja doch nicht alle und vielleicht bleiben zwei Schlafplätze frei. Gute Idee! Dann wird halt zuerst einmal etwas getrunken. Ein Soda und zwei Weißbier werden bestellt. Es dauert nicht lange, da kommt Benjamin, unsere deutsche Wanderbekanntschaft, zur Tür herein. Er war klüger als wir und hat sich einen Schlafplatz reservieren lassen. Wir freuen uns, ihn wiederzusehen. Er setzt sich zu uns und wir tauschen so manche Anekdote aus, die sich auf unseren Wegen bereits zugetragen hat. Ich frage, warum er diesen Weg bestreitet und warum allein. Er erzählt von so manch schwieriger Situation – beruflich wie privat – in seinem Leben. Um dies zu überdenken und in der Zukunft richtige Entscheidungen zu fällen, hat er sich für den Weg entschieden. Also auch ein Fall für mein Buch, denke ich. Time-out statt Burn-out. Ich finde Benji jedenfalls sympathisch und wir verbringen zu dritt einen ungeplant langen, feucht-fröhlichen Abend.

Die Nachricht, doch noch zwei Schlafplätze zu erhalten, ist schließlich das Tüpfelchen auf dem i und wir feiern, was es halt so zu feiern gibt an einem netten Abend mit einer netten Bekanntschaft. Auch Benjamin fühlt sich offensichtlich sehr wohl in unserer Gesellschaft. Erst als die Gaststube sich weitgehend geleert hat, suchen wir unser Schlafgemach auf.

Mario:
In dieser Nacht werde ich ständig wach – der starke Regen weckt mich. Immer wieder kommt mir in den Kopf, dass morgen eine der längsten Etappen zu wandern ist. Wozu das alles? In der Früh packen wir das nasse Zeug ein und gehen los. Ich hab keine Lust zum Wandern, noch

dazu bei diesen Höhenmetern, und trabe trotzdem gleich los. Es ist keine Absicht, aber so in Gedanken versunken, gehe ich ein zügiges Tempo und merke erst spät, dass meine Frau nicht Schritt halten kann – oder will. Es tut mir leid. Ich sehe ihr an, dass nun sie genervt ist, und bremse mein Tempo ein. Es ist eiskalt und immer wieder regnet es. Die letzten Tage, an denen ich Petra begleite, und meine Hochzeitsreise habe ich mir nicht so vorgestellt. Schade. Als wir dann keinen Platz auf der Hütte mehr bekommen, bin ich echt nicht mehr gut drauf. Ich sehe mich um. Naja, ein Zeltplatz im Garten würde schon gehen – die Hüttenleute würden uns Decken für zusätzliche Wärme leihen. Wir lernen einen netten Deutschen kennen, der auch dem Hopfengebräu nicht abgeneigt ist. Das kommt mir heute gerade recht – meinen Frust runterzuspülen – und es wird ein unerwartet netter Abend, an dem sich meine Laune schnell wieder bessert. Zum Glück finden wir auch noch Platz einem Notbett in der Hütte!

16. Tag:
Kilometer: 25,7
Höhenmeter aufwärts: 640
Höhenmeter abwärts: 1 850
Gehzeit: 5 ¾ Stunden
Gesamtdauer: 7 ¼ Stunden

Millstätter Hütte – Döbriach

Trotz des gestrigen langen Abends wachen wir heute schon früh auf. Zwischen vielen Menschen verbrachten wir auf zwei Notmatratzen die Nacht. Die einzige Luftzufuhr, ein klitzekleines Fenster am Ende des Dachraumes, wurde von einer fürsorglichen Dame geschlossen – es könnte ja kühl werden ... Die Luft ist zum Schneiden und, kaum die Augen geöffnet, war mein einziges Bedürfnis, aus dem vernebelten Raum zu fliehen. Da lob ich mir wieder unser Zelt! Trotzdem sind wir froh, dass wir hier nächtigen konnten, und sind guter Dinge.

Ein herrliches Frühstück wartet bereits auf uns und Benji sitzt auch schon da. Dennoch bin ich etwas wehmütig. Mario begleitet mich heute zum letzten Mal. Kaum zu glauben, wie schnell die Zeit vergangen ist. Ich will also jede Minute, die wir noch gemeinsam auf dem Trail, auf unserem Weg verbringen, genießen.

Der Tag zeigt sich vorerst von seiner freundlichen Seite. Sonne und Wolken wechseln einander ab, die morgendliche Bergluft ist frisch und kühl. Eile haben wir heute nicht, wir packen unsere Sachen gemächlich zusammen. Auf der Alm gibt es nicht nur Tiere aus Holz. Schweine, Ziegen und Kühe tummeln sich um die Millstätter Hütte auf 1 880 Meter Höhe. Ein richtiges Idyll. Wir verlassen gemeinsam mit Benji die Hütte und steuern auf das erste Ziel, den Kampelnock auf 2 101 Meter, zu, den wir schon nach kurzem Aufstieg erreichen.

Benjamin bleibt gleich zu Beginn etwas zurück. Die Nacht ging wohl doch nicht ganz spurlos an ihm vorüber ... Da wir den gleichen Weg vor uns haben, achten wir nicht darauf und nehmen an, dass wir ihn ohnehin bald wieder treffen. Dies sollte nicht mehr der Fall sein. Schade! So konnte ich

mich leider nicht mehr von ihm verabschieden und ihm einen guten Weiterweg wünschen. Und doch hörte ich später noch einmal von ihm ...
Der Ausblick auf die Täler und die schönen Seen bleibt uns auch heute großteils verborgen. Nach wie vor weht kalter Wind am Berg und immer wieder ziehen dichte Wolkenfelder an uns vorbei. Anfangs sind wir weit und breit die Einzigen, die sich hier oben befinden, wie es scheint. Nur ein paar quirlige Murmeltiere laufen hektisch die Hänge auf und ab. Und da sind dann noch die Kühe – sie sind hier oben allgegenwärtig. Eine Art Erlebniswanderweg finden wir vor, mit erstaunlich spannenden Stationen. Ansonsten sind wir lange Zeit mutterseelenallein.
Nach einer Weile des einsamen Wanderns erblicken wir über einer Kuppe das Granattor in der Ferne. Das mächtige Tor mit etwa vier mal vier Metern soll auf das größte Granatvorkommen hier in der Gegend, sogar das größte in ganz Europa, hinweisen und ist ein beliebter Platz, um Fotos zu schießen. Klar, da müssen auch wir ein Foto von uns haben. Gerade, als ich Mario bitten will, es zu machen, kommt eine Familie daherspaziert. Denen wird diese Aufgabe zuteil. So gibt es doch noch eine Aufnahme von uns beiden vor dem Granattor. Und urplötzlich sind wir alles andere als alleine. Nach der netten Familie kommt noch eine. Danach gleich ein

Pärchen und hinter ihnen eine ganze Gruppe. Als wir über eine weitere kleine Kuppe und eine anschließende Kurve wandern, trauen wir unseren Augen kaum: eine regelrechte Völkerwanderung! Oktoberfest am Berg! Vorbei ist's mit der Idylle. Und wer sich da aller raufplagt! Eine sehr beleibte Dame mittleren Alters, mit mehr Farbe im Gesicht, als das beste Fotobearbeitungsprogramm je hervorbringen könnte, wilden Dreadlocks und einem Bauchfrei-T-Shirt kommt uns prustend entgegen, ebenso wie ein alter Mann mit mindestens ebenso altem Dackel samt Oma im Schlepptau. Aber auf diesen Bergen wundert mich wirklich nichts mehr. Überall Straßen und befahrbare Wege. Als wir schließlich zur Lammersdorfer Hütte gelangen, wird uns alles klar. Hier fahren sogar Reisebusse bis zur Hütte. Heute ist der 15. August, Feiertag. Wir haben kein Gefühl mehr für Tage und Zeit. An der Hütte ist sogar ein eigener langer Korridor für Selbstbedienung eingerichtet. Hier können sich die vor Hunger und Durst sabbernden Menschenmassen nach erfolgreicher Gipfelbesteigung die nötige Stärkung holen – einmal Frankfurter mit Senf vermutlich zum Preis von einem Wiener Schnitzel im Tal! Nein, danke! Diese Touristenhochburg ist das Schrecklichste, was wir seit Tagen erleben mussten. Da lob ich mir das einsame Wandern in Nebel und Kälte. Nichts wie weiter!

Eine Bergmesse am nahe gelegenen Jufenkreuz-Gipfel gibt uns schließlich den Rest. Die Leute sehen uns an, als kämen wir vom weit entfernten Stern einer fremden Galaxie. Vom Kreuz abwärts irritiert uns eine Wegmarkierung des AATs, die wieder nach oben zeigt. Wie ich später herausfinden werde, geht es hier nicht nur uns so. Zusätzliche Wege, die nicht gewollt sind, ärgern mich am meisten. Wir werfen einen Blick auf unser Navi, das uns wieder auf den richtigen Weg bringt – dieses Mal zumindest. Endlich reißt die Wolkendecke auf, die Sonne kommt durch und gibt den Blick frei auf das Tal und den Millstätter See. Kaum hat sie sich etwas durchgekämpft, steigt auch die Temperatur rasch an und es wird angenehm warm. An einer Wegkreuzung passiert es dann: Der AAT soll hier nach links abzweigen. Der Weg auf dem Navi zeigt allerdings weiterhin die Straße entlang und zweigt erst einige Kilometer weiter talwärts ab. Gut. Wir entscheiden uns, der Beschilderung Glauben zu schenken. Schon nach einigen Metern jedoch gelangen wir an eine Weggabelung. Kein Schild mehr weit und breit. Jener, der rechts abbiegt, verläuft abwärts und da wir ja ins Tal wollen, wählen wir diesen. Falsche Entscheidung! Wir wandern etwa 300 Meter den Weg entlang, der dann keiner mehr ist. Er endet und ist einfach aus. Anstatt jetzt die zweite Variante zu wählen, nämlich den leicht ansteigenden Weg, schlägt Mario vor, doch dem Navi und somit der Straße abwärts zu folgen. Gesagt, getan. So wandern wir die Straße entlang, bis das Navi uns in einen Waldweg führt. Bestimmt wandern wir eine gute Viertelstunde dahin, als wir wieder vor dem Aus stehen. Dieses Mal ein großes, eisernes Tor mit Schildern: „Privat – Durchgang nicht gestattet. Bei Nichtbeachtung folgt Anzeige". Gut, das schreckt ab. Fluchend und schimpfend kehren wir um, bis wir wieder an die asphaltierte Straße gelangen. Ich nehme das Navi zur Hand, während Mario auf der Straße Richtung Tal stampft. Ich ahne Böses. Dadurch, dass dieser, der vermutlich alte, originale Weg aus dem AAT gesperrt wurde, hat man die Abzweigung weiter oben errichtet. Ich mache meinen Schatz darauf aufmerksam, dass der Weg, den wir jetzt eingeschlagen haben, eindeutig in die Gegenrichtung führt. „Des is mir wurscht, zurück geh i auf keinen Fall mehr!", lautet seine Antwort. Schon jetzt ist mir klar, dass dies einige Kilometer an Umweg bedeutet. Na gut. Ich sage nichts darauf und gehe voran.

Die Straße führt weiter bergab, allerdings in seeehr langen Serpentinen. Man hat kaum das Gefühl, hinunterzugehen. Fast eben wandern wir dahin. Ein ewig langes Stück Straße, eine Kurve, wieder ein ewig langes Stück Straße ... Es zieht sich und selbst mir reicht es schön langsam. Mario flucht weiterhin, während er hinter mir hergeht. Zum ersten Mal seit langer Zeit schmerzen seine Beine wieder. Kein Wunder bei über 1 800 Metern

Abstieg! Sehr schade, für seinen allerletzten Wandertag habe ich mir etwas anderes gewünscht. Nach einer gefühlten Ewigkeit erreichen wir völlig ausgehungert (heute Früh leider keine Jause eingepackt am Frühstückstisch) und ermüdet Matzelsdorf, ein kleines Kirchdorf auf einem Hochplateau über dem Millstätter See. Wir suchen das einzig offene Restaurant, zu einem Hotel gehörend, auf. Wenigstens scheint jetzt die Sonne, es ist deutlich wärmer geworden. Es gibt Spaghetti und Weißbier. Langsam, gaaanz langsam, bessert sich auch Marios Stimmung wieder.

Auf dem Weiterweg kommen wir noch am „Jungfernsprung" vorbei. Der Sage nach soll hier ein schönes Bauernmädchen auf der Flucht vor einem Mönch von der hohen Felswand in den See gesprungen sein. Sie hat es überlebt und ist ans Ufer geschwommen, der Mönch sprang hinterher und ertrank. Wir wandern zügig weiter nach Döbriach. Bereits beim ersten Campingplatz fragen wir um einen Zeltplatz und bekommen den allerletzten. Der kleine Flecken Erde zwischen Wohnwägen und Weg reicht gerade für unser winziges Zelt. Dennoch sind wir froh, endlich angekommen zu sein. Unmittelbar neben unserem Campingplatz befindet sich ein öffentliches Strandbad und wir genießen noch zwei erholsame Stunden mit Schwimmen, Ausruhen und Genießen eines Getränks an der Strandbar.

Heute ist unser letzter gemeinsamer Abend. Wir spazieren in den Ort. Ein schönes Strandrestaurant lädt mit hauseigenen Fischspezialitäten ein. Wir genießen den schönen Abend und das herrliche Essen und lernen noch ein nettes Pärchen kennen, das sich zu uns gesellt. In der Rezeption des Campingplatzes holen wir uns dann noch eine gute Flasche Wein, montieren unsere Weingläser von unseren Rucksäcken und setzen uns an den Strand.

Eigentlich kann ich es noch gar nicht fassen. Das soll schon unser letzter gemeinsamer Abend sein? Ab übermorgen soll ich allein weitergehen? Soll ich mich davor fürchten oder mich darauf freuen? So viele Fragen, die mir durch den Kopf gehen. Es war von Anfang an so geplant. Überrascht bin ich nur, dass die Zeit so schnell verflogen ist.

Wir wussten nicht, wie es sein würde, und sind beide der Überzeugung, dass es schön war und uns noch mehr zusammengeschweißt hat. Es war auch für Mario eine Auszeit – eine Auszeit vom Leben im Geschwindigkeitsrausch – und ich weiß, dass es ihm gutgetan hat.

Mario:

Nachdem mich die Geräusche um uns herum aus dem Schlaf gerissen haben und die Luft in dem kleinen Schlaflager zum Schneiden war, kam mir als Erstes der Gedanke: „Heute ist mein letzter Tag!" Schon das eine oder andere Mal während unseres Trails ist es mir in den Sinn gekommen, wie es denn sein wird, wenn es so weit ist ... Würde ich mich freuen, dass es vorbei ist? Oder doch nicht?

Momentan war mir aber wichtiger, aus diesem Schlafgemach zu kommen, denn komfortabel war es nicht gerade auf den dünnen Notmatratzen im völlig überfüllten Schlaflager. Ich ging raus und schnappte erst mal frische Luft. Herrlich! Wir genossen mit unserem deutschen Wanderfreund Benji das üppige Frühstück und ließen den gestrigen Abend noch einmal Revue passieren. Als uns zum Abschied die Hüttenwirtin etwas verlegen die Rechnung präsentierte, wussten wir, dass es doch ziemlich lange gedauert haben muss!

Da wir heute noch einen langen Tag – beziehungsweise einen langen Abstieg vor uns hatten, brachen wir bald auf. Schon komisch, die letzten zwei Wochen habe ich nicht viel darüber nachgedacht, aber es ist so, dass ich mich jetzt wieder darauf freue, mich auf mein Rad zu schwingen und die Schnelllebigkeit meines Alltages zu „genießen". Mein letzter Tag mit dem schweren Rucksack, mein letzter Tag über Stock und Stein. Dann nur noch eine Nacht im Zelt und das war's dann. Während des schweigsamen Gehens denke ich zurück. Die Zeit ist doch tatsächlich wie im Flug vergangen und für mich gab es sicherlich mehr Tiefen als Höhen – vor allem zu Beginn durch meine Schmerzen. Ich konnte mich weder an der Natur noch an sonstigen um mich herum erfreuen. Noch dazu hatte ich ein schlechtes Gewissen, weil ich den Traum meiner Frau nicht gerade unterstützte. Je länger ich aber wanderte, je besser meine körperliche Verfassung wurde, umso öfter blieb ich stehen, sah mich um, betrachtete mit Staunen die Schönheiten um mich und genoss das Hier und Jetzt.

Auf der heutigen Etappe gestaltete sich der Weg ab dem Granattor alles andere als schön.

Plötzlich kam uns eine wahre Völkerwanderung entgegen – typische Halbschuhtouristen, mit Sandalen und Wanderstock! Wir wussten erst gar nicht so genau, was da los war. Irgendwie verliert man das Gefühl für Raum und Zeit, wenn man jeden Tag gleich gestaltet, und so fiel uns erst jetzt ein, dass heute ja ein Feiertag war und deshalb so viele Leute auf dem Berg herumliefen. Nichts wie weg!

Während wir so dahingingen, besserte sich das Wetter zusehends und die ersten schönen Ansichten des Sees waren zu erspähen. Wegen einer Sperre des Originalwegs mussten wir schließlich auch noch einen großen Umweg auf einer Asphaltstraße in Kauf nehmen und es wurde wider Erwarten ein richtig langer „Hatscher". Als wir spät, aber doch den See erreichten und auch einen Campingplatz fanden, war mein erster Gedanke: „Gott sei Dank – ich brauch ab jetzt den schweren Rucksack nicht mehr auf meinen Rücken schnallen und irgendwohin gehen." Der Groll über den langen Abstieg und den heutigen letzten Tag legte sich schnell und ich genoss den herrlichen See, das schöne Wetter und die Strandbar! Nach einem sehr guten Abendessen in Döbriach genehmigten wir uns noch eine Flasche Rotwein am Seeufer, eng umschlungen, und sahen in den Sternenhimmel. Ganz schön romantisch würde ich sagen – der perfekte Rahmen für einen Abschied! Hinter uns liegen doch Wochen, in denen keiner von uns zuvor wusste, wie es ihm gehen würde. Ich bewundere meine Frau, dass sie es wagt, jetzt alleine den Weiterweg anzutreten. All ihre Entscheidungen – Weg finden, wann, wie, wo ... Sie ist toll!

Hier die Strecke, die wir in den letzten 16 Tagen gemeinsam zurückgelegt haben:

Kilometer: 418,8
Höhenmeter aufwärts: 16 695
Höhenmeter abwärts: 16 509
Gehzeit: 114 ¼ Stunden

17. Tag:

Ruhetag

Döbriach

Wie gewohnt wache ich auf, als ich die ersten Camper zum Bad, zur Toilette, zum Mülleimer oder sonstwohin gehen höre. Noch dazu ist direkt vor unserem Zelt eine Wasserleitung angebracht. Es kommt mir vor, als würde der halbe Campingplatz am frühen Morgen Wasser abfüllen. Ständig höre ich das Plätschern. An Schlaf ist also nicht mehr zu denken. Doch es ist erst früher Morgen. Eile gibt es heute nicht. Kein Wandern, kein Routenlesen. Nur ausruhen. Zweisamkeit genießen. Mario schläft noch. Eine Weile liege ich so neben ihm und beobachte ihn, bis auch er aufwacht. Er reckt und streckt sich und gähnt so laut, dass es die entferntesten Campinggäste auch noch hören müssen. Ich muss lachen. Schön, dass mich mein Mann zum Lachen bringt, als er aufwacht. Er schnappt mich und gibt mir einen Kuss. Danach beraten wir, was wir mit dem heutigen Tag anfangen wollen, bevor unsere Eltern kommen und ihn abholen. Das Wetter ist herrlich. Nach der Morgentoilette gehen wir in den Ort und suchen uns eine Bäckerei, um zu frühstücken. Wieder beim Zelt, packt Mario seine ganzen Sachen zusammen. Ich gebe ihm alles mit, was ich bisher nicht gebraucht habe. Zum Beispiel entscheide ich mich gegen den Kocher und das Trekkingfood. Zu viel Gewicht. Lieber nehme ich mir da und dort eine Jause mit. Ebenso gebe ich ihm den Regenponcho mit. Er wiegt fast ein halbes Kilo und ich bin der Überzeugung, dass die Regenjacke und der Regenschutz für den Rucksack ausreichen. Noch ein paar Kleinigkeiten mustere ich aus. So werde ich ab jetzt mit etwa 20 Kilogramm unterwegs sein – je nach Proviant und Wasservorrat. Als alles sortiert und verstaut ist, packen wir unsere Handtücher und gehen zum Strandbad. Wir genießen den Vormittag in der Sonne und es ist etwas ungewohnt, einfach mal nichts zu tun.

Unsere Eltern haben es, wie es scheint, ziemlich eilig, mir meinen Mann zu entreißen, denn bereits vor Mittag ruft sein Papa zum ersten Mal an, wo er denn hinfahren müsse. Ich bitte sie, ein wenig mit der Anfahrt zu warten, doch um 13 Uhr sind sie schon da. Nach herzlichen Umarmungen und der großer Wiedersehensfreude setzen wir uns ins Strandrestaurant, bestellen Getränke und Mario und ich erzählen über den bisherigen gemeinsamen Weg. Gespannt hören uns unsere Eltern zu. Es tut gut, sie zu sehen.

Wir sitzen eine Weile und ich versuche immer wieder ein Gespräch anzufangen, um meinen Schatz noch etwas bei mir zu haben. „So, jetzt wird's Zeit, machen wir uns auf den Weg", meint dann sein Papa, und der hat das Sagen – er ist der Chauffeur. Schweren Herzens gehen wir zum Campingplatz. Mario hält immer noch meine Hand und drückt sie fest. Gefühlsausbrüche erwarte ich nicht von meinem Mann, aber allein diese Geste zeigt, dass auch ihm etwas bang ums Herz ist. Er betont noch einmal, dass er sofort zu mir kommt, wenn irgendetwas sein sollte. Ich brauche ihn nur anzurufen und er kommt mich holen – völlig egal, zu welcher Uhrzeit und an welchem Ort ich mich gerade befinde.

Mario geht zum Auto und verstaut seinen Rucksack. Wir sind beide traurig und die Trennung fällt schwer. Als sie alle ins Auto einsteigen, wünsche ich ihnen noch eine gute Fahrt. Dann fahren sie weg. Sie sind noch nicht um die erste Kurve gebogen, da kann ich nichts mehr zurückhalten. Die Tränen laufen mir wie Bäche über die Wangen. Da stehe ich nun, in meinem Bikini, alleine und sehe dem Auto so lange hinterher, bis es meinem Blickfeld entschwindet. Nach ein paar Minuten wische ich mir die Tränen aus dem Gesicht und kehre zum Strandplatz zurück. Es ist 15:30 Uhr. Die Lust auf's Baden ist mir vergangen, ich nehme mein Handtuch und gehe zum Zelt. Dann lege ich mich hinein und bleibe eine halbe Stunde darin liegen. Ich will nichts sehen und auch nicht gesehen werden. Ich schalte mein Tablet ein und sehe mir die morgige Route an, um mich abzulenken. Es funktioniert. In der Campingdusche lasse ich lange das Wasser auf meinen Körper plätschern, so als würde ich all das Gewesene abwaschen, damit Neues Platz hat. Ich ziehe mich an und spaziere in den Ort. Ab jetzt ist Sparen angesagt, aber heute gönne ich mir noch einmal ein gutes Abendessen in dem Restaurant, in dem wir gestern noch zu zweit gegessen haben. Ich beobachte die Leute rund um mich und fühle mich ziemlich einsam. Es ist wirklich ungewohnt, alleine zu sein, und fällt mir schwerer als gedacht. Als die Sonne über dem See untergeht, setze ich mich noch einmal an den Strand und denke

an den gestrigen Abend. Lange verweile ich hier nicht. Schon früh liege ich heute im Zelt. Ich kann mich zu nichts mehr aufraffen und habe zu nichts Lust. Ohropax rein. Schon nach kurzer Zeit schlafe ich ein. Die vielen Gefühle, die heutigen Höhen und Tiefen, ermüden, wie es scheint, genauso wie eine anstrengende Tagesetappe.

Mario:
Der heutige Ruhetag tat noch mal richtig gut – fühlte sich doch glatt wie Urlaub an!
Dann kamen unsere Eltern und ich wusste, der Abschied steht bevor. Irgendwie überkam mich jetzt doch ein komisches Gefühl ... Wir aßen und tranken noch gemeinsam, dann holte ich meinen bereits fertig ge-packten Rucksack. Stillschweigend gingen wir zum Auto. Unsere Eltern verabschiedeten sich von Petra und dann war ich an der Reihe. Wir hielten uns ganz fest. Es brauchte keine Worte. Ich wollte nicht viel sa-gen, denn auch ich hatte einen dicken Kloß im Hals. Schließlich fuhren wir los. Ich sah meine Frau noch lange dastehen und winken und ich hatte Tränen in den Augen und war mir sicher, sie auch ...

18. Tag:
Kilometer: 24,8
Höhenmeter aufwärts: 1 428
Höhenmeter abwärts: 171
Gehzeit: 5 ½ Stunden
Gesamtdauer: 7 ¾ Stunden

Döbriach – Naßbodensee

Unerwartet gut schlafe ich diese Nacht (keiner mehr da, der wetzt …).
Es ist erst kurz vor 7 Uhr, als ich aus dem Zelt steige und mich waschen gehe. Ich achte beim Packen des Rucksackes peinlich genau darauf, wie und wo ich alles verstaue. Selbst das Zelt findet gut Platz und wird unter dem Deckelfach aufbewahrt. Der Rucksack sitzt ausgezeichnet und die Traurigkeit von gestern hat sich gelegt. Bereits eine Stunde später bin ich abreisebereit.

Mit neuer Motivation und gut gelaunt starte ich in den Tag. Noch einmal drehe ich mich um, schaue zum Zeltplatz zurück und marschiere positiv eingestellt los. Ich bin gespannt, wie es sein wird, alleine zu wandern.

In Döbriach suche ich vergebens nach dem angepriesenen „Sagamundo", dem „Haus des Erzählens". Selbst wenn ich es gefunden hätte, wäre es bestimmt um diese Uhrzeit noch nicht geöffnet gewesen. Heute führt mich der Weg ein ganzes Stück flach bis in die Granatstadt Radenthein. Da ich noch nicht weiß, wo ich übernachten werde, suche ich das erste Geschäft auf, das ich finden kann, und gehe gleich einmal richtig shoppen. Wurst, Käse, Brot und etwas Süßes. Außerdem habe ich große Lust auf ein Cola. Keine Ahnung warum, ansonsten bin ich nicht so ein großer Fan dieses Getränks, aber heute zieht es mich magisch an. Davon also auch noch eine Dose und weiter geht's.

Nach etwa zwei Stunden komme ich beim Granatium an. Es ist das erste Highlight auf dem heutigen Weg und befindet sich im Biosphärenpark Nockberge. Das Granatium ist eine einzigartige Ausstellung mit einem begehbaren Granatstollen und einem eigenen Schürfgelände. Dort kann jeder, der mag, selbst einen Granat, den Stein der Liebe, schürfen und

bearbeiten. Man benötigt allerdings zwei bis drei Stunden Zeit, um sich alles anzusehen. Die fehlt mir leider. Ich packe meine Jause aus und da eine Dame gerade die Türe öffnet, sehe ich mich kurz im Shop um. Sehr schön geschliffene, rot funkelnde Granate werden hier in jeder Form zum Kauf angeboten. Ich mute mir nicht zu, auch noch ein halbes Kilogramm an Steinen mitzuschleppen. So bleibt es beim Ansehen.

Nach der kurzen Rast geht es gleich ziemlich steil bergauf. Das hat aber auch zur Folge, dass ich schnell an Höhe gewinne und die Aussicht auf die umliegende Gegend immer schöner und vielfältiger wird. Einmal bleibe ich stehen, schaue in das Tal zurück und sehe in der Ferne den Millstätter See. Am Weg begegne ich heute immer wieder Bauern bei der Landarbeit. Einer ist besonders hilfsbereit. Er fährt mit einem Gerät, das auf sehr steilen Hängen mähen kann. Es ist flach, breit und ... so langsam, dass ich es auf flachem Weg gehend überhole. So gehe ich neben dem Bauern her. Er fragt, wohin ich will. Ich erkläre ihm, dass ich es noch nicht genau sagen kann, aber auf alle Fälle bis zum Erlacherhaus, und dass ich dort gerne übernachten würde, falls ich einen Schlafplatz bekomme. „Ah! Goa koa Problem, sonst schläfst halt bei mir – hab da oben eh a Haus!", meint der nette Bauer mit breitem Grinsen im Gesicht. Ich denke mir meinen Teil, bedanke mich für das „tolle" Angebot und lege einen Zahn zu, um ihn zu überholen. Immer wieder, wenn mir Leute begegnen, sprechen sie mich an – entweder fragen sie nach dem Weg, den ich gehe, oder sie erkundigen sich über den großen Rucksack. Schon interessant. Eines fällt mir bereits jetzt auf, in dieser kurzen Zeit, die ich alleine wandere: Viel mehr Leute sprechen mich an und ich selbst sehe meine Umgebung mit ganz anderen Augen – wesentlich intensiver, ich nehme auch die unscheinbarsten Dinge war, nehme mir mehr Zeit für meine Wichtigkeiten.

Egal, ob es sich dabei um eine Blumenwiese, einen schönen Bach oder einen Schmetterling handelt. Ich habe Zeit dafür, die mir fehlte, als ich noch mit Mario unterwegs war.

Schon bald komme ich zur zweiten Station für heute, dem Türkhaus und dem dazugehörigen Mühlenwanderweg. Das Türkhaus zieht mich mit seiner altertümlichen Schönheit sofort in seinen Bann. Ich liebe solche alten Bauernhäuser. Dieses musste einst abgerissen werden, um einem Wohnblock zu weichen. Es wurde abgetragen und hier wieder aufgebaut, um schließlich als Heimatmuseum zu dienen. Es gibt zum Glück doch

Menschen, die etwas so Schönes erhalten wollen. Über dem Eingang ist zu lesen: „Wenn dies Haus so lange steht, bis aller Hass und Neid vergeht, so wird dies Haus so lange stehn, bis die Welt wird untergehn." Wie wahr! Als ich ankomme, hat das Museum noch geschlossen und so gehe ich gleich den schönen Kneipp- und Mühlenwanderweg entlang. Einiges wird hier geboten: schöne restaurierte Mühlen, eine Brotbackstube, Felsendusche, aus Holz geschnitzte Märchenfiguren, viele schöne Grillplätze (an denen zur Zeit nicht gegrillt werden darf, weil sonst womöglich halb Kärnten brennen würde bei der Hitze und Trockenheit) und eine herrliche Natur rundum. Ich bin früh dran und es sind noch kaum Leute unterwegs. So nutze ich die Gelegenheit, nehme meinen Rucksack ab und erfrische mich im kühlen Gebirgsbach. Es sollte nicht das einzige Wasser bleiben, das mich heute noch erfrischt ...

Ich komme bei herrlichstem Sommerwetter noch an so manch schöner Hütte vorbei. Alle sind bewirtschaftet und jede ruft mir zu: „Komm rein, iss was, trink was!" Doch ich widerstehe lange der Versuchung, bis ich zur Petodnighütte komme. Da serviert einem die berühmt-berüchtigte Lederhosenwirtin angeblich Hausgemachtes. Die Hütte sieht wirklich sehr gepflegt und einladend aus. Als ich Platz nehme, ertönt von oben eine Stimme: „Jetzt wird zerscht moi gessn, don kim i glei!" Das alleine war's schon wert, dass ich hier eingekehrt bin. Ich warte also, bis die Almwirtin fertig gespeist hat. Da kommt sie auch schon die Stiege runter, wischt sich den Mund ab und die Hand dann an der Lederhose (die tatsächlich schon einige Jahre auf dem Buckel haben dürfte, so wie sie aussieht) und bedient mich. Essen möchte ich noch nichts. Ich bestelle selbst gemachten Hollersaft. Ein echter Durstlöscher. Dann gehe ich weiter. Das heutige Etappenziel heißt Erlacherhaus. Wie immer habe ich keinen Schlafplatz reserviert und lasse mich einfach überraschen. Das ist spannender und macht auch mehr Spaß. Vor allem, weil ich nie genau sagen kann, wann ich wo ankomme und ob ich da dann auch bleiben will. Man plant ohnehin sonst alles im Leben. Hier habe ich nur geplant, wann ich am Ziel ankommen will. Das Erlacherhaus auf einer kleinen Anhöhe ist von Weitem gut zu sehen. Sieht sehr nett und gemütlich aus. Als ich an der Berghütte ankomme, sehe ich, dass der Parkplatz aus allen Nähten platzt. Schön ist es hier, doch das wissen die Touristen auch ...

Ich entscheide mich, so weit zu gehen, bis ich einen geeigneten Zeltplatz finde. Proviant hab ich ja noch genug eingepackt. Es ist 14:30 Uhr, als

ich das Erlacherhaus verlasse. Anfangs einer Schotterstraße folgend, dann weiter aufwärts und später einen Trail entlang, kann ich bereits die Gipfel der morgigen Tour erkennen. Das Wetter scheint stabil zu sein, es wurde nichts Gegenteiliges angekündigt. Immer, wenn ich mir denke, hier wäre ein schöner Platz, grasen genau da Unmengen an Kühen. Und wie selbstverständlich stehen sie mitten auf dem Weg herum. Doch ich weiß, bis zum Naßbodensee kann es nicht mehr weit sein. Die Menschen am Berg werden mit dem Ticken der Uhr zusehends weniger. Es geht noch einmal steil bergauf durch felsiges Gelände mit dichtem Latschenwuchs. An Zelten nicht zu denken. Als ich aus dem Latschenfeld herauskomme und plötzlich dieser unglaublich schöne Bergsee vor mir liegt, bleibt mir momentan vor Staunen der Atem weg. Wow! Und mutterseelenalleine! Hier werde ich es heute versuchen: Ich möchte einmal im Freien schlafen – ganz ohne Zelt, ohne ein Dach über dem Kopf. Es muss toll sein, im Schlafsack den Sternenhimmel zu beobachten, sich mit der Natur eins zu fühlen. So breite ich die Unterlagsmatte aus und lege einfach meinen Schlafsack darauf. Ich will das gleich ausprobieren und lege mich hin, sehe in den blauen Himmel. Ein Insekt schwirrt um meine Nase. Ein paar Minuten später krabbelt eine überdimensionale Waldameise über meine Hand und ich weiß sofort: Das wird nichts! Kein Auge würde ich zubekommen die ganze Nacht. Nein. Lieber doch das Zeltdach über mir! Jetzt muss ich also noch einen Platz finden, der nicht von riesigen Gesteinsbrocken übersät ist, so wie alles, was ich hier sehe. Ich gehe den Rand des Sees entlang und da ist es: das einzige winzig kleine grüne Fleckchen Erde ohne Felsen, das groß genug ist für mein Zelt.

Zelt aufgebaut, raus aus den Klamotten und rein in den See! Als ich mich im See erfrische – er ist wesentlich wärmer als erwartet –, schleicht plötzlich ein Fuchs um mein Zelt herum. Er hat wohl die mitgebrachte Jause, die davorliegt, gewittert. Nach Geplätscher und einem „Gsch, gsch" ist er augenblicklich verschwunden. Im Nachhinein bereue ich es, ihn so schnell verschreckt zu haben. Gerne hätte ich ihn noch eine Weile beobachtet, doch der Hunger meldet sich auch zu Wort und teilen wollte ich dann doch nicht. Wie froh bin ich jetzt, mich gegen das Nächtigen unter freiem Himmel entschieden zu haben. Nicht auszudenken, wäre plötzlich ein Fuchs vor meinen Augen aufgetaucht!

Nachdem ich meinen Hunger gestillt habe, versuche ich noch Mario zu erreichen, doch hier gibt es keinen Empfang. Zuerst bin ich etwas enttäuscht, dann aber froh, diesen Tag ganz alleine und nur mit mir selbst enden zu lassen. Ich genieße noch einen unglaublichen Abend, inmitten absoluter Stille und mit einem herrlichen Sonnenuntergang, dem schönsten, den ich bisher erleben durfte, in wohltuender Einsamkeit und völliger Harmonie mit mir selbst und der Natur!

19. Tag:
Kilometer: 26,8
Höhenmeter aufwärts: 1 850
Höhenmeter abwärts: 1 640
Gehzeit: 5 ½ Stunden
Gesamtdauer: 7 ¾ Stunden

Naßbodensee – Falkertgipfel

Mit den ersten Pfiffen der Murmeltiere wache ich auf, frühstücke schnell ein Brot, das ich gestern Abend noch vorbereitet habe, und mache mich in der Morgendämmerung auf den Weg zum Rosennock. Zelt und mein ganzes Equipment lasse ich zurück, da ich ohnehin wieder hier vorbeikomme. Ich möchte nur „schnell" noch auf den Rosennock, bevor ich die heutige Tour angehe. Ich denke mir: Wenn ich ohne Rucksack raufgehe, dann wird das ja sicherlich ein Klacks sein für mich. Ganz so war es dann doch nicht. Zwar ist es super, ohne Gewicht auf einen Berg zu steigen, dafür gehe ich aber ungleich schneller und die Anstrengung bleibt somit doch dieselbe. Ich laufe also fast die 420 Höhenmeter und etwa fünf Kilometer auf den Rosennockgipfel hinauf und wieder retour zu meinem Zelt. Leider habe ich bei diesem Unternehmen das Trinkwasser vergessen und bin, als ich ankomme, beinahe am Verdursten. Während ich meine Sachen packe, kommen bereits die ersten Wanderer zum See und sehen mir erstaunt dabei zu. Ich denke kurz daran, die Wasserflasche am See aufzufüllen, verwerfe diesen Gedanken aber sofort wieder. Es hat seit Ewigkeiten nicht mehr geregnet und dies ist ein stehendes Gewässer – besser nicht, obwohl mir bereits klar ist: Das Wasser könnte heute knapp werden.

Wieder mit dem schweren Rucksack bestückt, erklimme ich also meinen zweiten Gipfel für heute (es sollten noch weitere folgen ...): den Predigerstuhl. Herrliche Ausblicke eröffnen sich mir. Ich bin lange Zeit völlig alleine unterwegs und gönne mir hier eine kleine Verschnaufpause. Mit Mario konnte ich gestern Abend ja keinen Kontakt mehr herstellen, doch ich hoffe, er wird sich nicht gleich Sorgen um mich machen.

Ich trinke noch ein paar Schluck Wasser und gehe weiter. Unten sehe ich die Erlacher Bockscharte. Bei Schlechtwetter wird empfohlen, nicht über die Nockberge zu gehen, sondern eine Route über diese Scharte zu nehmen. Doch heute sind wir von Schlechtwetter weit entfernt und die Sonne brennt bereits gnadenlos vom Himmel.

Weiter geht's zum nächsten Gipfel, dem Pfannock. Er ist der höchste Gipfel der heutigen Tour mit 2 254 Meter. Da ich denselben Weg, den ich aufsteige, auch wieder herunter muss, lasse ich Gonzo am Fuß des Gipfels liegen. Den nimmt so und so keiner freiwillig mit!

Der Durst wird immer schlimmer. Als ich meinen Rucksack wieder erreiche, nehme ich die Zwei-Liter-PET-Flasche herunter, öffne sie und will damit die Radflasche auffüllen, die fast leer ist.

In dem Moment gleitet sie mir aus der Hand und rollt einige Meter über die Felsen den Hang hinunter. So ein Mist! Schnell laufe ich hinterher. Umsonst. Die Flasche kommt mit der Öffnung nach unten zu liegen und ist beinahe leer. Den letzten Schluck trinke ich aus. Na super! Verärgert über mich selbst, gehe ich weiter. Es gibt hier keine Bäche und schon gar keine Brunnen und ich habe noch ein langes Stück Weg vor mir, bis ich die nächste Hütte erreiche. Es ist 10:15 Uhr und bestimmt hat es bereits an die 20 Grad.

Als ich dem letzten Gipfel, dem Mallnock, immer näher komme, werden auch die Wanderer merklich mehr. Sie fahren mit der Bahn auf den Berg und beginnen dann ihre Wanderung. Ich drehe schon fast durch, weil ich tatsächlich schon unglaublichen Durst verspüre. Das habe ich noch nie erlebt und es ist ein schlimmes Gefühl, so durstig zu sein. Auf dem Weg zum Gipfel überhole ich eine Gruppe junger Frauen. Sie sprechen mich an, wo ich denn hingehe, und stellen die üblichen Fragen. Ich antworte geduldig und sie werden nicht müde, immer neue Fragen zu stellen. Mir ist leider gar nicht zum Reden zumute. Ich habe einfach nur Durst und möchte den letzten Gipfel hinter mich bringen, damit ich dann so schnell wie möglich die nächste Hütte erreiche. Am Ende unseres Gespräches betone ich, wie durstig ich bereits bin, und erzähle von meinem Missgeschick mit der Wasserflasche. So schnell kann ich gar nicht schauen, da ist meine Wasserflasche voll. Jede der Frauen schüttet einen Teil von ihrer Flasche in die meine. Eine von ihnen teilt mit mir sogar ihren Isodrink. Sie wünschen mir noch eine tolle Wanderung und ich ihnen ebenso einen schönen Tag am Berg. Guten Mutes kann ich jetzt den letzten Gipfel des Tages beruhigt, wenn auch bereits müde, erklimmen und ihn gebührend genießen. Jetzt habe ich keine Eile mehr. Das Falkerthaus ist etwa eine Stunde Abstieg entfernt.

Als ich dort ankomme, wird mir gleich gesagt, dass es keinen Schlafplatz mehr gibt. Das ist mir jetzt herzlich egal. Ich bestelle mir zwei (!) große Soda-Zitron und ein Weißbier, ziehe meine Schuhe aus (es sitzt niemand neben mir oder in unmittelbarer Umgebung, und wäre es so gewesen, wäre der nicht lange sitzen geblieben) und genieße einfach nur, nichts zu tun. Das erste Soda ist in genau zwei Minuten den Rachen hintergeronnen. Dann trinke ich mein Weißbier in der Sonne. Schön ist es hier. Ich packe das Tablet aus und versuche, Mario zu erreichen. Der Empfang ist schlecht. Trotzdem kann ich kurz mit ihm reden. So weiß er wenigstens, wo ich bin. Alles ausgetrunken, will ich gerade weitermarschieren, als der Hüttenwirt mir nachruft: „Halt, wart mal, ich hab da was für dich!" Er hält mir eine Alpe-Adria-Sitzunterlage entgegen. Ich bedanke mich dafür und denke nur: noch ein Stück, das ich mitschleppen kann. Ich verstaue sie unter dem Deckelfach und gehe weiter zur Lärchenhütte. Auf dem Weg dahin stoße ich auf die drei Säulen des AATs. Ich packe die Sitzunterlage noch einmal aus und schieße ein Foto mit dem Selbstauslöser.

Schön langsam verspüre ich Hunger. Eine halbe Stunde später erreiche ich die Lärchenhütte, das Ende der Etappe. Doch auch hier ist kein Schlafplatz mehr frei. Der Wirt meint, ich könne im Heulager

übernachten – allerdings sind da auch schon drei Jugendliche einquartiert. Nein, danke! Eine junge Bergführerin setzt sich zu mir an den Tisch. Ich bestelle mir eine Hüttenjause und führe mit ihr ein nettes Gespräch. Als sie sich verabschiedet, fällt ihr ein, dass sie noch ein Jausenbrot im Rucksack mithat, und meint, sie würde es mir gerne schenken, wenn ich es denn haben möchte. Ich bejahe und bedanke mich herzlich. Satt, aber schon unglaublich müde wandere ich weiter. Der Tag hatte es wirklich in sich und es fällt schwer, die schöne Hütte zu verlassen. Es geht ab jetzt nur noch bergauf. Auch das noch. Und überall diese Kühe! Nach über einer Stunde über steile Almwiesen gelange ich endlich auf einen ebenen Platz in einer kleinen Senke, direkt unter dem Gipfel des Falkert. Keinen Schritt gehe ich mehr weiter! Hier baue ich mein Zelt auf und das wird mein Schlafplatz. Selbst an warmen Tagen wird es gegen Abend auf dieser Höhe kühl. Und Party ist nicht angesagt, so alleine auf dem Berg. Deshalb verzieh ich mich schon früh ins Zelt und lese. Doch dann passiert das, was ich insgeheim befürchtet habe:

„Pffff .., pffff …" – vor meinem Zelt stapfen viele Schattenbeine herum. Immer wieder spüre ich den lauten Atem ganz nah – direkt an der Zeltwand. Kühe! Ich mag keine Kühe! Ich schlüpfe aus dem Zelt, einen Stock in der Hand und versuche die Rindviecher zu verscheuchen. Keine Chance. Immer wieder gehen sie rund um das Zelt, lecken daran herum und sabbern es voll. Ekelig, aber nicht das Schlimmste. Viel mehr befürchte ich, dass sie es beschädigen. Ich beobachte sie eine Zeit lang. Plötzlich verlieren sie das Interesse. Die erste Kuh zieht ab, ihr folgt die zweite, dann noch eine …, bis sie alle davontraben und nicht mehr wiederkommen. Gott sei Dank! Ich begutachte mein Zelt. Nichts passiert. Mit Steinen und herumliegenden Brettern baue ich eine Art Barriere um das Zelt auf. Dann setze ich mich auf die kleine Erhöhung und genieße die untergehende Sonne und den herrlichen Ausblick!

Um 21 Uhr begebe ich mich in das Zeltinnere. Eigentlich bin ich schon müde und doch plagt mich noch einmal der Hunger. Nicht dass ich unersättlich wäre, aber ich verbrauche jeden Tag einige tausend Kalorien und die gilt es zumindest zum Teil wieder zu sich zu nehmen. Mein Körper hat sich während der Wanderung bereits etwas verändert – da und dort sind jetzt Muskeln zu erkennen, wo ich zuvor noch gar nicht wusste, dass es sie gibt. Probleme mit Schulter und Rücken gibt es keine mehr. Das Gute: Man kann essen und trinken, was man will, Gewichtszunahme ist nicht möglich. Bin ich im Tal oder einem Ort, „belohne" ich mich eben gerne mit gutem Essen und einem Glas Bier oder Wein. Heute bleibt es bei der mitgebrachten Jause und schon bald danach schlafe ich ein.

20. Tag:
Kilometer: 16,4
Höhenmeter aufwärts: 350
Höhenmeter abwärts: 1 503
Gehzeit: 3 ¾ Stunden
Gesamtdauer: 4 ¾ Stunden

Falkertgipfel – Bad Kleinkirchheim

Ich wache sehr früh auf. Es ist erst kurz nach 5 Uhr Früh. Zuerst versuche ich, noch einmal einzuschlafen, doch dann kommt mir in den Sinn, dass es eigentlich hier oben einen schönen Sonnenaufgang geben müsste. Da stecke ich den Kopf aus meinem Zelt. Noch verbirgt sich die Sonne hinter den Berggipfeln in der Ferne, doch es wird nicht mehr lange dauern, bis sie über die Spitzen blinzelt. Ich ziehe den warmen Pullover über, schlüpfe in meine Crocs und mache mich auf zum Gipfelkreuz des Falkert. Kaum bin ich oben, ist es so weit. Einer der unvergesslichsten Momente auf dem gesamten Trail: Ein atemberaubend schöner Sonnenaufgang auf 2 308 Metern bringt mich ich den neuen Tag!

Als die ersten wärmenden Sonnenstrahlen auf mich fallen, überkommt mich wahre Ehrfurcht vor der Schöpfung und ich bin dankbar, dass ich in diesem Augenblick hier sein darf. Dafür lebe ich im Moment!

Wie schön, einmal keinen Stress empfinden zu müssen, alles sehr gelassen sehen zu können. Es kommt, wie es kommt. Ich lasse mich vom Tag überraschen. Zu Hause wird sogar die Freizeit ständig geplant. Alles hat seine Ordnung, nichts wird dem Zufall überlassen. Der Kalender an der Wand platzt beinahe aus allen Nähten. Ich werde mich bemühen, nur noch Termine wahrzunehmen, die mir menschlich auch wichtig erscheinen. Ich muss nicht immer und überall präsent sein. Das erleichtert das Leben ungemein, davon bin ich jetzt überzeugt.

Eine Weile bleibe ich am Gipfel sitzen, dann gehe ich runter zu meinem Zelt, verzehre den letzten Proviant und packe. Als ich mich wieder auf zum Gipfel mache, genießen noch andere die aufgehende Sonne: Eine Herde Ziegen hat sich dort versammelt.

Sie lassen sich durch mich nicht stören und beachten mich kaum. Ich steige erst steil ab in die Falkertscharte. Auf einer Bank sitzt dort ein Pärchen und schaut hinab ins Tal. Woher die beiden wohl schon kommen so früh am Morgen? Immerhin zeigt die Uhr erst 7:30. Ein Stück von ihnen entfernt und unbemerkt gehe ich weiter und gelange zum nächsten Gipfel, dem Rodresnock, 2 310 Meter hoch. Es ist der höchste Punkt des heutigen Tages. Steigungen sind kaum mehr zu erwarten – es geht zuerst mehr oder weniger flach zu einigen kleineren Gipfeln auf dem Plateau. Die Aussicht bis weit in die Karawanken und die italienischen Berge ist wunderschön. Ich wandere gemächlich und langsam dahin und genieße Schritt für Schritt. Der gestrige Tag hatte es ohnehin in sich und ich fühle mich etwas erschöpft. Es tut gut zu wissen, dass es heute größtenteils bergab geht und auch die Kilometer sich in Grenzen halten.

Zuerst wandere ich steil über holprige Almwiesen hinunter, später durch lichten Lärchenwald. Die Schulterschmerzen sind verschwunden, dafür tut mir heute beim Abwärtsgehen erstmals mein rechtes Knie etwas weh. Ich schenke dem allerdings kaum Beachtung. Wird schon wieder vergehen. Im Führer des Trails wird die Buschenschenke „Matl Sepp"

angepriesen. Da ich an diesem Tag keine Pause einlege (wofür auch – nichts mehr zu essen dabei und noch einen halben Liter Wasser), ist die Vorfreude groß. Die anschließende Enttäuschung aber auch, denn die Buschenschenke hat an diesem Tag gar nicht geöffnet und wäre sie geöffnet, so erst zu späterer Tageszeit. Also nix mit Speck, Käse und Bauernbrot. Egal. Bis Bad Kleinkirchheim ist es ja nicht mehr weit. Ich komme an der „Speikskulptur" vorbei. Der Speik ist eine bekannte Kräuterpflanze, die nur in großen Höhen wächst und einen starken, baldrianartigen Duft verbreitet. Über Feldwege und später auf einer asphaltierter Straße gelange ich nach Bad Kleinkirchheim. Im Supermarkt fülle ich meine Vorräte auf und suche mir ein gutes Flascherl Wein. Es ist erst 11:30 Uhr. Ich hab also keine Eile. Ich schau mir den Ort an – für meinen Geschmack viel zu viele Touristen – und suche die Touristeninformation. Heute muss ein Zimmer her! Die Dame am Schalter macht gleich ein mitleidiges Gesicht, als sie hört, dass ich ein Einzelzimmer suche. Sie setzt sich an den Computer und schreibt alle möglichen Vermieter heraus. Dann versucht sie ihr Glück am Telefon und beginnt die Leute zu kontaktieren. Eine Nummer nach der anderen wählt sie an. Immer wieder eine Absage. Die Zimmer, die ich haben kann, kosten ein Vermögen (unter 50 Euro nichts zu bekommen). Wo ist der nächste Campingplatz? „In Döbriach am Millstättersee" bekomme ich zur Antwort. Na toll. Nach fast einer

Stunde (!) verlasse ich erfolglos die Touristeninformation und stelle fest, dass mir meine Stöcke fehlen. Wo hatte ich sie zuletzt? Ach ja, beim Supermarkt. Ich muss ohnehin in diese Richtung und als ich ihn erreiche, lehnen sie so, wie von mir platziert, vor dem Eingang. Immer wieder passiert mir das – ich muss besser darauf achten! Da für heute Nacht Gewitter und Regen angesagt sind, möchte ich nicht noch einmal im Zelt übernachten. Als ich so dahinschlendere, höre ich an einer Hausecke jemanden sagen „Dann auf Wiedersehen und wir kommen bestimmt nächstes Jahr wieder in Ihre schöne Pension". Ich biege um das Eck und stehe vor dem Eingang. Den Herrn des Hauses frage ich gleich um ein Zimmer. „Ja, freilich hab ich was frei für dich!", sagt er, drückt mir einen Zimmerschlüssel in die Hand und meint nur: „Findest eh rauf – im ersten Stock." Bevor ich annehme, erkundige ich mich allerdings lieber zuerst nach dem Preis. 37 Euro mit Frühstücksbuffet! Sehr gut. Das Zimmer gehört mir.

Nach ausgiebiger Dusche klopft es an der Tür. Ich schlinge das Badetuch um meinen Körper und öffne einen Spalt. Die Seniorchefin fragt, ob ich Wäsche hätte – sie würde gerade waschen. Wie nett! Ich gebe ihr alles mit, was ich nicht gerade anziehen will, und bedanke mich. So ein Luxus. Gleich gegenüber meiner Pension befindet sich nicht nur die Kaiserburgbahn, sondern auch ein feines, kleines Restaurant, in dem ich es mir sogleich gemütlich mache. Was habe ich jetzt für einen Hunger! Seit dem Frühstück habe ich nichts mehr zu mir genommen und auch das war nicht unbedingt üppig. Die Speisekarte verspricht heimische Schmankerl und ich entscheide mich für einen deftigen Bauernschmaus. Die Hosen werden mir langsam alle zu weit, da kann ich mir das schon leisten und ein Glas guten Rotwein dazu. Das Essen schmeckt herrlich und weil es so gut war, geht auch noch ein Apfelstrudel als Nachspeise. Endlich satt! Ich bestelle noch ein Glas Wein und verbringe den restlichen Abend mit Facebook-Eintragungen und einem sehr langen Telefonat mit meinem Schatz. Als starker Wind aufkommt und die ersten Wolken den Himmel bedecken, gehe ich auf mein Zimmer, mache Notizen zum heutigen Tag und freue mich auf eine Nacht in einem gemütlichen Bett.

21. Tag:
Kilometer: 15,4
Höhenmeter aufwärts: 205
Höhenmeter abwärts: 1 401
Gehzeit: 3 ½ Stunden
Gesamtdauer: 4 Stunden

Bad Kleinkirchheim – Arriach

Ein paar Mal werde ich in dieser Nacht von den Gewittern und dem starken Regen geweckt. Als ich um 7 Uhr wach werde, regnet es nach wie vor stark. Es sieht nicht danach aus, dass sich das Wetter in den nächsten Stunden bessert. Tag 21 steht an. Ich sehe hinüber zur Gondelbahn und beschließe, diese heute als Aufstiegshilfe zu nutzen. Das Frühstücksbuffet ist ausreichend und ich esse mich noch einmal so richtig satt. Irgendwie verspürt mein Körper Nachholbedarf. Zurück im Zimmer stelle ich mich noch unter die heiße Dusche. Wie schön! Ich telefoniere mit Mario, bevor ich packe. Das Wetter hat heute rein gar nichts Sommerliches an sich und ich bin richtig froh darüber, mich für die Auffahrt mit der Gondelbahn entschieden zu haben. Sie bietet mir schöne Ausblicke auf ganz Bad Kleinkirchheim.

Als ich bei der Bergstation ankomme, zeigt der Regengott so richtig, was er kann. Es schüttet wie aus Kübeln und ich warte den schlimmsten Regen im Innenraum der Station ab. Obwohl er etwas nachlässt, rinnt mir unterwegs das Wasser wie ein Bach die Beine hinunter, um sich in meinen Schuhen als kleiner See wieder zu sammeln. Grau in grau, wohin man schaut. Ich suche eine Weile und komme zu einem Wegweiser, der den Wöllaner Nock anzeigt. Da muss ich hin. Ich entdecke einen lustigen Strandkorb und da die Situation so grotesk wirkt, kann ich nicht widerstehen, hier ein Foto mit dem Selbstauslöser zu machen.

Ich kämpfe mich durch Regen und Nebel weiter auf den Gipfel des Wöllaner Nock auf 2 090 Metern Höhe. Ich schieße gerade ein paar Fotos und erschrecke direkt, als plötzlich das Handy läutet. Normalerweise ist es ausgeschaltet und ich benütze es nur, wenn es sein muss. Habe es

offensichtlich gestern nach dem Gespräch mit Mario angelassen. Kärnten Werbung ruft an. Sie möchten einen Tag mit Kamera und Mikrofon mit mir den AAT bestreiten, um Werbeaufnahmen für den Trail zu machen. Warum nicht. Das bringt bestimmt Abwechslung in meine Wanderung und wird ganz sicher spannend. Ich sage zu und freue mich sogleich darauf. Schon morgen soll es so weit sein, das Wetter dürfte sich bis dahin auch wieder gebessert haben. Zuerst muss ich aber sehen, wo ich heute unterkomme, denn im Gasthof Alte Point, der im Trailbuch als Unterkunft angegeben wird, ist kein Zimmer mehr frei. Man empfiehlt mir den Pilsachhof. Ich rufe dort an und bekomme tatsächlich ein Einzelzimmer versprochen. Ich sage der Dame, dass ich noch nicht genau weiß, wann ich ankomme. „Eine Alpe-Adria-Wanderin?", erkundigt sie sich. Als ich bejahe, meint sie nur, das sei kein Problem. Wenn ich da bin, bin ich da. Das Handy wird wieder eingepackt und ich verlasse den heute mystisch wirkenden Gipfel mit seinen vielen Steinmännchen und wandere weiter.

Noch mehr als die überall anwesenden Kühe machen mir auf dem Weg die Durchgänge zu schaffen. Mit dem großen Rucksack ohnehin schwer zu bewältigen, reicht es nicht, dass sie furchtbar eng gebaut sind, sondern zu allem Übel und Überfluss sind sie auch noch mit Stacheldraht umwickelt. Wozu frage ich mich? Keine Kuh der Welt überwindet einen Durchgang, der wie ein V gebaut ist. Ganz vorsichtig zwänge ich mich durch, bleibe aber trotzdem mit meiner Zeltplane, die ich ganz unten am Rucksack montiert habe, hängen. Lauthals mache ich meinem Ärger darüber Luft und fluche nicht Jugendfreies in den Regen. Einige Kühe

sehen mich etwas verdutzt an, als ich an ihnen vorbeistapfe. Aussicht gibt's heute keine, nur Nebel und Regen. Langeweile macht sich breit auf der eintönigen Schotterstraße und zum ersten Mal vermisse ich meinen MP3-Player. Na gut, denke ich, dann hole ich mir halt die Bilder der letzten Tage in den Kopf. Und schon habe ich den dazugehörigen Song im Ohr. Ich gelange an eine Abzweigung, die zum Mittelpunkt Kärntens führen soll. Sie ist durchgestrichen, zeigt aber weiter den Forstweg bergab. Ich folge ihm, gelange jedoch nicht zum Mittelpunkt Kärntens. Warum die Streckenführung geändert wurde, ist mir unklar. Da schalte ich mein Tablet ein und schau dort nach. Hmmm ... Kann doch nicht sein! Ich mache kehrt und versuche die andere Version. Eine Zeit lang irre ich herum, bis es mir zu bunt wird und ich enttäuscht doch wieder den Forstweg wähle. Kurz vor Arriach dann der nächste Schock: Kühe ja, aber Papa Kuh ist mir dann doch nicht so geheuer.

Obwohl ich ihm ziemlich egal bin, lege ich doch einen Zahn zu. Es hat zu regnen aufgehört. Nebel und Wolken hängen tief über dem Ort. Schon von Weitem erblicke ich einen mächtigen Baum. Es ist eine 500 Jahre alte Fichte, eine Kandelaberfichte mit sieben Wipfeln. Gemütliche Bänke laden zu einer Rast ein. Bei dem Wetter aber nicht so zu empfehlen. Ich komme bald darauf in Arriach an und sehe mir die beiden Kirchen an. Zuerst bin ich doch erstaunt, dass es in dem kleinen Ort gleich zwei große Gotteshäuser gibt. Es handelt sich um eine katholische und die größte evangelische Kirche Kärntens. Ich besuche beide. Auf meinem Weg hat sich die Einstellung zu diesen Gebäuden verändert. Wenn ich jetzt eine Kirche sehe, bin ich schon gespannt, wie sie von innen aussieht. Oft kommt es vor, dass die Fassade prunkvoll und schön gestaltet ist, das Gotteshaus innen aber düster und kahl wirkt. Manchmal ist es genau umgekehrt – außen schlicht und unscheinbar, erstrahlen sie innen in wahrem Glanz und Prunk. Ich kann nicht genau sagen, was es ist, aber ich bin gerne in diesen großen, ruhigen Häusern. Ich bilde mir ein, eine Art Energie darin spüren zu können.

Vom Friedhof der katholischen Kirche aus hat man einen schönen Blick über das ganze Dorf. Ein Schild an einer Kreuzung weist erneut auf den geografischen Mittelpunkt Kärntens hin – sieben Kilometer! Der kann mich mal ... Den such ich heute sicher nicht mehr. Stattdessen komme ich noch zu einem sehr alten jüdischen Friedhof, versteckt direkt neben der Straße hinter einigen Bäumen auf einer kleinen Anhöhe. Viele private Zimmer werden hier angeboten, allerdings sind alle besetzt. So suche ich den Pilsachhof auf und bin mehr als überrascht über dieses kleine Paradies. Als ich im Haupthaus eintrete, empfängt mich gleich die Dame des Hauses und bringt mich in ein Nebengebäude. Dort erwartet mich ein urgemütliches, liebevoll eingerichtetes kleines Zimmerchen mit schönem Bad und allem, was man als Alleinreisende braucht. Ich fühle mich augenblicklich wohl. Über eine Außentreppe erreicht man das Untergeschoß, einen großen Aufenthaltsraum mit Aussicht auf die Pferdekoppel und die Stallungen, einem Kühlschrank mit Getränken und Selbstbedienung. Hier verbringe ich den Abend und arbeite an meinen Notizen. Ich gehe früh zu Bett. Der morgige Tag mit Upperpixel und dem Filmteam von Kärnten Werbung wird sicher spannend. Zum Essen gibt's heute nur noch meine alte Jause aus dem Rucksack. Ein kleines Stück Wurst und altes Brot. Egal. Freu ich mich halt auf's Frühstück!

22. Tag:
Kilometer: 15,9
Höhenmeter aufwärts: 106
Höhenmeter abwärts: 1456
Gehzeit: 3 ¼ Stunden
Gesamtdauer: 3 ½ Stunden

Arriach – Gerlitzen – Ossiacher See

Als wüsste Petrus da oben, dass Regen schlecht für Aufnahmen ist, strahlt heute schon früh am Morgen die Sonne vom Himmel! Wunderbar! Schnell sind meine Sachen gepackt. Ich gehe duschen und versuche, auch ohne Schminkzeug, Haarföhn und sonstige Utensilien, die einen schöner machen sollen, filmreif auszusehen. Ich bin etwas aufgeregt und schon gespannt, wie der Tag heute verlaufen wird. Das Frühstück ist üppig. Ich frage nach und darf mir ein Brot als Proviant einpacken – sogar Alufolie wird mir angeboten! Rita, die Inhaberin des schönen Pilsachhofs, ist, wie es scheint, ebenfalls recht angetan, dass ein Filmteam zu ihrem Hof kommen soll. Sie begleitet mich sogar vor das Haus und wir warten gemeinsam auf die Leute von Kärnten Werbung.

Am Hauptplatz von Arriach, direkt bei den drei Säulen des AATs, beginnt die Dokumentation. Wir besprechen noch den Ablauf des heutigen Tages und schon heißt es: „Action!" Gleich die erste Szene drehen wir aus verschiedenen Perspektiven. Einmal soll ich langsamer gehen, dann schneller, drehe mich zur linken Säule, zeige mit dem Finger darauf, gehe von den Säulen weg. Ich versuche, mich nicht allzu tollpatschig anzustellen, und bin doch ziemlich nervös. Aber die beiden Profis sind unglaublich nett und die erste Aufregung verflüchtigt sich schnell. Wir folgen mehr oder weniger dem Weg des AATs und bleiben an schönen Aussichtspunkten oder markanten Orten immer wieder stehen, um Aufnahmen und Eindrücke in den „Kasten" zu bringen. Einmal werde ich von vorne, einmal von hinten gefilmt, dann wieder nur die Beine oder die Schuhe. Sehr spannend! Erster Stopp ist auf der schmalen Bergstraße hinauf zur Hinterbuchholzer Hütte, wobei ein herrlicher Ausblick auf

Arriach und die Berge, über die ich gestern noch bei Regen und Nebel gegangen bin, eingefangen wird.

Immer wieder fahren wir ein Stück, bleiben stehen und drehen ein paar Szenen. Oder gehen zu Fuß einige Wege ab. Kein leichtes Unterfangen mit der schweren Kamera. Die beiden haben ein geschultes Auge und wissen, wo wie was gut zur Geltung kommt. Die Zeit vergeht rasend schnell und es macht mir zusehends mehr Spaß.

Es ist bereits Mittag, als wir an der Neugarten Alm ankommen. Ein wahres Paradies – vor allem für Kinder. Ein schöner Almsee mit einer eigens errichteten Wassererlebniswelt mit Booten und einem Sonnendeck laden zur Rast oder gleich zu einem Tagesaufenthalt ein.

Wir legen ebenfalls eine Rast ein und ich werde zum Essen eingeladen. Danach soll das Interview gemacht werden. Ich bin total aufgeregt. Der Werbefilm und das Interview werden in den nächsten Tagen vom Filmteam bearbeitet und zusammengeschnitten und sollen danach im Internet zu sehen sein. Das Interview klappt auf Anhieb. Schlummert doch ein kleiner Moviestar in mir?

Doch noch sind die Dreharbeiten nicht beendet. Unser Weg führt uns auf den Gipfel der Gerlitzen. Hier wimmelt es nur so von Touristen. Auf dem Plateau stehen wieder die drei Säulen des AATs. Die letzten Aufnahmen werden gedreht und wir verabschieden uns herzlich voneinander.

Es ist 14:30 Uhr. Viel Bewegung hatte ich bisher heute nicht und die Menschenmassen auf der Gerlitzen laden nicht dazu ein, hier den Nachmittag zu verbringen. So beschließe ich kurzerhand, noch heute den Abstieg ins Tal bis zum Ossiacher See zu bewältigen. Als die beiden mit dem Auto wegfahren, setze ich mich ins Gras und genieße eine Weile die schöne Aussicht, bevor ich mich auf den Weg mache. Bis auf die vielen Leute ist es wirklich sehr schön hier oben. Immer wieder erreiche ich Plätze, die mich beeindrucken.

Beim Abstieg komme ich am Hotel Feuerberg vorbei. Eine Wellness- und Spa-Anlage, die ihresgleichen sucht. Nichts für kleine Geldtaschen. Umso verwunderlicher, dass sie im Trailführer als Unterkunft angegeben wird! Da würden viele feine Leute wieder was zum Schauen haben, wenn ich verschwitzt mit meinem Rucksack in der Rezeption auftauche. Das alleine wäre allerdings einen Versuch wert ...!

Rasch verliere ich an Höhe und steige teils auf Trails, teils auf Schotterwegen ab, bis ich nach etwas mehr als zwei Stunden endlich Steindorf am Ossiacher See erreiche. Der Ort ist klein und übersichtlich. Bereits gestern habe ich mich im Internet umgesehen und einen netten Campingplatz am See ausfindig gemacht. Diesen steuere ich an und finde ihn sofort, im Gegensatz zur „Rezeption", die in einem der Campingwagen untergebracht ist. Für einen günstigen Preis schlage ich mein Zelt auf. Das Wetter soll auch morgen warm und schön sein. Der heutige Abstieg von der Gerlitzen bringt mir einen zusätzlichen Ruhetag ein und ich beschließe, den Morgen hier zu verbringen.

Am Abend sitze ich mit meinem Notizbuch und einem Glas Rotwein im Strandrestaurant und gehe noch einmal diesen außergewöhnlichen Filmtag, den ich heute erleben durfte, in Gedanken durch. Wie sich später herausstellen soll, sind der Werbefilm und das dazugeschnittene Interview toll geworden.

Link zum Film: http://tv.kaernten.at/videos/view/1424

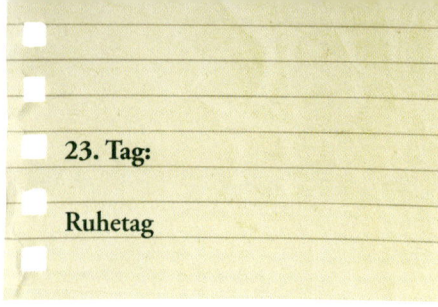

23. Tag:

Ruhetag

Steindorf am Ossiacher See

Unüblicherweise schlafe ich heute wirklich gut und lange in meiner kleinen grünen Behausung, meinem Zelt, dem ich mittlerweile den Namen „Kermit" gegeben habe. Ich weiß nicht, woran es liegt, dass ich allem einen Namen geben möchte. Vielleicht um mich nicht einsam zu fühlen? Sollte ich mit Gonzo oder Kermit einmal in tiefere Gespräche verwickelt sein, so breche ich den Trail besser ab und kehre nach Hause zurück. Doch noch ist es nicht so weit. Gemächlich geht es an die Morgentoilette und ich wasche meine gesamte Wäsche durch. Die Pächter des Campingplatzes sind so nett und leihen mir einen Wäscheständer. Das Wetter ist herrlich. Am Vormittag gehe ich in den Ort. Sehr viel gibt es hier wirklich nicht zu sehen. Und doch stößt man immer wieder auf kuriose Sachen – ein Schweinemuseum zum Beispiel.

Es hat ohnehin noch geschlossen, so entscheide ich mich stattdessen für ein Frühstück. In dem kleinen Gastgarten einer Pension ist schon einiges los. Im Inneren ein tolles Buffet mit allem, was man sich wünscht. Ich bediene mich reichlich, da ich annehme, dass es mich ohnehin ein kleines Vermögen kosten wird. Rund um mich sitzen einige Leute mit Hunden. Und es werden immer mehr ... Sowohl Herrchen als auch Hundchen. Ich bezahle unglaubliche sieben Euro für das reichhaltige Frühstück. Als ich die Pension verlasse, wimmelt es nur so von Hunden. Erst später erfahre ich, dass es sich hier um eine der ersten Hundepensionen Österreichs handelt. Egal, das Frühstück hat sich auf jeden Fall ausgezahlt.

Satt und zufrieden packe ich meine Badesachen und stürme das Strandbad. Ich bin fast alleine so früh am Vormittag und genieße das herrliche Wetter und die Ruhe.

Ich bin mit Lesen und dem Schreiben meiner Notizen beschäftigt, melde mich wieder einmal telefonisch bei den Kindern, den Eltern und meinem Schatz. Während ich mich an meinen Wandertagen nur selten einsam

fühle, vermisse ich ihn heute sehr! Wie schön wäre es, er könnte jetzt bei mir sein. Am Abend mache ich mich auf die Suche nach einem Lokal. Mir fällt ein Gasthaus ein, das ich gesehen habe, als ich im Ort ankam. Dahin gehe ich und bin sehr überrascht, wie schön und romantisch es hier ist. Ein überdachter Innenhof mit vielen Kerzen und Lichtern auf den Tischen. Passt genau an einem lauen Sommerabend. Ich bestelle etwas zu essen, rufe Mario noch einmal an und wir unterhalten uns lange, bevor ich zu meinem Zelt zurückkehre und schon bald in einen tiefen Schlaf falle.

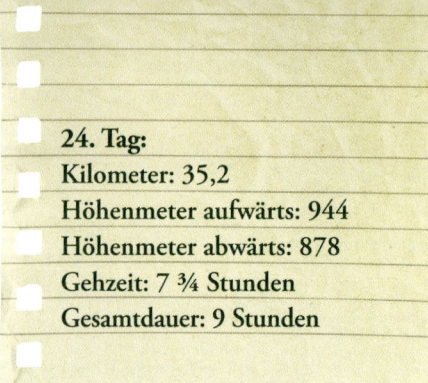

24. Tag:
Kilometer: 35,2
Höhenmeter aufwärts: 944
Höhenmeter abwärts: 878
Gehzeit: 7 ¾ Stunden
Gesamtdauer: 9 Stunden

Ossiacher See – Faaker See

Sehr früh wache ich auf. Tief und fest habe ich auf dem sehr ruhigen, abgeschiedenen Campingplatz geschlafen. Noch bevor irgendjemand munter war, habe ich meine Sachen zusammengepackt und bin nun abreisebereit. Es ist erst 6:45 Uhr, als ich den Platz verlasse und am See entlangwandere. Ich genieße die herrliche Morgenluft und die schöne Stimmung. Idyllisch quaken ein paar Frösche im Schilf und Morgentau tropft von den Blättern.

Man merkt, der Hochsommer nähert sich seinem Ende. Immerhin haben wir heute bereits den 23. August. Meinen Beinen dürfte der Ruhetag nicht so gut getan haben. Sie schmerzen, vor allem das rechte Knie sticht etwas. Die haben wohl gestern schon ans Aufhören gedacht ...

Bereits nach kurzer Zeit komme ich an den Beginn des Ossiacher Schluchtwegs. Er führt entlang eines Bergbaches steil durch den Wald, teils mit Stufen und Stahlseilen versehen, etwa 350 Höhenmeter aufwärts bis zu einem schönen kleinen See, dem Tauernteich. Die Temperaturen liegen bereits am Morgen an der 20-Grad-Grenze und es verspricht wieder ein heißer Tag zu werden. Da bin ich trotz der Anstrengung froh, die kühle Waldluft genießen zu können. Ich weiß noch nicht, wie weit ich heute gehen werde, ich lasse mich einfach überraschen. Zuerst einmal wandere ich etwas abseits des AATs weiter, um mir die Tauernkirche anzusehen.

Nach anfänglicher Müdigkeit komme ich endlich wieder in Schwung. Kaum Menschen auf meinem Weg und ich hänge meinen Gedanken nach. Auch die Arbeit kommt mir in den Sinn. Sogleich macht sich ein eigenartiges Gefühl in der Magengegend breit. Seltsam – wie schlechtes Gewissen. Nur weswegen? Weil die anderen arbeiten, während ich all das

hier erleben darf? Sofort rechtfertige ich mich vor mir selbst: „Warum? Du hast es dir verdient, du brauchst das jetzt." Ich bin froh, als ich gleich darauf mitten im Wald auf eine Ruine stoße und diese Gedanken schnell wieder der Vergangenheit angehören. Ich bin sofort wieder mitten drin in meiner Erlebniswelt, mit den Beinen und dem Kopf wieder auf meinem Weg – meinem Weg zu mehr Ruhe, meinem Weg zu mir selbst! Es muss die Burgruine Hohenwart sein. Sie liegt auf einer bewaldeten Anhöhe auf etwa 803 Metern. Ein Schild weist auf die Einsturzgefahr hin. Das hält mich nicht im Geringsten davon ab, das Innere der Mauerreste zu erkunden. Ich versuche, meine Kamera so zu positionieren, dass ein Foto mittels Selbstauslöser möglich ist. Da höre ich etwas. Ich halte inne, spitze meine Ohren. Nichts. Doch dann wieder. Irgendetwas ist da. Mein Herz klopft. Ich schleiche mich leise zum Eingang. Gerade, als ich um das Eck schauen will, sieht mir jemand ins Gesicht. Auge in Auge stehen wir so einen Bruchteil einer Sekunde da und beiden rutscht gerade das Herz in die Hose. Eine Joggerin. Auch sie hat Schritte gehört und sich dann an den Eingang gepirscht. Als wir jetzt beide so erschrocken dastehen, müssen wir lauthals lachen. Wir plaudern kurz und ich muss mich nicht mehr mit dem Selbstauslöser plagen ...

Abermals einem alten Römerweg folgend, komme ich in die Ortschaft Oberjeserz, in der auf einer Anhöhe eine kleine, aber schöne Kapelle steht. An einem alten Bauernhof vorbei führt ein schmaler Weg hinauf. Liebevoll renovierte alte Fresken im Eingangsgewölbe sind genau nach meinem Geschmack und veranlassen mich, eine kurze Rast einzulegen. Ein alter Mann mit Stock gesellt sich zu mir. Ihm fehlen alle Zähne und ich muss gut hinhören, um seinen Kärntner Dialekt verstehen zu können. Er informiert mich über die Kirche St. Philipp und Jakob in Oberjeserz. Wehmütig berichtet er, dass er selbst bei der Renovierung vor einigen Jahren noch Hand anlegte und es traurig sei, dass die Jungen sich nicht mehr dafür interessieren. Umso mehr freut er sich darüber, dass ich hier raste und mir die Kirche ansehe. Ich verabschiede mich von ihm, wünsche ihm Gesundheit und alles Gute und gehe weiter. Unweit der Kirche befindet sich der Saissersee. Selbst da, wo er nur einige Zentimeter tief ist, kann man den Grund nicht sehen. Obwohl einige Leute darin baden, bringen mich keine zehn Pferde in dieses Wasser – und mag es auch noch so gesund sein! Trotzdem genieße ich die schöne Natur rund um den See, an dessen Ufer ich entlanggehe. Nach kurzem Marsch gelange

ich auf eine Aussichtskanzel im Ort Göriach. Von hier hat man einen wunderschönen Blick auf den Wörthersee und Velden. Im Hintergrund sind die Karawanken beinahe zum Greifen nahe. Auch dorthin werde ich noch kommen. Tische und Bänke auf der Aussichtskanzel laden zu einer Brotzeit ein. Ich packe meine Jause aus und beginne, meine Wurstsemmel zu vertilgen. Leider stören mich dabei unzählige Wespen und ich schlinge alles geradezu hinunter. In Velden angekommen, stehe ich auch schon bald vor den drei AAT-Säulen. Gleich daneben ein Gasthaus. Diese Gelegenheit nutze ich, um mich mit einem kühlen Getränk zu erfrischen und zu erkunden, wo es hier einen Campingplatz oder eine günstige Unterkunft gibt. Fehlanzeige. Campingplatz gibt es keinen weit und breit und an eine „günstige" Unterkunft ist in der Hauptsaison nicht zu denken. Was soll ich jetzt machen?

Zuerst einmal sehe ich mir noch die schöne Strandpromenade an. Trotz der vielen Urlauber ist es traumhaft hier. Der See leuchtet in klarem Türkis-Blau und lädt dazu ein, hineinzuspringen.

Je länger ich dem Treiben am See zusehe, umso weniger freut es mich, schon aufzubrechen. Wie gerne würde ich jetzt das nächste Strandbad aufsuchen und bleiben. Doch selbst wenn ich ein Zimmer finden sollte, bin ich gewiss nicht bereit, 60 Euro oder mehr für eine Nacht zu bezahlen. Schweren Herzens beschließe ich also, heute noch bis zum Faaker See weiterzugehen.

Und das wird noch ein langer Weg ... Ich folge einem Rad-, dann einem Wanderweg durch einen Wald. Schließlich gelange ich – nach einer gefühlten Ewigkeit – auf den Drauradweg. Wieder ein Gewässer, in dem ich nicht baden kann. Die Vorfreude auf den Faaker See steigt mit jedem Schritt. Daher ist es auch wenig verwunderlich, dass ich das schöne Flachwasserbiotop Föderlach mit seinen vielen seltenen Vogelarten heute links liegen lasse. Als ich endlich am See ankomme, scheinen es Meilen zu sein, bis ich endlich den ersten Campingplatz erreiche. Endlich! Und weil ich schon fix und fertig bin, interessiert es mich auch nicht wirklich, ob noch weitere folgen. „Mein" Campingplatz nennt sich Camping Village und bereits am Eingangsbereich ist zu erkennen, dass es sich hier mehr oder weniger um eine Campingstadt handelt. Rein in die Rezeption. Ohhh ... 22 Euro für mich und mein kleines Zelt! Wer hat, der hat – ich bleibe und suche mir ein nettes Plätzchen. Praktischerweise unweit der sanitären Einrichtungen und des Restaurants. Meine Zeltnachbarn sind zwei Schweizer mit Motorrad und eine Familie mit Kindern (ich habe zuerst ausgeforscht, ob es sich nicht um kreischende Babys handelt) aus Deutschland. Das passt. Ich achte auch immer darauf, dass ich Leute rund um mich habe, die, so hoffe ich zumindest, mir erlauben, bei ihnen meine Batterien und mein Tablet aufzuladen. Beides klappt prompt. Müde beginne ich mit dem Zeltaufbau, als mein Handy läutet. Manfred, ein Radfahrkollege meines Mannes. Ich mag ihn sehr gern, ebenso den Rest der Familie, er und seine Frau sind seit einigen Jahren zu unseren besten Freunden geworden. Aber eigentlich möchte ich noch im See baden, egal. Ich hebe trotzdem ab. Er begrüßt mich überschwänglich und gut gelaunt. „Gemma auf an Kaffee?", höre ich ihn sagen. Na, sehr witzig! Wenn ich dann wieder in Salzburg bin oder was? „Wo bist denn?", seine Frage. „Am Faaker See", antworte ich und er meint nur: „Ja, eh – wir auch!" Da staune ich natürlich nicht schlecht. Sie sind gerade Richtung Kroatien unterwegs in den Urlaub und haben sich bei Mario erkundigt, wo ich in etwa im Moment bin. Schnell stelle ich das Zelt fertig auf. Baden und duschen kann warten und ich gehe zum Restaurant, das auch von der Straße aus zu betreten ist. Gerade, als ich nach ihnen Ausschau halte, biegen sie auf den Parkplatz. Die Freude ist wirklich riesig, jemanden aus der „Heimat" zu treffen. Endlich wieder

Leute, mit denen ich plaudern kann. Anna, die Tochter, ist auch mit dabei. Wir holen uns etwas zu trinken und haben uns viel zu erzählen. Schade, dass die Zeit so rasend schnell vergeht und die drei wieder weitermüssen. Als sie fahren und ich ihnen hinterherwinke, bin ich fast ein wenig traurig, wieder allein zu sein. Mit dem Baden im See wird es jetzt wohl auch nichts mehr, denn dunkle Wolken haben sich mittlerweile vor die abendliche Sonne geschoben.

Ich dusche mit Genuss und ausgiebig – der Campingplatz ist purer Luxus, da gibt es sogar Haarföhns in den Brauseanlagen. Da ich nicht vorhabe, die Weinflasche, die ich schon seit Ewigkeiten im Rucksack mit mir herumschleppe, noch einen einzigen Meter mitzunehmen, wird sie jetzt geköpft. Mit meinem Weinglas setze ich mich an den Strand und schenke mir einen Schluck ein. Der Himmel über dem See wird immer dunkler. Für die Nacht sind schwere Gewitter angesagt.

Jetzt aber spielen noch die Kinder am Rand des Sees und ich sehe ihnen mit Vergnügen zu. Eine Frau in meinem Alter fragt, ob sie sich zu mir setzen darf. Natürlich. Heute bin ich irgendwie froh, wenn ich noch jemanden zum Reden habe. Zuerst plaudern wir über mich und meinen Weg. Dann fängt sie an, mir ihre Lebensgeschichte zu erzählen, die bisher alles andere als rosig verlief. Ich bewundere sie für ihre Offenheit und verabschiede mich nach unserem Gespräch herzlich von ihr.

Die ersten Gewitterwolken ziehen bereits über den See und nähern sich rasch dem Campingplatz. Ich kehre zu meinem Zelt zurück, verstaue alles, was noch geschützt werden soll, der Rucksack findet im Zeltinneren Platz und dann mache ich es mir mit einer halbvollen Flasche Wein im Zelt gemütlich. Denn: Trinkst nichts, stirbst auch ...

25. Tag:
Kilometer: 29,8
Höhenmeter aufwärts: 473
Höhenmeter abwärts: 521
Gehzeit: 6 ½ Stunden
Gesamtdauer: 8 ½ Stunden

Faaker See – Neuhaus

Am Abend sind die angekündigten schweren Gewitter schon bald eingetroffen und haben einige Stunden gewütet. Ich war froh, auf einem Campingplatz zu sein und nicht wieder irgendwo alleine auf einem Berg. Der Morgen erscheint dafür umso freundlicher, als die ersten Sonnenstrahlen (und Kindergeschrei vor dem Zelt) mich wecken. Die Uhr zeigt 7:00. Ich hänge sämtliche Teile meines Zeltes über Wäscheleinen, damit es zumindest ein wenig trocknen kann, putze meine Plane und hole mir ein Frühstück. Gut gelaunt gehe ich zur Rezeption, um zu bezahlen. Allerdings verschwindet meine gute Laune urplötzlich. Wo ist denn nur die gespeicherte Strecke? Ich suche und schaue, aber die Etappe dieses Tages ist nicht auf dem Navi zu sehen. Nicht nur das – der ganze Rundkurs, also die nächsten Tagesetappen, sind alle nicht oben. Das kann ja heiter werden! Noch dazu, wo bekannt ist, dass der Weg vor allem in Italien besonders schlecht gekennzeichnet sein soll. Ich tröste mich mit dem Gedanken: „Andere haben auch kein Navi und kommen trotzdem an ihr Ziel" und gehe weiter Richtung Ruine. Die ganze Zeit kommt mir etwas seltsam vor ... Ich weiß nur noch nicht was!

Die Burgruine Finkenstein erstrahlt in herrlichem Blau. Zeit, um sie mir genauer anzusehen, nehme ich mir allerdings nicht. Aber von dem schönen Ausblick auf den Faaker See und die umliegende Bergwelt bin ich schwer beeindruckt. Weiter wandere ich hinunter in den Ort Finkenstein und von dort auf einem Feldweg nach Müllnern. Warum hab ich nur andauernd so ein ungutes Gefühl? Ich überquere die Gail über eine Brücke und folge dieser bis zur großen Autobahnbrücke. Schon nach kurzer Zeit stehe ich vor der riesigen, neuen Therme Warmbad-Villach.

Hier befinden sich auch wieder die drei Säulen des AATs. Ich werde eine kurze Rast einlegen und etwas Jause zu mir nehmen. Doch zuvor frage ich noch einen Herrn mit Hund, der gerade an mir vorbeigeht, ob er nicht ein Foto von mir machen könnte. Er bindet „Wuffi" an die Parkbank und schießt ein Foto.

Ich bedanke mich und setze mich auf die Bank, um das Bild zu betrachten. Verdammt!! Jetzt sehe ich es! Meine Stöcke sind wieder einmal nicht mit auf dem Bild! Wo sind sie? Wo habe ich sie dieses Mal liegen lassen? Ich sitze auf der Parkbank und der Appetit ist mir vergangen. Meine teuren Leki-Stöcke! Ich kann sie nur an der Rezeption des Campingplatzes vergessen haben. Mein schlaues Tablet forscht auch gleich die Telefonnummer aus und ich frage nach, ob sie sich dort vielleicht befinden. Ja. Vor dem Eingang lehnen sie einsam und verlassen. Die Dame an der Rezeption versichert mir, dass sie an meine Adresse gesandt werden. Vielen Dank! Zwar bin ich froh darüber, nur nützt mir das augenblicklich leider gar nichts. Also muss ich nach Villach hinein. Ich bin doch an einem großen Schild mit der Werbung für ein Einkaufscenter vorbeigegangen. Da gibt es bestimmt auch ein Sportgeschäft. Der Hauptstraße folgend (hier zu gehen ist tatsächlich lebensgefährlich), sehe ich es bereits in ein paar Kilometern Entfernung. Diesen Umweg habe ich nur meiner Unkonzentriertheit zu verdanken. Ich erstehe die billigsten Wanderstöcke, die das Geschäft zu bieten hat – um sie stehen zu lassen, sind sie teuer genug –,

und versuche wieder zum Trail zurückzufinden. Dank Navi kein Problem, wenn ich auch wieder dieselbe Hauptstraße nehmen muss.

Nach etwa eineinhalb Stunden, die ich mir hätte ersparen können, sitze ich wieder auf derselben Parkbank und atme tief durch. Wozu noch ärgern – es ist, wie es ist! Weiter geht's. Ich folge einer alten Römerstraße. Die vielen sehr alten, glatt polierten Steine auf dem Weg erzählen eine lange Geschichte und schnell bin ich mit den Gedanken wieder bei meinem Weg. Lange folge ich einem Waldweg und erreiche nach einer gefühlten Ewigkeit die Ortschaft Oberschütt. Hier erhoffe ich mir eine Bleibe, sehe aber keine. Ich komme an ein Gebäude, das offensichtlich so etwas wie eine Buschenschenke ist. Als ich meinen Rucksack ablege und ein Schattenplätzchen suche, kommt eine etwas korpulente Frau und fragt, was ich denn haben möchte. Sie preist mir frisch gepressten Apfel-Birnenmost an und ich bestelle einen Krug davon. Kühl und unglaublich erfrischend rinnt der fruchtige Most meine Kehle hinunter. Auf die Frage nach einem Nachtquartier macht die Dame ein nachdenkliches Gesicht und meint nur: „Oh je! Do gibt's nix bei uns! Höchstens da Oitzl." Aha. Und wo befindet sich der? Sie erklärt mir den Weg nach Neuhaus. Ist zwar ein kleiner Umweg, aber für die Nacht sind wieder Gewitter angesagt und noch einmal möchte ich nicht im Zelt schlafen bei solchem Wetter. Also nehme ich die paar zusätzlichen Kilometer gerne in Kauf.

Der Gasthof Oitzl ist nicht zu übersehen – so riesengroß ist der Ort nicht. Eine junge Kellnerin steht hinter der Bar, als ich eintrete. Ich frage, ob ein Zimmer frei ist. „Die Oma schläft grad, aber ich geb' Ihnen eins", meint sie und erklärt, dass es nicht ihre Oma sei, sondern nur die Seniorchefin. Das Zimmer kostet angeblich mit Frühstück 38 Euro, kann aber sein, dass die „Oma" noch einen Einzelzimmer-Zuschlag draufgibt, dann werden es 42 Euro. Auch kein Geschenk, aber das ist mir heute egal. Ich freue mich auf ein Zimmer und ein Bett.

Das nasse Zelt hänge ich über den Balkon zum Trocknen. Wie üblich wasche ich meine Klamotten und dann mich selbst. Zurück in der Gaststube bestelle ich etwas zu essen. Die „Oma" ist mittlerweile auch wieder erwacht und bedient mich. Zwei Wanderinnen mit ebenfalls großen Rucksäcken gesellen sich dazu. Sie gehen den Marienweg für ein paar Tage und wir kommen ins Gespräch. Ich erwähne, dass ich eventuell vorhabe, ein Buch über meinen Trail zu schreiben, und auf Facebook eine Seite habe, auf der mein Weg mitverfolgt werden kann. Sie sind gleich interessiert und geben mir gute Tipps, was Slowenien betrifft. Das Bett lächelt mir quasi zu und nach diesem intensiven Tag denke ich an die weitere Wegstrecke und sehe ihr mit viel Respekt entgegen. Es geht mir gut und es ist schön zu wandern. Mit Spannung erwarte ich jeden neuen Tag. Gute Nacht!

26. Tag:
Kilometer: 18,5
Höhenmeter aufwärts: 155
Höhenmeter abwärts: 132
Gehzeit: 3 ½ Stunden
Gesamtdauer: 4 ½ Stunden

Neuhaus – Feistritz an der Gail

Da mich heute eine sehr kurze und völlig flache Tagesetappe erwartet, bleibt der Wecker stumm. In der Nacht werde ich einige Male wach und höre die Unwetter. Selbst als ich früh am Morgen kurz die Ohren spitze, regnet es stark. „Na super", denke ich nur und schlafe weiter. Erst gegen 9 Uhr werde ich so richtig munter und gehe mich waschen. Ich fühle mich unendlich müde, die Beine sind schwer und das Sauwetter motiviert nicht wirklich, weiterzuwandern. Doch es ist wie im richtigen Leben – es kann nicht nur die Sonne scheinen. In der Gaststube treffe ich wieder auf die beiden Wanderinnen von gestern. Auch sie haben gehofft, dass das Wetter heute noch hält, und sehen nicht gerade erfreut aus ob des Regens. Wir plaudern noch eine Weile. Während die zwei sich bereits auf den Weg machen, genieße ich mein Frühstück und ziehe mich danach noch einmal ins Zimmer zurück, um zu packen. Ich liebäugle mit dem Bett. Am liebsten würde ich mich noch einmal in die Daunen kuscheln. Doch ich muss weiter. Zumindest ist alles über Nacht getrocknet. Ich bestücke mich mit der Regenjacke und schütze den Rucksack mit der Regenhülle. Als ich bezahle, lächelt die Wirtin und meint: „Da haben' S a Karte von mir, falls Sie a Buch schreiben, gell! Das macht dann mit Frühstück ... genau 30 Euro, weil Sie's sind!" Ich muss innerlich lächeln, bedanke mich für den guten Preis und die nette Bewirtung und verabschiede mich. Dass es draußen in Strömen regnet, gefällt mir weniger, trotzdem ergeben sich in der Natur immer wieder schöne Motive.

Zuerst muss ich dieselbe Straße, über die ich gestern nach Neuhaus gekommen bin, wieder zurückgehen, bis ich auf den AAT stoße. Keine Menschenseele ist unterwegs. Es ist Sonntag und bei dem Wetter schickt man sprichwörtlich nicht mal den Hund vor das Haus. Auf flachem Schotter- und Waldweg wandere ich zum Almgasthof Schütt. Kaum zu glauben, dass es in solchen Mengen regnen kann, es schüttet wie aus Kübeln und bereits nach kürzester Zeit steht das Wasser am Weg und die kleinen Landstraßen sind überschwemmt.

Die Feuchtigkeit frisst sich bis an meine Haut. Es ist kalt und nass, als ich den Almgasthof erreiche. Hier parken einige Autos. Jäger, wie es scheint. Trotzdem mache ich kurz Pause in der Hoffnung, mich ein wenig aufwärmen zu können. Doch es ist drinnen gleich kalt wie draußen. Einige der Jäger fragen mich, wohin ich denn mit dem Gepäck unterwegs sei, und warnen mich sogleich, hier in der Gegend nur ja nicht wild zu campen. Gerade in letzter Zeit seien hier einige Bären gesichtet worden, die in dem Gebiet umherstreichen. „Jo, jo", meint einer, „a großes Mandal und a Junger – die haben in der Gegend vor zwei Wochen Schafe g'rissen!" Augenblicklich denke ich daran, dass die mir „einen Bären aufbinden" wollen. Ich verlasse das Weidmanns-Heil-Gebäude und trete wieder in den strömenden Regen. So a Blödsinn. Bären ...

Das Wetter denkt nicht daran, sich zu bessern, im Gegenteil, ich kann mich nicht daran erinnern, jemals bei solchem Sauwetter im Freien gewesen zu sein. Hilft aber nichts. Ich gehe weiter. Der Wald wird immer

dichter und der Regen mehr und mehr. Ich denke an die Bärengeschichte und wandere schnellen Schrittes dahin, als plötzlich ein einsamer Schuh am Straßenrand angespült wird.

Sehr wohl fühle ich mich heute in meiner Haut nicht. Mein Schritt wird noch eine Nuance schneller. Noch nie, seit ich den Trail in Angriff genommen habe, ist es vorgekommen, dass ich nicht einem einzigen Menschen auf meinem Weg begegnet bin. Wenigstens einen Spaziergeher mit Hund oder einen Jogger hätte ich mir erhofft. Doch heute geht anscheinend nichts und niemand aus dem Haus. Zum Teil ist die Straße bereits leicht vermurt. Plötzlich stehe ich vor einer sehr schönen Kapelle. Der Innenraum ist mit moderner Malerei gestaltet. Angeblich entstand sie aufgrund eines dramatischen Zwischenfalls, der sich hier im September 2012 zugetragen hat: Auf einem Spaziergang mit ihrem Opa lief die fünfjährige Franca in einem unbeobachteten Moment davon und verirrte sich in der Wildnis im Gebiet der Nötsch. 24 Stunden harrte das Mädchen alleine aus. Erst einen Tag später begegnete sie zwei Radfahrern, die sie sofort aus den Medienberichten erkannten. Franca wurde müde, aber unversehrt zu ihren Eltern zurückgebracht. Aus Dankbarkeit ließen die Angehörigen diese Kapelle erbauen. Ich stelle mich kurz unter und betrachte sie. Daneben eine Bank, die mit einer Inschrift dazu einlädt, sich zu setzen und nachzudenken. Danach ist mir bei diesem Wetter nicht zumute. Ich entscheide mich weiterzugehen. Plötzlich stehe ich vor einem Schild. Eine Bärenwarnung! Ich lese mir genau durch, was daraufsteht: Wenn sie einem Bären begegnen: Ruhe bewahren! Das klingt vernünftig! Vermutlich brauche ich nur wieder zu singen anfangen – jeder Bär würde schnell das Weite suchen! Doch als ich dann auch noch einen riesigen Abdruck einer Pranke im Schlamm entdecke, gehe ich schneller denn je weiter ... Völlig durchnässt komme ich endlich aus dem dichten Waldgelände heraus und erreiche den Ort Nötsch im Gailtal. Das Schloss Wasserleonburg hört sich schon so feucht an und ich begutachte es nur aus weiter

Entfernung. Einige Gasthäuser laden zum Essen ein, doch bei jedem meiner Schritte spritzt das Wasser aus dem oberen Schuhrand. So kann und will ich nirgends einkehren. Ich suche heute auch nicht lange eine Bleibe, obwohl ich an einigen Schildern mit „Privatzimmer" vorbeikomme, sondern steuere direkt den Gasthof „Alte Post" an, der auch im Trailführer angepriesen wird. Ich sollte es wissen, dass die empfohlenen Unterkünfte des AATs zumeist nicht gerade preiswert sind. Doch der Zimmerpreis hier ist der bisher höchste: 51 Euro für eine Nacht. Es ist erst 14 Uhr und ich überlege kurz, ob ich nicht vielleicht doch zuvor mein Glück in den Privatunterkünften versuchen soll. Aber was soll's! Ich entschließe mich, spontan zu bleiben. Ich will einfach nicht mehr raus in den Regen. Und Hunger habe ich auch schon. Meine Geldbörse wünscht sich allerdings schön langsam wieder Sonnenschein. Vom Billigurlaub bin ich weit entfernt! Noch habe ich keine Zwischenbilanz erstellt, aber ich weiß auch so, dass ich bereits einige hundert Euros ausgegeben habe, seit ich mein Zuhause verlassen habe. Als ich das Zimmer betrete, erklärt sich auch der Preis. Wirklich sehr nobel und schön. Das Beste sind Haarföhn und ein Handtuchtrockner im Bad! Ich kann keinem Menschen erklären, wie gut eine heiße Dusche sein kann, wenn man stundenlang durchnässt und durchgefroren in der Gegend umherwandert.

Der Handtuchtrockner wird augenblicklich zum Schuh-, Rucksack- und Wäschetrockner umfunktioniert und ich bin einige Zeit damit beschäftigt, alles zu waschen und aufzuhängen. Ich ruhe mich auf dem Bett etwas aus und schlafe prompt ein. Erst zwei Stunden später werde ich wach. Mein Magen meldet sich lauthals und ich esse im sehr gepflegten Restaurant des Hauses. Am Abend genieße ich die Aussicht auf die beleuchtete Kirche und schalte seit langer Zeit wieder einmal den Fernseher ein ...

27. Tag:
Kilometer: 23,2
Höhenmeter aufwärts: 1 286
Höhenmeter abwärts: 1 095
Gehzeit: 5 Stunden
Gesamtdauer: 5 ¾ Stunden

Feistritz an der Gail – Valbruna

So hold mir der Wettergott bisher war, so abrupt hat er mich jetzt offensichtlich verlassen. Und doch, ich will mich nicht beschweren, denn es ist zwar nebelig und kalt, aber es regnet nicht, als ich den Gasthof Post verlasse. Meine Schuhe habe ich gestern noch mit dem Haarföhn bearbeitet, bis dieser fast glühte, und so sind sie heute trocken.

Ich beginne meinen Weg auf einer Asphaltstraße aufwärts, bis ich an einen sehr übersichtlichen Wegweiser gelange. Die Feistritzer und die Achomitzer Almen sind in beiden Richtungen angegeben. Sehr hilfreich. Alpe-Adria-Schild? Fehlanzeige. Ich entscheide mich für die einfachere Variante und folge weiter der Asphalt- und später der Schotterstraße. Immer wieder versüßen mir Früchte am Wegesrand den trüben Morgen.

Eigentlich sollte eine imposante Bergkulisse diese Rundtour zu einem einmaligen Erlebnis machen, doch je weiter ich nach oben komme, umso dichter wird der Nebel. Den Weg kann man teilweise nur erahnen. Hier oben hat der Bär in den letzten Tagen Bienenstöcke geplündert. Wundert mich ehrlich gesagt nicht, schlauer Bär – da bleibt er unerkannt!

Nach knapp zwei Stunden Gehzeit kann ich im Nebel die Silhouetten einer Almhütte erkennen. Noch eine und noch eine. Ein ganzes kleines Almdorf scheint das zu sein. Es handelt sich um die Feistritzer Almen. Da ist jemand! Schön, einem Menschen zu begegnen. Ich erkundige mich nach dem Weg. Zu dem freundlichen Herrn gesellt sich noch ein kleines Mädchen mit ihrem Hund. Er zeigt mit der Hand in eine Richtung und meint, der Weg sei gut gekennzeichnet, dann führt er mich direkt zur kleinen Kirche Maria Schnee und weiter zur Achomitzer Alm und dem Schönwipfel-Schutzhaus. Den Wegweiser finde ich auf Anhieb und sehe, dass auch der Karnische Höhenweg hier entlang verläuft. Zum ersten Mal begegne ich auch einem italienischen Wegweiser. Auch wenn das Wetter nicht so ist, wie man es sich in Italien vorstellt, macht sich sofortige Vorfreude in mir breit. Die Achomitzer Almen sind auf dem Wegweiser mit einer Stunde 15 Minuten angegeben. Daher bin ich überrascht, als ich bereits nach einer Dreiviertelstunde dort ankomme. Geöffnet hat hier leider nichts. Auch das

Schutzhaus ist geschlossen. Hier überquere ich die Grenze nach Italien. Über die Cima Muli (Mulisteig hört sich auf Italienisch gleich viel nobler an) wandere ich, zumeist talwärts, auf dem gut gekennzeichneten Weg 508. Dazwischen lege ich bei einem halb verfallenen Rohbau eine Pause ein. Die großzügige Jause genieße ich in vollen Zügen, während rund um mich Murmeltiere vergnügt spielen und sich von mir nicht stören lassen.

Ab jetzt geht es nur noch bergab und schon nach kurzer Zeit erreiche ich den Wintersportort Camporosso. Viele Hotels und Ski-Werbetafeln künden davon, was hier im Winter los ist. Heute begegne ich keinem einzigen Touristen. Leider hat es wieder zu regnen begonnen. Ich stelle mich kurz an einer Haltestelle unter, doch es sieht nicht nach Wetterbesserung aus. Also wieder einmal ein Regenmarsch. Aber zum Glück ist mein Weg heute nicht mehr weit. Ich gelange auf den AAT-Radweg. Diesen gibt es schon wesentlich länger als den AAT-Wanderweg. Sehr oft werden diese beiden sehr unterschiedlichen Wege verwechselt. Viele Leute dachten, ich würde auf dem Radweg unterwegs sein. Er führt von Salzburg bis nach Grado. Mich führt dieser Radweg bis nach Valbruna. Gleich hinter dem Ortsschild von Valbruna wird auf das Rifugio „Julius Kugy" hingewiesen. Ein Rifugio ist so etwas wie eine Alpenvereinshütte, nur eben nicht am Berg, sondern im Tal. Da versuche ich doch gleich mal mein Glück. Ein drahtiger Italiener mit weißem Vollbart begrüßt mich. Ob er ein Bett frei hat? Der ganze Schlafsaal gehört mir alleine und ich kann mir eines der Betten aussuchen. Ich bin schwer beeindruckt von der Herberge, die offensichtlich neu und mit viel Liebe eingerichtet wurde. Im Aufenthaltsraum trinke ich mit Lugio, dem bärtigen Italiener, noch ein paar Gläschen Wein.

28. Tag:
Kilometer: 17
Höhenmeter aufwärts: 1 035
Höhenmeter abwärts: 1 057
Gehzeit: 4 Stunden
Gesamtdauer: 6 ¼ Stunden

Valbruna – Tarvisio

Ich habe herrlich geschlafen. So eine ruhige Nacht habe ich das letzte Mal verbracht, als ich unter dem Gipfel des Falkert mein Zelt aufschlug. Das Wetter: Nebel. Das Frühstück: typisch italienisch. Wurst und Käse: Fehlanzeige. Dafür gibt es „Zahn-ausbeiß-Brötchen" und leckeren Cappuccino. Das Rifugio möchte ich trotzdem hier extra erwähnen und loben. Als ich zur Abreise bereit bin, kommt gerade eine ganze Gruppe Italiener an. Sie bestaunen meinen Rucksack und bequatschen mich von allen Seiten. Leider reicht mein Italienisch gerade, um mich vorzustellen, nach einem Zimmer oder dem Weg zu fragen und Bestellungen in einem Restaurant vorzunehmen. Ein Italiener, der Englisch spricht? Seltenheitswert. So bleibt es bei einer Art Gebärdensprache und doch verstehen wir uns irgendwie.

Schon gestern habe ich die heutige Route genau studiert und bin mir sicher, dass es ein recht gemütlicher Aufstieg zum bekannten Wallfahrtsort Monte Santo di Lussari wird. Erstens kommt es jedoch anders und zweitens als man denkt ...

Ich verlasse das Rifugio und gehe durch den Ort, der liebevoll mit vielen kleinen bunten Fähnchen geschmückt ist. Eigentlich sollte ich jetzt gleich links abbiegen, um auf einen Güterweg zu gelangen. Ich gehe ein Stück die Straße entlang, die aus dem Ort führt. Eine Abzweigung finde ich allerdings nicht. Ein Stück zuvor habe ich ein Wegschild gesehen, das auf den Monte Santo de Lussari führt, sogar zusätzlich auf Deutsch. Ich schaue mich noch einmal genau um, doch vom Trail ist weit und breit nichts zu sehen, und so gehe ich zurück und entscheide mich für diesen Weg. Er führt vorerst nur leicht ansteigend durch den Wald. Dieser wird allerdings immer verwachsener. Ich überlege kurz, ob es nicht klüger wäre, doch noch einmal umzukehren und nach dem richtigen Weg zu suchen, entschließe mich dann aber weiterzugehen. Auf einmal stellt sich der Weg vor mir auf wie eine Wand. Da soll ich rauf? Mit dem Rucksack? Tja. Jetzt bin ich schon mal da, also rauf mit mir! Ohne Stöcke wäre das unmöglich. Da freut sie sich, die Arm- und Schultermuskulatur! Ich bleibe immer wieder kurz stehen, um durchzuatmen. Heute ist es nicht der Regen, sondern der Schweiß, der mir über den Körper rinnt. Ich komme an einigen zerfallenen Hütten vorbei. Der Einzige, der sich außer mir noch den steilen Berg hinaufquält, ist ein Feuersalamander. Eineinhalb Stunden Schwerstarbeit liegen hinter mir, als ich endlich oben ankomme. Das Höhenprofil auf dem Navi sieht aus, als wäre ich mit einer Rakete ins All aufgestiegen. Wieder kämpfe ich mich durch dichten Nebel. Erst als ich unter dem Gipfelkreuz stehe, reißt für einige Minuten die Wolkendecke auf und die Sonne kommt zum Vorschein. Der auf 1 800 Metern gelegene Wallfahrtsort bleibt jedoch die ganze Zeit im Nebel verborgen. Ich will mir die Kirche ansehen und gehe durch den von vielen Touristen und Gläubigen besuchten Ort. Zwei Männer kommen an mir vorbei. Da ruft mir einer der beiden nach: „Halt, bleib mal stehen. Du gehst den AAT?" Ich bleibe stehen und wir unterhalten uns. Nach ein paar Minuten beschließen wir, uns dem kalten Nebel zu entziehen und in dem dortigen Rifugio etwas zu trinken. Angeregt tauschen wir Bergerfahrungen aus und die beiden wollen alles über meinen Weg wissen. Etwa eine Stunde sitzen wir zusammen und, wie es unter Bergsteigern so ist, verstehen wir uns auf Anhieb. Dann trennen sich unsere Wege. Sie nehmen die Gondel als Abstieg, ich möchte zuvor noch zum kleinen Gipfelkreuz hinter der Kirche.

Der Ausblick auf die Julischen Alpen, der bei schönem Wetter atemberaubend sein muss, bleibt mir leider verborgen. Auch den offiziellen Weg ins Tal kann ich nicht finden. Sollte hier jemand fündig werden, so gehört er mit einem „Adler-Augen-Orden" versehen. „Die Skiabfahrt kann kein Fehler sein", denke ich mir und folge ihr. Sie geht zum Teil so steil hinunter, dass ich nur in ganz kleinen Schritten vorwärtskomme, um ein Ausrutschen oder einen Sturz zu vermeiden. Endlich lugt die Sonne ein wenig hervor (hätte das nicht eine halbe Stunde früher sein können?). Auf einem kurzen Flachstück neben dem Wald bleibe ich stehen, um auf meinem Navi die eingeschlagene Richtung nach Tarvis zu kontrollieren.

Als ich aufblicke, steht ein Reh mit zwei sehr kleinen Jungen direkt vor mir. Sie bewegen sich nicht und ich fange schon an zu zweifeln, ob sie überhaupt echt sind. Ich versuche, die Kamera zu zücken, doch bei den ersten Bewegungen ergreifen sie die Flucht. Also doch echt! Ein schöner Anblick – muss nicht immer alles digitalisiert werden – einfach nur für mich. Als ich endlich in Tarvis ankomme, breitet sich eine Art Heimatgefühl aus. Hier war ich schon in früheren Jahren immer wieder – auf dem legendären Ledermarkt, einfach nur auf einen Cappuccino oder Spaghetti. Immer wieder regnet es leicht und ich bin heute am Ledermarkt (ob es den noch gibt?) nicht wirklich interessiert. Vielmehr suche ich ein Zimmer.

Google Maps führt ein Rifugio mitten in Tarvis an. Sehr gut. Günstig. Vielleicht sind ja hier auch nicht viele Touristen zu Gast. Doch nach langer Suche stelle ich fest: Hier ist niemand mehr zu Gast. Ich stehe vor einer mehr oder weniger verfallenen Baracke. Sieht nicht besonders einladend aus. Die Suche geht weiter. Ein Hotel mit genau einem einzigen Stern wird angepriesen.

Mitten im Ort werde ich schließlich fündig. Im Hotel „Adriatico" versuche ich mein Glück und bekomme auch gleich ein Doppelzimmer mit Einzelzimmeraufschlag – wie üblich. Es ist einfach, aber gemütlich, um 40 Euro, mit Frühstück versteht sich. Passt doch! Heute treffe ich noch einen gewissen Patrick, der einen Podcast mit mir machen will. Was das ist, weiß ich allerdings nicht.

Nach der obligatorischen heißen Dusche mache ich erst mal den Ort unsicher, schau mir alles an und genehmige mir ein Eis. Kurz darauf kommt Patrick zu mir ins Hotel. Jetzt weiß ich auch, was ein Podcast ist. Eine Art Hörstück, eine Kurzgeschichte, die als Audiodatei heruntergeladen werden kann. Ich soll eine Geschichte erzählen, die mir auf dem bisherigen Weg widerfahren ist. Ich entscheide mich für den idyllischen Naßbodensee und das Erlebnis, als mich der Fuchs dort besuchte. Er ist sofort begeistert und in ein paar Minuten haben wir das Ganze im

„Kasten". Den restlichen Nachmittag verbringe ich mit Wäschewaschen und Faulenzen, bis der Hunger mich aus dem Haus treibt. Ich streife durch den Ort und halte Ausschau nach einer Pizzeria. Hier keine zu finden, wäre wahrlich seltsam ... Eine sieht besonders einladend aus und die Preise passen auch. Da kehre ich ein und geniiieeeße eine unglaublich leckere Pizza! Am Abend ziehe ich mich in mein Zimmer zurück. Ich schaue mir die vielen Fotos an, die ich bisher gemacht habe. Wie schnell die Zeit doch vergeht! Schon eineinhalb Wochen ist es her, dass Mario und ich uns getrennt haben. Jetzt fehlt er mir sehr und ich bin etwas traurig. Ich rufe ihn an. Danach trete ich auf den Balkon und werde von einer faszinierenden Stimmung über den Bergen, meinem morgigen Ziel, überrascht.

29. Tag:
Kilometer: 21,3
Höhenmeter aufwärts: 1 207
Höhenmeter abwärts: 618
Gehzeit: 5 Stunden
Gesamtdauer: 6 ¼ Stunden

Tarvisio – Rifugio Zacchi

Mein Wecker sollte um 6:30 Uhr klingeln. Doch die Italiener sind offensichtlich früher dran. Lautes Hupen, Diskutieren etc. findet offenbar genau vor meinem Hotelfenster statt. Egal, dann habe ich für den Weg mehr Zeit. Frühstück gibt es ab 7 Uhr. An das italienische Brot werde ich mich nie gewöhnen! Übrigens hat es auch diese Nacht wieder geregnet und dunkle Wolken hängen über den Bergen. Ich muss zugeben, dass mich das Wetter mehr und mehr deprimiert. Nicht nur, dass ständig alles nass und schmutzig wird, sondern auch über der Seele hängen finstere Wolkenfetzen, wie es scheint ...

Trotzdem versuche ich, die heutige Etappe frisch und fröhlich anzugehen – immerhin, es regnet nicht. Als ich das Hotel verlasse und das Navi aktivieren will (wie erwähnt sind die Routen der Rundtour nicht auf dem Navi gespeichert, ich zeichne jedoch jeden Tag die gegangenen Kilometer, Höhenmeter und die Zeit auf), muss ich feststellen, dass es nicht funktioniert. Irgendwelche seltsamen Zahlen und Farbbalken rasen über den Bildschirm. Ich schalte es aus und ein. Nichts. Dasselbe noch einmal. Nichts. Ich entnehme die Batterien, lege sie wieder ein. Doch alles hilft nichts. Mir fällt nur noch ein, die Micro-SD Karte zu entfernen. Doch auch jetzt tut sich nichts. Mich ereilt ein leicht panischer Anfall. Meine Gedanken gelten gleich den Routen, die noch vor mir liegen, und dass der kommende Weg angeblich besonders schlecht gekennzeichnet sein soll. Ich packe mein Handy aus und frage Mario um Rat. Der kann per Ferndiagnose auch nicht weiterhelfen. Ich gehe weiter und lege erneut die Batterien ein. Warum auch immer, plötzlich „springt es wieder an". Da fällt mir echt ein Stein vom Herzen!

150

An einem Wildpark vorbei, gelange ich zuerst auf den Julius-Kugy-Trail. Er ist so etwas wie der italienische Louis Trenker – obgleich junge Leser auch diesen Herrn nicht mehr kennen werden. Weiter einer Bahnstrecke folgend, steige ich steil hinab in die beeindruckende Slizza-Schlucht, oder auf Italienisch die Orrido dello Slizza, die man mithilfe einer sehr interessanten Hängebrücke überquert. Ist man auf der anderen Seite angelangt, geht es ebenso steil den Waldweg wieder hinauf.

Kaum komme ich aus der Schlucht, beginnt es erneut zu regnen und es soll auch den ganzen Tag über nicht mehr aufhören. Verärgert über das Wetter schreite ich den eher langweiligen Alpe-Adria-Radweg entlang. Wieder vermisse ich meinen MP3-Player und versuche, einen Ohrwurm zu finden, der mich begleitet.

Drei Stunden bin ich bereits unterwegs, als ich auf den unteren der beiden Weißenfelser Seen (Laghi di Fusine) stoße. Unter einem Jägerstand finde ich etwas Schutz vor dem Regen, der zum Glück wieder nachgelassen hat, und gönne mir eine Pause und ein Wurst-Käsebrot vom Frühstück. Von diesem herrlichen See bin ich auf Anhieb angetan. Glasklar und türkisblau! Wäre das Wetter etwas einladender, so könnte mich jetzt niemand davon abhalten, sofort mit Anlauf hineinzuspringen.

Trotz des schlechten Wetters tummeln sich hier massenweise Touristen. Da kann man sich vorstellen, was hier erst bei schönem Wetter los ist. Kein Wunder bei dieser atemberaubenden Naturschönheit.

Menschen, an denen ich mit meinem Rucksack vorbeiwandere, sehen mich mitleidig an. Doch ich fühle mich eher beneidenswert, dass ich hier gehen und all das erleben kann!

Nach dieser kurzen Pause geht es in den Endspurt. Der Anstieg ist steil und der Untergrund durch den Regen rutschig und schwer zu gehen. Ich flehe sämtliche Geister an, dass es auf der Hütte einen freien Schlafplatz für mich geben möge. Nicht auszudenken, was ich machen soll, wenn alles belegt ist. Die Nacht wird kühl und lädt auch nicht dazu ein, im Zelt zu schlafen, obgleich meine Geldbörse dringend wieder etwas zunehmen sollte. Die letzten Tage haben mich eine schöne Stange Geld gekostet und es ist höchste Zeit, wieder etwas sparsamer zu leben. Dabei versuche ich immer, die Jause vom Frühstück abzuzweigen, und gehe tagsüber nicht essen beziehungsweise kehre auch nur selten auf ein Getränk ein.

Als ich das Rifugio Zacchi endlich vor mir sehe, freue ich mich wie ein kleines Kind und noch mehr, als ich erfahre, dass es einen freien Schlafplatz gibt. Ich werde gleich gefragt, ob ich auch etwas essen möchte oder nur übernachten. Klar brauche ich auch etwas zu essen. 42 Euro! Für eine Berghütte nicht gerade preiswert. Doch eine andere Wahl bleibt mir hier oben nicht wirklich.

Kaum zu glauben: Auch heute habe ich ein ganzes Zimmer für mich alleine! Erst später treffen noch Leute in der Hütte ein, drei deutsche Wanderer. Auch sie gehen den AAT, allerdings nur ein paar Etappen. Ich überlege nach dem Abendessen (ein ganzes Teller Spaghetti als Vorspeise ...!) kurz, ob ich mich zu ihnen an den Tisch gesellen soll, entscheide mich dann aber dagegen und verbringe den Abend mit Internet (ja, WLAN gibt es, Handyempfang keinen), meinen Notizen und einer Karaffe herrlichem italienischen Rotwein.

Rifugio Zacchi – Kranjska Gora

Ich habe hervorragend geschlafen und genieße das Frühstück. Die drei Deutschen sind auch schon dabei, sich zu stärken. Wir kommen etwas ins Gespräch, vor allem der „Anführer" der drei, Jörg, der kein schlechter Bergsteiger zu sein scheint, interessiert sich dafür, was ich mache und woher ich komme. Während die drei noch ihre Sachen zusammensuchen, marschiere ich los. Wir werden uns ohnehin wieder begegnen. Der Weg führt zuerst steil aufwärts auf den Pass Vratca/Porticina. Der Weg dorthin ist schön und heute scheint auch endlich wieder einmal die Sonne vom Himmel.

Genau auf dem Pass befindet sich die Grenze zwischen Italien und Slowenien. Ein paar Gämsen genießen ebenfalls die Sonne und lassen sich von mir nicht beim Fressen stören. Oben ist der AAT in großen Buchstaben am Fels gekennzeichnet. Und zwar in beiden Richtungen, das heißt, aus der, von wo ich gerade kam, aber auch auf der anderen Seite steil abwärts. Laut Routenführer und Beschreibung im Buch kehrt man allerdings hier um. Es wird extra darauf hingewiesen, den Pass nicht zu überschreiten. Super! Da soll man sich auskennen. Obwohl der Weg steil hinunterführt (ich muss zum Teil richtiggehend klettern – und das mit dem schweren Rucksack), will ich mir das anschauen.

Nach sehr anstrengender Kletterei verläuft der Weg schließlich im Nichts. Keine Markierung und kein eindeutiger Weg mehr zu sehen. Nur noch Geröllfelder. Ich kehre wieder um und nehme den schweren Rückweg auf mich, um wieder dem Weg zu folgen, der im Tourenbuch und der Routenbeschreibung angeführt wird. (Ich halte das Ganze schlichtweg für einen Witz!) Wenn der Weg schon geändert wird, dann sollte dieser auch eindeutig gekennzeichnet und als solcher erkennbar sein! Oder hat sich hier jemand einen dummen Scherz erlaubt? Keine Ahnung. Verschwitzt trete ich den Abstieg auf dem Weg an, den ich auch als Aufstieg zum Pass benutzt habe, bis zur angegebenen Abzweigung.

Die drei deutschen Wanderkollegen kommen mir entgegen. Ich erzähle von den Gegebenheiten und warne sie, doch lieber auf dem Originalweg zu bleiben. Wir wünschen uns gegenseitig noch alles Gute und ich nehme nicht an, dass wir uns noch einmal sehen werden – ich sollte mich schwer täuschen ...

An der Abzweigung befindet sich kein AAT-Schild. Ich werfe einen Blick auf mein Navi. Die Richtung sollte stimmen. Schon nach kurzer Zeit steht eine Madonnenfigur am Wegesrand und eine Kerze brennt davor. Ich finde das schön, mache ein Foto und gehe weiter. Etwas verwundert sehe ich schon bald eine weitere Madonnenfigur. Wozu die hier aufgestellt wurden? Vielleicht ist das ja eine Art Pilgerweg. Ich gehe weiter und der Weg wird zusehends schmäler. Linkerhand des Weges fällt die Böschung steil ab. Besser man konzentriert sich hier darauf, wo man hintritt. Plötzlich stehe ich vor einer „Holzbrücke". Jetzt weiß ich, warum die Madonnen hier stehen: Da braucht man jeden Schutz, wenn man darübergeht. Die Brücke sieht alles andere als vertrauenserweckend aus, aber mir bleibt ohnehin keine andere Wahl. Zum Glück sind ein paar Drahtseile an der Felswand gespannt und die werden von mir auch fest umklammert. Nichts passiert, aber ich bin trotzdem erleichtert, als ich die andere Seite erreiche. Der Weg führt durch den Wald hinab. Hin und wieder ergeben sich schöne Blicke zu den beiden Seen, an deren Ufer ich gestern noch vorbeigegangen bin.

Wieder auf flachem Terrain, wandere ich einen ziemlich langweiligen Radweg entlang. So kalt, nass und ungemütlich es gestern war, so warm scheint heute die Sonne. Geschätzte 25 Grad hat es und die Uhr zeigt gerade mal 12:30 Uhr. Zu trinken habe ich heute genug mit. Es wird mir nicht mehr so schnell passieren, dass ich zu verdursten drohe. Allerdings konnte ich vom Frühstück nichts abzweigen (wie auch bei hartem Brot und Marmelade) und so kommt schön langsam Hunger auf. Doch weit und breit nichts als Felder. Einige Radfahrer begegnen mir und sehen mich etwas ungläubig an. „Was macht denn die hier?", werden sie sich denken. Das einzige Highlight auf dem Weg ist heute, dass ich zum ersten Mal slowenischen Boden betrete.

Ich folge dem Radweg, bis ich nach etwa eineinhalb Stunden in Kranjska Gora ankomme. In einem Markt kaufe ich ein. Ich habe vor, mir einen Campingplatz für diese Nacht zu suchen. Das Wetter soll ja halten. Dort werde ich dann noch eine Kleinigkeit essen und es mir gemütlich machen. So der Plan. Zuerst sehe ich mir aber Kranjska Gora an, suche die Touristeninformation und erkundige mich gleich nach dem Campingplatz. Ja, es gibt einen, aber der ist ein Stück vom Ort entfernt in einem Wald. Der Herr gibt mir einen Stadtplan mit, auf dem er den Weg einzeichnet. Ich setze mich in ein Kaffeehaus und bestelle mir eben solchen samt Apfelkuchen. Internet gibt es hier – zu meinem Erstaunen – überall, und das zur freien Verfügung. Das nütze ich gleich, um einige Fotos und den neuesten Stand der Dinge zu posten und meine Notizen zu schreiben. Irgendwann mache ich mich auf die Suche nach dem Campingplatz, den ich nach einem Stück Marsch über Felder und durch einen Wald endlich erreiche.

Was ist denn das? Eine leere Wiese, eine lauwarme Notdusche und eine Baumarkt-Holzhütte als Rezeption? Damit habe ich nicht gerechnet. Okay. Abendessen und Gemütlichkeit fallen heute aus. Ich bezahle an der Holzhütte 12,50 Euro für die Lichtung im Wald und stelle, ziemlich deprimiert, mein Zelt auf. Eines ist klar: Ich komme hier nicht in Versuchung zu viel zu trinken, geschweige denn zu essen, weil es nichts gibt, und es werden mich wohl kaum viele Mitcamper am Schlafen hindern, weil es die auch nicht gibt.

Als ich mein Zelt aufgebaut habe, stelle ich mit Entsetzen fest, dass meine Crocs weg sind! Nicht etwa, dass es einen finanziellen Ruin bedeuten würde – die waren uralt und schmuddelig, aber ich brauche in jedem Fall

Schuhe, die ich nach meinen Etappen anziehen kann. Wenn ich ständig in meinen Wanderschuhen stecke, ist es unvermeidbar, Blasen zu bekommen, und die Geruchsbildung würde vermutlich dazu führen, dass ich Luftlöcher in mein Zelt schneiden müsste, um nachts nicht zu ersticken. Jetzt erreicht meine Depression den Höhepunkt. Noch dazu wird es saukalt am Abend, wer hätte das gedacht nach den warmen Temperaturen untertags? Mein Magen knurrt. Da muss der karge Notproviant dran glauben: Thunfischdose mit trockenem Brötchen. Wenigstens hab ich noch die kleine Flasche Wein gekauft! Hätte ich gewusst, wie dieser Tag endet, wäre meine Wahl auf eine größere gefallen ...

Der Thunfisch wird aus Geruchsgründen außerhalb des Zeltes verzehrt, die Flasche Wein aufgrund der Kälte drinnen. Als dann auch noch mein Tablet keinen „Saft" mehr hat, bricht plötzlich eine Welt über mir zusammen. Ich mag nicht mehr. Heute ist der schlechteste Tag meiner Wanderung bisher und ich stecke mitten im ersten richtigen Tief. Eigentlich will ich nur weg und nach Hause. Alles nervt, alles regt mich auf. Was, wenn ich es doch nicht schaffe? Kann ich mir das je verzeihen? Bin ich dann ein Versager? Würde das nur ich so sehen oder auch alle anderen? Natürlich kann man nicht immer nur gewinnen. Aber irgendwie fürchte ich mich davor aufzugeben. Wäre jetzt nur jemand bei mir, der mir mit Rat und Tat zur Seite steht! Es geht nicht darum, eine Strecke zu „bewältigen". Es ist mehr. Es ist der Weg selbst, der Weg zu mir, den ich nicht abbrechen will. Für mich selbst mache ich das alles – für niemanden sonst. Es soll mein Weg sein. Was also, wenn ich nicht mehr kann?

Ich aktiviere mein Handy und rufe Mario an. Als ich ihn am anderen Ende der Leitung höre, laufen sogleich die Tränen über mein Gesicht. Es sprudelt mein ganzer Frust nur so aus mir heraus und mein Mann hört geduldig zu. Mario meint, ich soll mal die Nacht drüber schlafen und wenn ich morgen noch immer der Meinung bin, dass es keinen Sinn mehr macht, den Weg weiterzugehen, dann wird er mich holen. Er versucht mich noch zu beruhigen und wünscht mir, dass ich gut schlafen kann. Dann bin ich wieder alleine. Meine schlechte Laune bleibt. Ich wische mir die Tränen vom Gesicht, ziehe den Schlafsack ein Stück höher und schenke mir den Rest von meinem Wein ein. Wie einsam fühle ich mich! So schlecht ist es mir bisher noch nicht annähernd gegangen und es fällt mir schwer, mit den neuen Gefühlen umzugehen. Als ich so in meinem Selbstmitleid versinke, ertönt vor dem Zelt plötzlich eine

Männerstimme: „Hallo? Ist jemand da? Haalllooo?" Ich denke, es ist der Campingplatz-Inhaber, und kann mir nicht vorstellen, was der jetzt noch von mir will. „Einen Moment, ich komme raus." Ich stecke den Kopf aus dem Eingang und da steht er: Jörg! Jörg, der deutsche Bergsteiger vom Rifugio. Und er steht da nicht alleine ..., sondern mit meinen Crocs in den Händen! Ich kann es einfach nicht glauben! Gleich bin ich auf den Beinen, falle ihm um den Hals und umarme ihn ganz fest. „Du bist heute mein Engel!", sage ich ihm. Ich kann die Freudentränen kaum zurückhalten. Das Glücksgefühl ist unbeschreiblich!

Ich lade ihn ein, sich zu mir zu setzen – leider kann ich ihm rein gar nichts anbieten. Doch er hat es eilig. Wir unterhalten uns kurz und er erzählt, wie es dazu kam, dass er jetzt vor mir steht. Irgendwo, als ich heute früh am Pass die steile Rinne hinunter-, beziehungsweise wieder heraufgeklettert bin, habe ich sie mir vermutlich vom Rucksack gestreift. Zum Glück hat sich Jörg als einziger der drei dazu entschlossen, sich ebenfalls diese Route anzutun. Da sah er sie plötzlich liegen und konnte sich daran erinnern, sie außen an meinem Rucksack noch am Morgen bemerkt zu haben. Er entschloss sich, sie mitzunehmen und einfach mal zu hoffen, dass wir uns noch einmal irgendwo begegnen. Doch ich war wesentlich früher in Kranjska Gora. Sie gingen zu dritt den ganzen Ort ab, fragten bei ein paar Pensionen nach mir, fanden mich aber nicht. Jörg wandte sich noch an die Touristeninfo und da konnte sich der Herr an mich erinnern und daran, dass ich mich nach dem Campingplatz erkundigt habe.

Während seine Kollegen im Hotel der Körperpflege nachgingen, machte sich Jörg mit einem Stadtplan auf den Weg, das Eco-Camp zu finden. Im Dunklen suchte er den Weg durch den Wald bis zu mir! Unglaublich, oder? Als wir uns herzlich voneinander verabschieden, frage ich ihn noch: „Warum macht jemand so was?" Und er meint nur: „Ist doch Ehrensache unter Bergsteigern, oder?" Ich liege noch lange wach und denke über viele Dinge nach, es gibt eben immer ein Licht am Ende des Tunnels!

31. Tag:
Kilometer: 23,2
Höhenmeter aufwärts: 890
Höhenmeter abwärts: 1 148
Gehzeit: 5 ½ Stunden
Gesamtdauer: 6 ½ Stunden

Kranjska Gora – Trenta

So schlecht es meiner Psyche gestern Abend ging, so wohl fühle ich mich heute. Es ist der kühlste Morgen bisher auf meinem Trail. Kein Wunder, heute ist bereits der 30. August und selbst hier in südlichen Gefilden lässt zuweilen der Herbst schon grüßen. Kühl, aber schön. So präsentiert sich das Wetter. Das Zelt ist rasch verstaut und der Rucksack schon wieder am Rücken. Die paar Leute, die ebenfalls auf dem „luxuriösen" Camping-platz übernachtet haben, sind alle noch nicht wach. Ich verlasse den Platz ohne Wehmut und bin schon bald wieder im Ort Kranjska Gora. Früh-stück fällt heute aus. Ab jetzt sind auch die Routen wieder auf dem Navi gespeichert. Das gibt eine gewisse Sicherheit. Die allerdings nichts nützt, wenn es nicht funktioniert. Warum es schon wieder „spinnt", kann ich nicht sagen. Das alte Spiel: Batterien raus, rein und so weiter. Aus wel-chen Gründen auch immer, plötzlich geht es wieder ganz normal.

Schon nach kurzem Marsch komme ich an einen magisch schönen Platz, die Seen von Jasna – in der Ferne ist der Triglav zu sehen.

Ich wandere den Bergbach Pisnica entlang, als vor mir ein Wanderer auf-taucht. „Der hat aber auch einen großen Rucksack mit", denke ich und bin sicher, auch er ist auf dem AAT unterwegs. Ich schließe zu ihm auf und erfahre, dass er Franz heißt und ebenfalls den gesamten Trail ma-chen möchte. Er hatte mehrere Schlaganfälle und wandert sozusagen aus Gründen der Selbstbestätigung. Wir unterhalten uns und übersehen da-bei eine „Abzweigung", die über das ausgetrocknete Bachbett führt. Ge-kennzeichnet ist hier nichts, aber ich merke es, als ich einen Blick auf das Navi werfe. Solche Dinge passieren alleine kaum. Da geht man wesent-lich konzentrierter. Trotzdem ist es nett, einmal ein Stück mit jemandem

gemeinsam zu gehen. Alleine war ich in letzter Zeit genug. In der Schutz-
hütte Mihov auf 1085 Metern nehme ich endlich ein Frühstück zu mir.
Franz hat zwar bereits gefrühstückt, aber er begleitet mich trotzdem. Nach
einer kurzen Rast und herrlichem Spiegelei mit Speck geht es über Wiesen
und Wälder bergauf weiter bis zur russischen Kapelle.

Die Straße über den Vrsic-Pass wurde im Ersten Weltkrieg von russischen
Kriegsgefangenen erbaut. Die Kapelle erinnert an eine Tragödie, die sich
dabei zugetragen hat: 1916 ging eine gewaltige Lawine ab und über 200
der Gefangenen und Soldaten wurden getötet.

Franz kann nach einer Weile mein Tempo nicht halten und fällt etwas
zurück. Mir kommt das nicht ganz ungelegen. Ich genieße die Ruhe. Der
Weg quert immer wieder die Straße. Kurz bevor ich am Pass ankomme,
in einer großen Kehre, überrascht mich eine ganze Armee von Steinmännchen und ich kann nicht daran vorbei, ohne selbst eines zu bauen
und schließlich noch ein Foto zu machen.

Nicht weit davon, inmitten einer herrlichen Bergkulisse, gelange ich auf
den Bergpass Vrsic. Er ist der höchstgelegene Straßenpass in den Julischen
Alpen auf 1611 Metern und, wie bereits erwähnt, ein Mekka für Radfahrer. Ein paar junge Radler versuchen auf Englisch, mich zu fragen, ob ich
ein Foto von ihnen machen könnte. Ich antworte auf Deutsch und schon
verstehen wir uns. Im Gegenzug gibt es auch eines von mir. Ich gehe auf
den Aussichtspunkt, der im Trailführer angepriesen wird. Vielleicht fehlt
mir etwas Fantasie, aber ich kann
das „Gesicht der Jungfrau" im Fels
nirgends sehen. Vielleicht gibt es
keine Jungfrau mehr …

Die Aussicht hier oben ist einzigar-
tig schön. Das finde nicht nur ich,
sondern unzählige Touristen sowie
Radfahrer, Wanderer, Bergsteiger.
Es wimmelt nur so vor Leuten. Die
meisten davon sehen mich seltsam
an. Klar, diese zierliche Frau mit
dem riesen Rucksack am Buckel.
Bei einigen kann man das Fragezei-
chen auf der Stirn förmlich sehen.
Mir macht es Spaß, die Blicke zu

erwidern und die Reaktion der Menschen zu beobachten. Viele sprechen mich an, wohin ich gehe und woher ich komme. Immer wieder erzähle ich meinen Weg und die meisten Leute zeigen sich sehr interessiert und sind begeistert. Bestimmt halten mich manche auch für völlig verrückt. Wenn die wüssten, wie schön es sein kann …

Franz schließt wieder zu mir auf. Das Timing ist gut und ich freue mich jetzt wieder, jemanden zum Plaudern zu haben. Wir beschließen, gemeinsam bis zum heutigen Etappenziel, nach Trenta, zu wandern. Es ist nicht gerade eine Weltstadt. Ein paar Häuser, ein kleines Geschäft (da ist so manches Wohnzimmer größer) und eine Pizzeria gleich neben dem Trentahaus – einem Alpenvereinsgebäude. Hier fragen wir nach einer Unterkunft. Zimmer gibt es nicht, aber Appartements. Die werden jedoch aufgrund des Andranges nur an Paare vermietet. Wir beschließen, gemeinsam das Appartement zu beziehen. 20 Euro für jeden pro Nacht. Wir haben echt Glück. Es ist wunderschön eingerichtet und das Beste: Unten eine große Couch, auf der man schlafen kann, und eine Etage höher ein Schlafzimmer. So kann jeder seinen eigenen Platz beziehen, ohne vom anderen gestört zu werden. Franz nimmt die Couch. Der Abend ist milder als der gestrige und es weht ein lauer Wind. Während die Wäsche trocknet, genehmigen wir uns in der Pizzeria Speis und Trank. Dann ziehe ich mich in mein lauschiges Schlafgemach, nutze das freie Internet im Haus und vervollständige meine Notizen.

32. Tag:
Kilometer: 26,3
Höhenmeter aufwärts: 457
Höhenmeter abwärts: 543
Gehzeit: 5 ¾ Stunden
Gesamtdauer: 7 ½ Stunden

Trenta – Bovec

Schon lange hab ich nicht mehr so tief und gut geschlafen wie diese Nacht. Als ich aufstehe und nach unten gehe, um meine Morgentoilette durchzuführen, ist Franz bereits wach und frönt vor dem Haus einer Zigarette. Ich schalte mein Tablet ein und stelle fest, dass das Video von mir, das Upperpixel an unserem Filmtag gemacht hat, nun endlich online und wirklich spitze geworden ist! Stolz versende ich den Link gleich an meinen Schatz und alle, die mir am Herzen liegen, und veröffentliche ihn auf meiner Trail-Facebook-Seite. Ich freue mich sehr darüber. Natürlich zeige ich es auch gleich Franz, der ebenfalls beeindruckt zu sein scheint. Eigentlich wäre ich heute gerne wieder alleine weitergegangen, will ihm das aber nicht sagen. Für Franz ist es offensichtlich ganz selbstverständlich, dass wir auch die heutige Etappe gemeinsam bewältigen. Naja. Heute noch zu zweit, aber dann werde ich mich wieder von meinem Begleiter trennen.

Eigentlich wollte ich mir das Trenta-Museum anschauen. Es befindet sich hier im Haus und bietet Informationen über die hiesige Kultur- und Naturlandschaft sowie das frühere Leben hier im Tal. Doch wie so oft sind wir zu früh dran. Also nichts mit ein bisschen Bildung. Bevor es losgeht, trinken wir noch schnell einen Kaffee in der Pizzeria – Frühstück gibt es leider nicht.

Diese herrliche Gegend liegt inmitten des Triglav-Nationalparks. Wir wandern am Soča-Trail in Richtung Tal. Die Strecke verläuft unglaublich idyllisch durch Wälder und über Wiesen, vor allem aber immer wieder an der smaragdgrünen Soča entlang. Jetzt ärgert es mich fast noch ein wenig mehr, dass ich heute nicht alleine unterwegs bin, denn zu gerne wäre

ich langsamer gegangen, um diese unglaubliche Natur mehr genießen zu können.

Trotzdem bleibe ich immer wieder stehen, mache Fotos. Auf Höhe der Ortschaft Soča mündet die Lepena in die Soča und diese fließt schließlich in die Sočaschlucht. Sie ist 750 Meter lang, an manchen Stellen zehn bis 15 Meter tief und da und dort gerade einmal zwei Meter breit. An dieser Schlucht führt der älteste Wanderweg des Nationalparks etwa 20 Kilometer entlang. Schade, dass es nicht wärmer ist. Nur zu gerne wäre ich hier ins Wasser gesprungen. Als ich schließlich doch ein paar junge Leute im Wasser sehe, überlege ich kurz. Doch der Aufwand ist zu groß, ich müsste mein Badezeug rauskramen, mich irgendwo umziehen, danach warten, bis die Füße wieder ganz trocken sind, und vor allem, ich bin ja nicht alleine unterwegs ...

Über die Schlucht führen immer wieder schwingungsfreudige, hölzerne Hängebrücken. Das Lustige daran ist: Die Brücken werden nicht etwa immer wieder instand gesetzt. Fehlen zu viele Holzplanken, so wird diese gesperrt und die nächste Brücke ein paar Meter weiter errichtet. Einmal machen wir eine kurze Rast bei einem Campingplatz. Die gibt es hier wie Sand am Meer. Meist sehr einfache Plätze, einige verfügen auch über kleine Imbissstuben oder Restaurants.

Auf dem Weg lerne ich noch einige andere nette Leute kennen. Ein Pärchen aus Niederösterreich macht hier Urlaub und will nur den heutigen

Tag auf dem AAT wandern, sowie ein paar junge Leute, die am Straßenrand mit einem alten VW-Bus parken und gerade ein Bier aus der Dose trinken. Sie wundern sich, wohin ich denn mit dem Rucksack unterwegs bin. Ich erzähle meine Geschichte. Sie bieten mir eine warme Dose Bier an, die ich dankend ablehne.

Auch heute stimmen die Kilometerangaben bei Weitem nicht mit denen auf meinem Navi überein. Immerhin um über fünf Kilometer werden es letztendlich mehr – über eine Stunde Gehzeit! Als wir Bovec erreichen, ist das Erste, worauf wir treffen, ein Campingplatz. Das kommt mir gerade recht. Gleich nebenbei ein Restaurant. Hier kehren wir ein. Ich versuche, Franz zu verstehen zu geben, dass ich heute Abend keine Gesellschaft brauche. Wir trinken noch etwas, er verabschiedet sich und macht sich auf die Suche nach einer Unterkunft. Ich suche mir ein Plätzchen auf dem Campingplatz. Er sieht nett und gepflegt aus. Nachdem ich mein Zelt aufgebaut habe, genieße ich eine kalte Dusche (Duschmarken gibt es erst ab 18 Uhr – ich habe keine Lust zu warten). Sogar hier gibt es gratis Internet! Wirklich toll! Ich hätte so modernen Komfort nicht erwartet. Ich kann meine Facebook-Seite wieder auf den aktuellen Stand bringen und meine Notizen vervollständigen.

Nachdem das Frühstück heute ja ausgefallen ist und ich auch tagsüber nichts gegessen habe, knurrt mein Magen. Er will Futter! Vom Restaurant kommen mir die verschiedensten Gerüche entgegen. Da werde ich mir was Feines gönnen. Ich entscheide mich für eine typische Kost aus der Region: Pljeskavica mit Djuwetschreis. Echt lecker.

Mario:
Als meine Frau sich heute bei mir meldete und den Link zum fertigen Film, den die Crew gedreht hat, schickte, war ich unglaublich stolz auf sie! Am liebsten wäre ich jetzt bei ihr gewesen und hätte sie umarmt und beglückwünscht! Sie fehlte mir sehr in diesem Augenblick!

33. Tag:
Kilometer: 28,3
Höhenmeter aufwärts: 842
Höhenmeter abwärts: 803
Gehzeit: 6 Stunden
Gesamtdauer: 7 ¼ Stunden

Bovec – Drežnica

Diese Nacht im Zelt war der Wahnsinn! Zuerst schlief ich früh ein. Kurz vor Mitternacht dann plötzlich totaler Lärm! Natürlich bin ich sofort hellwach. Ich warte eine Weile und nütze diesen Moment, um das stille Örtchen aufzusuchen. Als ich zurückkomme, sehe ich, wer hier so unverschämt laut ist mitten in der Nacht. Es sind Italiener, allerdings nur eine Handvoll. Bevor ich mich wieder ins Zelt zurückziehe, gebe ich ihnen zu verstehen, sie sollten doch etwas leiser sein. Hilft nicht viel. Erst als sich auch das Pärchen aus dem Nebenzelt, das der italienischen Sprache offensichtlich besser mächtig ist als ich, beschwert, kehrt endlich Ruhe ein. Ich bin jetzt allerdings gar nicht mehr müde und es dauert lange, bis ich wieder einschlafen kann.

Das wird auch der Grund dafür sein, dass ich mich am Morgen wie drei Mal vom Autobus überfahren fühle. Umso mehr, als ich feststellen muss, dass es gerade zu regnen beginnt. Wie der Blitz bin ich aus dem Zelt, baue alles ab, packe es ein und keine Minute später fängt es an wie aus Kübeln zu schütten. Neuer Packrekord: 25 Minuten! Schon wieder Regen! Das hebt meine Laune nicht gerade. Missmutig beginne ich die heutige Etappe. Gut für jeden, der nicht an meiner Seite ist – ich bin nicht gerade die lustigste Begleitung an diesem Morgen. Schade. Bovec ist eine sehr moderne, junge Stadt mit vielen Geschäften und Restaurants. Trotz des schlechten Wetters bin ich froh, heute wieder alleine unterwegs zu sein. Das Reden wird nicht zum Muss. Diese Form des Wanderns ist mir lieber, obwohl die Wanderung mit Franz eine nette Abwechslung war.

Der erste Teil der Strecke ist nicht besonders spektakulär, einzig der kleine Virje-Wasserfall, zu dem man ein Stück absteigen muss, ist ein schöner

Anblick. Ich komme an eine Hauptstraße, der ich ein Stück folge. Plötzlich bremst ein Auto vor mir und bleibt am Straßenrand stehen. Schon von Weitem kann ich das niederösterreichische Kennzeichen erkennen. Das Pärchen von gestern. Wir plaudern kurze Zeit und mir wird versichert, das Wetter werde schon bald wieder besser. Der Abschied fällt fast überschwänglich aus und die beiden fahren ihres Weges. Und tatsächlich, es hört zu regnen auf, Dunst liegt in der Luft und die Sonne blinzelt bereits durch die Wolkendecke. Schon nach kurzer Zeit ist es unglaublich schwül und warm. So schnell geht das hier im Süden. Ich komme am höchsten Wasserfall Sloweniens, dem Boka-Wasserfall vorbei, mute mir aber nicht zu, mit meinem Rucksack bis an seinen Fuß zu klettern. Auch von der Ferne ist die Wucht des Wassers dieses majestätischen Falles beeindruckend. Ich jedoch folge dem unwegsamen Wanderweg weiter.

Ich treffe gegen 11 Uhr in einem kleinen Ort ein. Durch Zufall sehe ich eine unscheinbare Wegmarkierung Richtung Soča hinunter, der ich folge. Gut gelaunt, da das Wetter sich gebessert hat, gehe ich dahin. Viele Schmetterlinge gibt es hier und keine Menschenseele ist auf dem Weg. Anfangs wandere ich über Wiesen, dann in den Auen des Flusses. Hier versuche ich, den richtigen Weg zu erkennen. Die Markierung ist wieder einmal ganz einfach nicht vorhanden. So folge ich meinem Navi. An einer Weggabelung weiß ich nicht mehr weiter. Rechts oder links? Links sind mehr Fuß- und Fahrradabdrücke im Boden zu erkennen. Ich entscheide mich für diese Richtung. Das war nicht besonders schlau, wie sich bald herausstellen soll. Irgendwann stehe ich im tiefen weichen Sand an der Soča. Ich kämpfe mich noch ein Stück durch das Gestrüpp in der

Hoffnung, wieder auf einen Weg zu stoßen, doch das Gelände ist kaum mehr begehbar. Allerhand Spuren gibt es auch im Sand – tierischer Art aber ... Ein paar Rafter kommen den Fluss entlang und sehen mich etwas entgeistert an, als ich laut fluchend kehrtmache. Noch einmal erwische ich hier einen falschen Weg. Von Kennzeichnung keine Spur, bis ich endlich zur Srpenica-Brücke gelange. Herrlich ist es hier. Ich nütze eine kurze Rast, um das Treiben der vielen Rafter zu beobachten. Lange halte ich mich aber nicht auf, da noch ein Stück Weg vor mir liegt. Es wird zunehmend wärmer. Eine Gruppe Pfadfinder begegnet mir und sie wollen wissen, woher ich komme. Sie sprechen französisch – dieser Sprache bin ich nicht mächtig und so unterhalten wir uns mehr oder weniger mit Händen und Füßen. Einer der Jungs schenkt mir einen Müsliriegel und ein zweiter einen Apfel. Ich muss ja ziemlich hilfsbedürftig aussehen! Trotzdem freue ich mich über diese nette Geste und habe schon wieder einen Vorwand, eine Pause einzulegen. An einem schönen Plätzchen im Schatten verspeise ich die Geschenke und sehe ein letztes Mal hinunter zur türkisfarbenen Soča.

Ab hier führt der Weg immer leicht bergauf durch den Wald und ist ganz plötzlich ungewohnt gut gekennzeichnet. Zumeist auf größeren Steinen am Boden ist das AAT-Zeichen aufgemalt. Die Farbe ist quasi noch frisch. Auf einmal geht alles ganz schnell: Ich habe den Kopf gerade auf den Boden vor mir gerichtet, als plötzlich ein Mountainbiker mit einem Affenzahn auf mich zurast. Ich habe ihn kaum wahrgenommen, da rette ich mich mit einem Hechtsprung zur Seite und lande mit der Hüfte unsanft auf einem Baumstumpf. Der hätte unmöglich bremsen können bei dieser Geschwindigkeit. Stehen geblieben ist er nicht – einfach weitergerast. Daraufhin bin ich etwas wachsamer, was meine kleine Welt um mich herum betrifft. Nicht auszudenken, wenn er mich erwischt hätte! Nach 28 Kilometern gelange ich in den Ort Drežnica. Dass es hier keinen Campingplatz gibt, ist mir schon klar, als ich ankomme. Wurde nicht geschrieben, dass es zahlreiche Restaurants gibt mit regionaler Küche? Die besten in ganz Slowenien? Ich gehe noch ein Stück weiter und versuche Kobarid zu finden – einen etwas größeren Ort, der laut Trailführer gleich hier irgendwo sein soll. Auch Fehlanzeige. Hinter der schönen Kirche von Drežnica brauen sich bereits riesige Gewitterwolken zusammen. Als ich die Kirche betrete, findet gerade ein Gottesdienst statt. Gespannt lausche ich der fremdländischen Predigt.

Dann mache ich mich erneut auf die Suche nach einem Zimmer. Weit und breit kann ich nur ein Gasthaus entdecken. Das Angebot lautet Abendessen – ein dreigängiges Menü, Frühstück und Zimmer um 40 Euro. Das geht. Ich nehme an und bekomme ein kleines, aber feines Zimmer mit großem Balkon. Sofort packe ich mein Zelt und die Plane aus, in der Hoffnung, es möge alles auf dem Balkon trocknen. Doch schon nach kurzer Zeit beginnt es heftig zu regnen und ein Sturm zieht auf. Jetzt bin ich doch wieder froh, den Gedanken, heute wild zu campen, verworfen zu haben. Ich gehe in die Gaststube. Und wer sitzt da bei einem Bier? Franz. Naja, was soll's! Setze ich mich also an den Nebentisch. Schon ein paar Minuten später betreten ein paar gut gelaunte Männer das Lokal. Aha, Österreicher! Kaum da, fangen wir zu plaudern an. Fragen hier, Fragen dort. Dann kommt das Essen. Die Suppe als Vorspeise. Wow! Also verhungern werde ich hier nicht, das steht fest. Aber was mir jetzt vor das Gesicht gestellt wird, schafft es, mich ganz und gar zu überraschen: Eine große gebratene Forelle mit einer Art Letscho und Kartoffeln vom Feinsten! Und so großartig, wie es ausgesehen hat, hat es auch gemundet. Dann kommt zu allem Überfluss auch noch die Nachspeise, ein Strukelj (Strudel), gefüllt mit Nüssen, Rosinen und Schokolade, eine hiesige Spezialität. Völlig übersättigt werden die Gespräche mit den netten Jungs nebenbei immer intensiver und sie laden mich zu sich an den Tisch ein. Gleich wird eine Karaffe Wein bestellt und wir stellen uns vor. Sie sind aus Oberösterreich, aus Steyr, und gehen ebenfalls einen Teil des Trails. Eine Männerrunde sozusagen. Heimo, Walter, Gerry, Ischi und Michi. Natürlich haben wir uns viel zu erzählen. So erfahre ich auch, dass die fünf Benji kennengelernt haben. Benjamin? Der sollte doch schon weiter sein als ich! Er hat, wie mir gesagt wird, eine „Auszeit" von der Auszeit genommen und ist in der Schlechtwetterphase für ein paar Tage nach Hause gefahren, um dann wieder weiterzugehen. Seltsam. Aber jeder, wie er will … Wir verbringen noch einen feucht-fröhlichen Abend bei gutem Wein und es wird später, als wir eigentlich vorhatten. Dafür schlafe ich dann den Schlaf der Gerechten …

34. Tag:
Kilometer: 27
Höhenmeter aufwärts: 1 002
Höhenmeter abwärts: 1 368
Gehzeit: 6 Stunden
Gesamtdauer: 8 ¼ Stunden

Drežnica – Tolmin

Es mag doch das eine oder andere Gläschen zu viel gewesen sein gestern, denn frisch und munter ist anders. Verschlafen gehe ich zum Frühstück. Sowohl Franz als auch die Steyrer Jungs nächtigen anderswo und so genieße ich die morgendliche Ruhe. Besorgt denke ich über die zunehmenden Schmerzen in meinen Knien, vor allem im rechten, nach. Ich hatte mich doch gut vorbereitet, habe viel trainiert. Gegen Blasen habe ich einen ganzen Sack voller Mittelchen. Ein kleines Döschen hatte ich mir mit Voltaren-Salbe gefüllt und Schmerztabletten habe ich auch mitgenommen. Das muss heute her. Vielleicht wird es besser, wenn ich es gleich radikal bekämpfe. Ich bin früh dran. So schlucke ich gleich einmal zwei Tabletten anstatt einer – soll ja schließlich auch schnell helfen! Dann entblöße ich mein Knie und reibe es gut ein. Man wird sehen ... Ein Pärchen sitzt ebenfalls im Lokal und während sie frühstücken, sehen sie mir wortlos bei meinen Tätigkeiten zu. Es sind zwei Deutsche. Nach einer Weile fragen sie mich, ob ich auch auf dem AAT unterwegs sei und nach dem bisherigen Weg, ob er auch bei mir schlecht gekennzeichnet war. Sie wollen ebenfalls ein Buch über den Trail schreiben, allerdings eine Art Etappenbuch. Wir unterhalten uns kurz, wünschen uns einen guten Weiterweg und dann breche ich auf – früher als üblich. Bin gespannt, ob ich die Herren von gestern Abend noch einmal treffe. Als ich gehe, zeigt die Uhr 7:30.

Das Gewitter gestern Abend hat die Luft wieder gereinigt und am Himmel wechseln sich Wolken und Sonne ab. Mit der großen Hitze ist es schon wieder vorbei und ich überlege kurz, ob ich mir einen Pullover überziehen soll, bin mir aber sicher, dass mir ohnehin bald durch

die Bewegung wärmer wird. Die Tabletten zeigen Wirkung, denn die Schmerzen im Knie sind praktisch nicht mehr vorhanden. Sehr gut.

Der Ort ist wirklich malerisch, wie er so am Fuß des Berges Krn mit 2 245 Meter Höhe im Triglav-Nationalpark liegt. Sehr alte, bäuerliche Häuser stehen neben modernen. Gestern dachte ich noch, ich würde hier am Ende der Welt die Einzige sein, die um ein Zimmer fragt, doch von dem Pärchen erfuhr ich, dass im Sommer kaum eines zu bekommen ist. Die Berge rundum gelten als Eldorado für Paragleiter und es gibt sogar eigene Shuttlebusse hinauf.

Ab jetzt geht es stetig bergauf. Nach einem Waldstück biegt der Weg scharf links ab. Das AAT-Zeichen fällt mir auf. Nach einer Weile gleicht der Weg jedoch eher einem verlassenen Pfad und ich werfe einen Blick auf's Navi. Eh klar. Das Navi folgt einer ganz anderen Richtung. Geradeaus anstatt scharf nach links. Ich bin mir nicht mehr sicher: Habe ich wirklich das AAT-Zeichen gesehen? Oder war es eine andere Wegmarkierung? Meine Konzentration lässt zu wünschen übrig. Es hilft nichts, ich drehe um. Nach einer Viertelstunde bergab komme ich erneut an die Wegkreuzung und erkenne eindeutig das AAT-Zeichen. Es zeigt in die Richtung, aus der ich gerade kam. Also das Ganze von vorne! Mehr als ärgerlich! Doch was soll's. Der Ärger ändert nichts an der Situation und so genieße ich den herrlichen Rückblick auf Drežnica und die umliegende Bergwelt des Triglav-Nationalparks.

Der Weg wird zusehends steiler und ist – unglaublich, aber wahr – als Radweg ausgewiesen! Wer hier fährt, kann mit absoluter Sicherheit nicht rechtzeitig bremsen, und so halte ich Augen und Ohren offen. Schon von Weitem kann ich nach kurzer Zeit die italienische Kapelle „Bes na Planici" erblicken und ... da steht doch jemand oben! Franz! Schon wieder. Nicht, dass ich ihn nicht leiden kann, aber irgendwie ist mir das zu viel des Guten. Wir begrüßen uns und ich überlege hin und her, wie ich es anstellen könnte, am Weiterweg alleine zu sein. Gerade, als ich mich dazu entschließe, schnell weiterzugehen, kommt noch jemand den steilen Weg zur Kapelle in eiligem Schritt gelaufen. Einer der Jungs von gestern. Er ist vorausgegangen und will nun hier auf die anderen warten. Das ist meine Chance und ich packe meinen Rucksack und tue kund, dass ich weitergehe. „Gut", meint Franz, „da geh ich gleich mit dir!" Na super! Auch egal. Dann halt wieder mal zu zweit und ich ärgere mich ein bisschen über mich selbst, dass ich wieder einmal zu feige bin, zu sagen, was ich mir denke.

Flach durch Wälder und über Weiden gelangen wir zu den höchstgelegenen Almen unter dem Krn und wandern hinunter zur Kuhinja-Alm. Hier gibt es eine bewirtschaftete Berghütte. Zum Glück kommt auch die Sonne ein wenig zum Vorschein. Wir genehmigen uns eine Erfrischung und ich kann dem duftenden Apfelkuchen, den die Hüttenwirtin gerade aus dem Ofenrohr nimmt, nicht widerstehen. Hier gibt es auch ein T-Shirt vom Nationalpark. Es gefällt mir auf Anhieb und ein sauberes Oberteil schadet nie. So wechselt es um 12 Euro seinen Besitzer und ich tausche es auch gleich gegen das verschwitzte Leiberl, das ich anhabe, aus. Schon bald sind wir wieder alle zusammen.

Nach kurzer Rast setzen wir unseren Trail fort. Jetzt, wo wir wieder alle vereint sind, macht es richtig Spaß. Es gibt immer wieder etwas zu erzählen und zu plaudern. So kommt es, dass wir uns nicht auf den Weg konzentrieren und eine Abzweigung verpassen. Als der Weg plötzlich endet, werden Handys und Navis gezückt. Ausgerechnet jetzt! Mein Navi spinnt schon wieder! Klar, wenn man es am notwendigsten braucht, funktioniert das Ding nicht! Wütend darüber – es ist ja auch ein klein wenig peinlich – schalte ich es aus und ein und das übliche Prozedere beginnt, während die Herren der Schöpfung darüber diskutieren, wohin und in welche Richtung wir denn nun gehen sollen. Sie entscheiden sich für einen Waldweg, doch auch dieser führt nach kurzer Zeit ins Nichts. So irren wir durch Wald und Gestrüpp, ohne dabei auf einen richtigen Weg zu stoßen. Doch Gott sei Dank war es die Entscheidung der anderen und ich bin nicht alleine in dem unwegsamen Gelände.

Wie üblich entscheidet sich mein Navi nach seiner Auszeit, wieder zu funktionieren, und ich kann den anderen mitteilen, dass wir, dieser Richtung folgend, irgendwann wieder auf den rechten Weg stoßen werden. Gut, der Weg wurde dadurch nicht gerade einfacher, aber dafür ein klein wenig abenteuerlicher und auch wieder lustig. Natürlich fangen wir uns damit ein paar zusätzliche Kilometer ein, doch was macht das schon. Heute bin ich froh, nicht alleine unterwegs zu sein. Nach gefühlten Stunden kommen wir in Tolmin an. Es ist eine nette kleine Stadt in Slowenien, an der Grenze zu Italien mit knapp 3 900 Einwohnern. Hier ist richtig was los. Verkehrsreiche Straßen, große Geschäfte ... Schon seltsam, dass man sich über Derartiges auch einmal freuen kann. Aber Abwechslung macht eben das Leben süß! Wir warten auf der Veranda einer kleinen Bar direkt an der Straße, an der der AAT vorbeigeht, aufeinander. Als alle eintreffen, wird beraten, wie der Tag verlaufen soll. Für mich steht fest: Das Wetter passt und so suche ich mir ein Plätzchen für mich und mein Zelt. Tolmin liegt an der Soča und ich bin sicher, ich werde etwas Geeignetes finden. Die anderen wollen ebenfalls noch ein Stück weiterwandern und sich eine Unterkunft suchen. Wir bleiben noch eine Weile in der Bar, reden über den weiteren Weg und über Gott und die Welt. „Falls du einmal ein Buch über das Ganze schreibst – wir kaufen auf alle Fälle eins!", sagt Walter und die Idee, dies tatsächlich zu tun, wird immer konkreter. Nach einer Stärkung – in meinem Fall zwei Glaserl Rotwein – bin ich die Erste, die diese lustige Runde verlässt. Ich muss mir noch mein „Abendmahl" besorgen und mein „Schlafzimmer" an einem geeigneten Platz aufstellen. Ein Supermarkt ist schnell gefunden und ich nehme mir eine meiner geliebten Thunfischdosen, Wurst, Käse und Brot mit und ein Stück Schokolade. Das sollte für heute mehr als ausreichend sein. Dann mache ich mich auf in Richtung Fluss und folge dabei der Route des nächsten Tages. Schon bald stoße ich auf ein passendes Plätzchen direkt an der Soča. Einiges an Schwemmholz liegt hier herum. Ich versuche, den Platz zu „säubern" und zu ebnen, packe alles aus und stelle das Zelt auf. Es war ein langer Tag und ich bin froh, hier endlich Ruhe

zu haben. Langsam wird es dämmrig. Ich ziehe mich aus und gehe zum Fluss. Hier wird mich wohl keiner sehen ... Gerade, als ich mich waschen möchte, höre ich im nahen Uferwald Stimmen. Verdammt! Das Handtuch um die Hüften geschwungen, laufe ich so schnell wie möglich zurück zum Zelt und erschrecke nicht schlecht, als ich hier schon erwartet werde. Mein Herz pocht wie wild und ich bin überrascht, als zwei Polizisten vor mir stehen. Sie sprechen mich in ihrer Sprache an und ich antworte auf Englisch. Man muss nicht zwingend die gleiche Sprache sprechen, um zu wissen, was das Gegenüber von einem will. Ich verstehe auch so, dass es hier verboten ist zu campen und ich verschwinden muss. So ein Mist! Die beiden Uniformierten sind genauso schnell wieder verschwunden, wie sie gekommen sind. Wie konnten die mich nur entdecken? Egal. Ich packe meine Sachen unkontrolliert zusammen – Hauptsache, es bleibt nichts liegen. Was mache ich jetzt? Soll ich mir auch ein Zimmer suchen? Kommt gar nicht in Frage. Das kann ich meinem Börserl nicht antun. Ich überquere die Soča und wandere weiter auf dem Trail. Inzwischen ist es bereits dunkel geworden. Den Weg kann ich gerade noch erkennen. Wieder gehe ich am Flussufer entlang und stoße auf ein wirklich idyllisches Plätzchen. Gegenüber ist so etwas wie ein Fußballplatz. Die schmale Straße liegt direkt an einer Böschung und diese wiederum an der Soča. Parkbänke sind hier auch aufgestellt und eine kleine Bucht macht das Ganze noch schöner. Hier bleibe ich! Wer soll um diese Zeit noch hierherkommen? Und Fußballspiel wird heute auch keines mehr stattfinden. Passt! Das Zelt wieder raus und im Nu ist es wieder aufgestellt. So, jetzt will ich mich aber in aller Ruhe waschen! Die Bucht lädt richtiggehend dazu ein. Bevor ich ins Wasser steige, sehe ich mich noch einmal um. Keine Menschenseele zu sehen. Gut so. Raus aus den Klamotten und rein ins Wasser. Herrlich erfrischend! Ahh ... Ich ziehe saubere Kleidung an und sitze noch eine Weile am Wasser. Ich bin glücklich und zufrieden und kann den beiden Polizisten nur dankbar sein, denn dieser Platz ist ungleich schöner als der erste.

Als die Luft deutlich abkühlt, ziehe ich mich ins Zelt zurück, esse noch einen Teil meiner Jause und kuschle mich in meinen Schlafsack. Gerade bin ich dabei, ins Land der Träume einzutauchen, als plötzlich oben auf der Straße Autos stehen bleiben. Erst eines, dann noch eines und noch eines. Es werden immer mehr. Schon wieder die Polizei? Ich hoffe nicht. Dann höre ich auch noch lautes Gelächter und Stimmengewirr. Was ist denn da los? Ich bin augenblicklich hellwach, schlüpfe aus dem Schlafsack und aus dem Zelt und gehe die Böschung zur Straße hinauf. Ach herrje! Auf dem – vermeintlich geschlossenen – Fußballplatz findet offensichtlich heute Abend ein Volleyballtournier statt. Alles ist beleuchtet und eine Menge junger Leute tummelt sich am Platz. Noch hat mich niemand gesehen. Ich überlege, was ich jetzt machen soll, und entscheide mich dafür, einfach im Zelt abzuwarten, was passiert. Das Bear Grills Messer, das ich laut meinem Mann unbedingt mitnehmen musste, liegt geöffnet neben mir im Zelt, obwohl ich nicht sicher weiß, was ich damit ausrichten soll, wenn ich hier von mehreren Jugendlichen belästigt oder überfallen werde ...

Unruhig liege ich auf dem Rücken im Zelt und lausche jedem Geräusch. Es dauert eine gefühlte Ewigkeit, bis es langsam leiser wird und die ersten Autos den Platz wieder verlassen. Bis wieder absolute Stille einkehrt, ist es bereits spät in der Nacht. Noch einmal sehe ich draußen nach, ob auch sicher niemand mehr in der Nähe ist. Sieht so aus, als wäre ich endlich alleine. Mit dem Messer neben mir schlafe ich irgendwann ein.

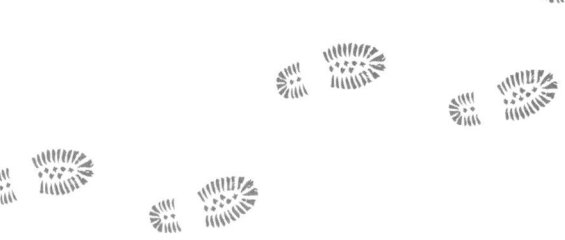

35. Tag:
Kilometer: 38
Höhenmeter aufwärts: 1 980
Höhenmeter abwärts: 1 503
Gehzeit: 9 ¾ Stunden
Gesamtdauer: 11 Stunden

Tolmin – Castelmonte

Schon früh, als die ersten Autos die Straße befahren, werde ich wach. Rasch packe ich all mein Hab und Gut zusammen, das Frühstück fällt, bis auf einen Schokoriegel und ein paar Schluck Wasser, aus. Die frische Morgenluft sorgt dafür, dass ich mich einigermaßen wach fühle. Über mir der Himmel in grenzenlosem Blau und die Sonne scheint bereits auf mich herunter. Ich schütze mich mit Sonnencreme und dem obligatorischen Kopftuch, das ich meist trage, auch, damit mir der Schweiß nicht in die Augen rinnt.

Dass dies heute eine der härtesten Etappen wird, kann ich zu diesem Zeitpunkt noch nicht erahnen. Gleich zu Beginn stimmen Navi und Beschilderung wieder einmal nicht überein. Die gespeicherte Originalroute (ebenfalls im AAT-Führer so eingezeichnet) würde mich eine Hauptstraße entlang führen, ein AAT-Schild zeigt jedoch in eine Nebenstraße – genau diese, an der ich heute Nacht gecampt habe. Ich folge ihm und komme an der ältesten Kirche des Tals, der des heiligen Daniel, vorbei. Hier kann ich an einem Brunnen meine Wasservorräte auffüllen. Ich komme in den kleinen Ort Volče und ab da führt, etwas steiler, der Weg zuerst eine Straße entlang, bevor er durch den Wald weitergeht. Auf der nahen Straße höre ich schon bald ein lautes Maschinengeräusch. Eine Baumaschine? Steil bergauf gehe ich einen Kahlschlag entlang. Ober mir sind die Leitschienen der Straße zu erkennen. Ich bin etwa 50 Meter unterhalb der Straße, als ich erkenne, was den Lärm hervorruft. Es ist eine Mähmaschine, die den Straßenrand hinter den Leitschienen mäht. Genau in diesem Augenblick höre ich an meinem Ohr lautes Pfeifen. Reflexartig ducke ich mich und mit einem lauten Knall schlägt ein Stein direkt neben mir in einen Baum ein. Er hinterlässt dort ein faustgroßes Loch. Mir ist sofort klar, dass es nicht nur ein Schutzengel gewesen sein kann, der jetzt auf mich aufgepasst hat. Hätte der Stein mich getroffen und nicht den Baum, so wäre mein Kopf wie eine Melone zerplatzt. Ich warte, bis sich die Mähmaschine ein Stück entfernt hat und gehe weiter. Die Knie zittern – und das nicht nur wegen des schweren Rucksacks, den ich den Berg hinaufschleppe ...

Ich überquere die Straße und folge einem alten Kriegsweg. Optisch unterscheidet er sich kaum von den Römerstraßen, die ich bisher bereits begangen habe. Große Steine säumen den steilen Weg und es regt doch zum Nachdenken an, wenn man weiß, welch geschichtsträchtigen Berg man besteigt. Hier fanden im ersten Weltkrieg die sogenannten „Isonzo-Schlachten" zwischen Italien und Österreich-Ungarn statt. Zahlreiche hervorragend erhaltene Stellungsgräben sind in einem Freilichtmuseum am Gipfel des Berges zu besichtigen und sogar zu begehen.

Mit viel Interesse lese ich die Informationstafeln und beim Anblick der Bilder und der Erkenntnis, wie viele Menschen hier ihr Leben lassen mussten, wird es mir mulmig zumute. Die herrliche Aussicht nutze ich für eine kurze Rast. Am Gipfel des Na Gradu, auf einem großen Grenzstein, finde ich die Wegmarkierung und die Beschilderung des AATs. Ich mag Slowenien und doch habe ich ein klein wenig das Gefühl, als würde ich „heimkommen", als ich wieder italienischen Boden unter meinen Füßen habe. Der Ausblick hier ist atemberaubend schön und entschädigt für den anstrengenden Aufstieg. Außerdem wimmelt es hier oben geradezu von wunderschönen Schmetterlingen – noch nie habe ich so viele auf einmal gesehen.

Ich genieße noch einmal ganz bewusst die herrliche Aussicht. Der Blick reicht über das Sočatal und die hohen Alpengipfel rund um mich. In der Ferne ist bereits die italienische Küste zu sehen. Ich zwicke meine Augen zusammen zu schmalen Schlitzen und bemühe mich, das Meer zu erkennen, doch der Himmel ist zu trüb. Ich schultere nach etwa einer halben Stunde meinen Rucksack und beginne den Trail Richtung Tribil di Sopra, dem eigentlichen Etappenziel des Tages.

Es geht auf Wiesenwegen, einer Bergstraße und schließlich durch einen Wald abwärts, bis die ersten Häuser zu sehen sind. Auf den ersten Blick macht das kleine Bergdorf einen verwahrlosten und verlassenen Eindruck. Ein Hund bellt irgendwo in einem Hinterhof. Gerade als ich mir denke: „Wo bin ich denn da gelandet?", komme ich an einem alten Haus vorbei, vor dem auf einer Bank eine ältere Frau sitzt. Sie sieht mich und meinen Rucksack und schlägt die Hände über ihrem Kopf zusammen. „Oh madonna mia!!", ruft sie erstaunt aus und geht mir mit ausgestreckten Armen entgegen. Ich lächle ihr zu und bin gespannt, was jetzt passiert. Sie kommt einfach auf mich zu und umarmt mich. Dann nimmt sie meine Hand und zerrt mich zur Bank vor dem Haus, die sie noch schnell von unzähligen Gegenständen befreit. Sie redet ununterbrochen auf mich ein und ich kann ihr mit meinem begrenzten italienischen Wortschatz in keiner Weise folgen. Mit Händen und Füßen erkläre ich, woher ich komme und wohin ich gehe. Als sie hört, ich würde nach Triest gehen, schlägt sie abermals die Hände über ihrem Kopf zusammen und ruft noch einmal laut „Madonna mia, Trieste!" Dann verschwindet sie im Haus. Ich warte und wieder steigt die Spannung, was jetzt wohl kommen wird. Nach etwa fünf Minuten kommt sie wieder heraus, stellt einen Teller Kekse (oder ist es doch ein hart gewordener Kuchen?) auf einen kleinen Gartentisch und geht abermals ins Haus. Kurze Zeit später setzt sie sich mit zwei Tassen frisch aufgebrühtem Espresso neben mich. Wir verstehen uns kaum und doch verstehen wir uns! Ich bin total gerührt. Viele Menschen werden wohl nicht hier vorbeikommen – höchstens Alpe-Adria-Wanderer, so nehme ich an. Schon klar, eine kleine Frau mit diesem großen Rucksack und dann noch dazu alleine, das fällt schon auf. Der Kaffee ist der beste, den ich seit Langem trinke. Die Kekse sind eher ein Kautraining als ein Genuss, aber das ist nebensächlich. Immer wieder umarmt mich die Frau und wünscht mir „Buen Camino", als ich mich wieder auf den Weg mache, mich für alles bedanke und von ihr verabschiede. Was für eine schöne Begegnung! Immer wieder bergauf und bergab folge ich dem Weg bis nach Tribil. Dort sollen einige Agriturismo-Betriebe sein. Ich komme zu einem Gasthaus. Eine Dame mit Zigarette sitzt vor dem Haus und begrüßt mich mit rauer Stimme. Ich grüße sie ebenfalls und frage, ob ich hier etwas zu trinken bekomme. Sie sieht mich an und meint: „Ich spreche gerne deutsch mit ihnen!" Schön. So fällt die Verständigung gleich leichter. Ich bestelle ein großes Mineral mit Zitrone und gleich ein zweites. Es ist erst Mittag. Ich bin wieder einmal zu schnell, trotz der Pause am Kolovrat. Hier steppt bestimmt nicht der Bär und es ist augenblicklich klar, dass ich weitergehe. Beim Studieren des Weges auf meinem Tablet fällt mir sogleich

Castelmonte auf. Eine schöne Burg auf der nächsten Etappe. Ich frage die Wirtin, ob es da eine Schlafmöglichkeit gibt. Sie bejaht. Also marschiere ich weiter. Heute brennt die Sonne wieder gnadenlos auf mich herab und ich beschließe, etwas langsamer zu gehen. Wozu auch die Eile? Aber ich kann nichts dagegen machen, denn immer wieder verfalle ich in meinen Trott, in mein Gehtempo, ob ich will oder nicht. Zuerst führt der Weg immer an Straßen entlang, manchmal durch den Wald. Dann stehe ich wieder vor der Wahl, dem markierten Weg die Straße entlang zu folgen oder dem Weg, der auf dem Navi eingezeichnet ist. Blöderweise entscheide ich mich für die Navi-Version. Der „Weg" ist verwildert und immer mehr gerate ich in Gestrüpp und Dickicht. Auf Bäumen ist von Zeit zu Zeit eine übermalte Markierung in grauer Farbe zu erkennen. Es dürfte sich hier also um einen aufgelassenen, alten Weg handeln. Ich kämpfe mich diesem entlang – einige Male auch steil bergauf –, bis ich zu einer Lichtung komme. Laut Navi muss die Straße ganz nahe sein. Über eine Wiese und eine ebenso steile Böschung gelange ich nach einer gefühlten Ewigkeit endlich wieder auf sie. Ich habe einen ganz schönen Umweg hinter mir, und das noch dazu durch kaum begehbares Gelände.

Wütend, stinksauer, ausgelaugt und mittlerweile auch hungrig gehe ich weiter und beschließe, bei erstbester Gelegenheit ein Quartier aufzusuchen. Ich bin, wie es scheint, der einzige Mensch, der heute hier herumspaziert. Weit und breit keine Menschenseele zu sehen. Nicht einmal ein Auto fährt hier. Alles wie ausgestorben. Da vernehme ich plötzlich Kinderlachen. Ein Rifugio! Nach meinen tollen Erfahrungen mit den italienischen Hütten versuche ich hier gleich mein Glück. Zwei Kinder laufen mir freudestrahlend entgegen. Beide haben einen Hundewelpen auf dem Arm. Das Mädchen drückt mir den kleinen süßen Vierbeiner in die Arme. Ich muss ihn natürlich streicheln und knuddeln. Mit Gejohle und Gebrüll laufen sie vor mir her zum Haus, hüpfen und springen. Dieser unbeschwerte Anblick der beiden Kinder lässt meinen Ärger vergessen und ich bin augenblicklich aufgeheitert. Eine Frau begrüßt mich. Ich frage nach einer Schlafgelegenheit. Die kann sie mir nicht bieten, nur etwas zu trinken. Schade, denn hier ist es wirklich sehr schön und ich wäre gerne geblieben. Ich spiele noch kurz mit den Kindern und den insgesamt fünf Hunden, ehe ich mich wieder auf den Weg mache.

Es ist bereits halb vier und ich habe noch keine Ahnung, wo ich heute schlafen werde. Noch einige anstrengende Steigungen erwarten mich, so zum Beispiel jene über den Monte San Giovanni. Meine Beine sind bereits wie Blei und ich bin ziemlich erschöpft. Die Hitze tut ihr Übriges und der Hunger quält mich. Die Jause, die ich heute mithatte, habe ich zu Mittag gegessen – ein Stück Wurst, Käse und trockenes Brot. Nicht besonders viel, wenn man bedenkt, wie viele Kalorien ich wohl heute bereits verbraucht habe. Als ich endlich von Weitem die schöne, mittelalterliche Stadt Castelmonte erblicke, bin ich erleichtert. Zu hoffen bleibt nur, dass ich einen Schlafplatz bekomme, denn heute noch das Zelt auszupacken, freut mich ganz und gar nicht.

Sofort bin ich hingerissen von der Schönheit des Ortes mit der großen Kirche und einem Kloster. Etwas Beruhigendes geht von hier aus. Zwischen den alten Gemäuern erblicke ich die Casa del Pellegrino. Eine Pension mitten auf der Festung. Die gute Nachricht: Es ist ein Zimmer frei! Die schlechte Nachricht: Essen gibt es unter der Festung in einem Restaurant erst um 19 Uhr. Egal. Ich muss ohnehin erst auspacken, Wäsche waschen, duschen ... Das braucht seine Zeit. Als ich das Zimmer betrete, bin ich überwältigt! Heute bin ich Burgfräulein für eine Nacht! Das Essen ist im Übernachtungspreis inbegriffen und für meinen

Bärenhunger nicht gerade üppig. Aber zumindest hat mein Magen mal etwas zu tun. Am Abend betrete ich die Kirche und bestaune die verehrte Muttergottesstatue aus Kalkstein, die angeblich Wunder bewirken kann. Hunderte Pilger haben kleine Bilder in der Kirche gelassen. Ein ganz spezieller Ort! Dann setze ich mich auf die alte Festungsmauer und genieße den herrlichen Anblick mit der tief stehenden Sonne. Ein unglaublich langer Tag geht zu Ende und ich werde von vielen Gefühlen übermannt. Zurück in meinem Burgfräuleinzimmer, erfreue ich mich noch an der atemberaubenden Abendstimmung und gehe zu Bett.

36. Tag:
Kilometer: 24,7
Höhenmeter aufwärts: 570
Höhenmeter abwärts: 690
Gehzeit: 5 ½ Stunden
Gesamtdauer: 9 ½ Stunden

Castelmonte – St. Andreas in Golo Brdo

Wenn man am Morgen die Augen öffnet, tut es gut zu wissen, dass die Etappe an diesem Tag nicht so lange und so anstrengend sein wird wie die des Vortags. In der Casa del Pellegrino nehme ich mein Frühstück zu mir. Viel hartes Brot, Marmelade und Honig. Italienisch eben.
Der Weg nach unten ist so gut wie gar nicht gekennzeichnet und immer wieder schickt mich das Navi auf falsche Fährten durch die vielen Wälder und kleinen Straßen. So entscheide ich mich nach einiger Zeit und etwa der Hälfte des Abstiegs, die Hauptstraße entlangzugehen. Zwar wird diese von einigen Autos befahren, dafür entschädigt aber die Aussicht auf die italienische Ebene. Wer hier überleben will, der sollte sich tatsächlich an den äußersten Straßenrand begeben, denn italienische Autofahrer kümmern sich nicht um einen Wanderer. So freundlich sie auch sonst sein mögen – die Straße gehört ihnen und nicht nur einmal hätte mich fast ein Autofahrer überfahren, wäre ich nicht noch schnell ausgewichen. Andere Länder, andere Sitten ...
Schon von hoch oben kann ich Cividale del Friuli erkennen. Franz, mit dem ich ein paar Tage gewandert bin, hat angekündigt, dass dies eine sehr schöne Stadt sein soll und er hier einen Ruhetag einlegen wird. Nach Ruhetag ist mir zwar auch zumute, denn die Schmerzen in den Knien nehmen bedenklich zu, aber bestimmt nicht in einer Stadt. Trotzdem freue ich mich auf die Begegnung mit vielen Menschen und auf italienisches Flair.
Als ich endlich auf ebeneres Gelände komme und den Berg hinter mir lasse, wechselt schlagartig die Vegetation. Zum ersten Mal auf meinem Weg säumen Olivenhaine und Palmen den Weg! Da lacht das Herz! Die

Sonne brennt vom blauen Himmel, der heute noch viel blauer scheint. Ich lebe richtiggehend auf und bin unglaublich gut gelaunt. Die Stadt ist wunderschön. Über die „Ponte del Diavolo", die Teufelsbrücke, gelange ich in die historische Altstadt.

Es ist 11 Uhr am Vormittag. Da und dort spielen vergnügt Kinder auf den Plätzen. Menschen sitzen in den Kaffees und unterhalten sich angeregt. Ich setze mich auf eine Parkbank, montiere Gonzo ab und hole das Tablet heraus. Gegenüber zeigt eine Leuchttafel die aktuelle Temperatur an: 29,4 Grad Celsius! Ich rufe Mario an und es ist mir egal, was auch immer es kostet. Ich will ihn jetzt hören und meine Gefühle mit ihm teilen. Diesen Moment in Worte zu fassen ist nicht einfach, trotzdem versuche ich ihm zu übermitteln, wie schön es hier ist. Wir plaudern eine Zeit lang und es tut gut, ihn zu hören. Als er auflegt, fühle ich mich plötzlich unglaublich einsam.

Noch eine Weile bleibe ich auf der Parkbank sitzen und beobachte das Treiben um mich herum. Dann mache ich mich auf zum Dom, den ich mir ansehe. Was für ein beeindruckendes Gotteshaus! Trotz vieler Leute herrscht absolute Stille. Beim Hinaustreten trifft mich die Hitze mit voller Wucht. Mittagszeit. Ich überlege, ob ich hier etwas essen soll, und schlendere noch eine Weile durch die Stadt. Hier eine Pizzeria, da eine Trattoria ... Ich vertraue wieder einmal meinem Bauchgefühl und beschließe weiterzuwandern. Es wird sich schon noch etwas ergeben. Ich gehe in Richtung slowenischer Grenze. Dabei durchwandere ich unzählige Weingärten. Etwa eine halbe Stunde bin ich unterwegs. Es ist nach Mittag, als ein paar Häuser an der wenig befahrenen Straße auftauchen. An der rechten Straßenseite eine Art Buschenschenke. Vor der schattigen Terrasse sitzen Einheimische und alle Augen sind wieder einmal auf mich gerichtet, als ich mir einen Tisch aussuche und mich setze. Ich werde von den Leuten herzlich gegrüßt. Eine korpulente Dame erhebt sich und fragt mich, was ich haben möchte. Ich bestelle ein Glas Weißwein, Wasser und frage, ob ich hier etwas zu essen bekommen kann. „Si, si!", meint die Dame und verschwindet. Ein Auto fährt in die staubige Zufahrt. Dass so viele Menschen in einem Auto Platz haben, ist interessant. Eine ganze Familie steigt aus. Oma, Opa, Mamma, Papa und Kinder. Sie setzen sich lautstark an den Nebentisch. Es macht mir nichts aus. Ich genieße es, hier bei den Menschen im Schatten zu sitzen. Die Kellnerin bringt den Wein, eine herrliche Platte mit Schinken und Käse und einen Korb mit duftendem, frisch gebackenem Brot.

Mit dem Selbstauslöser versuche ich ein Foto von mir vom gegenüberliegenden Tisch aus zu schießen. Einer der großen Familie kommt zu mir herüber, nimmt meine Kamera und macht ein paar Fotos. Er bittet mich, auch ihn und seine Familie mit seiner Kamera zu fotografieren. Klar, kein Problem. Dann reden wir noch mit Händen und Füßen darüber, woher ich komme und wohin ich gehe. Er übersetzt immer wieder alles den anderen und sie hören gespannt zu. Ich bestelle noch ein Glas Wein und bin froh, hier zu sein. Schließlich erhebt sich die Familie am Nebentisch und macht sich zum Auto auf. Der Herr, der zuvor mit mir gesprochen hat, kommt noch einmal auf mich zu, schüttelt meine Hand und wünscht mir noch auf Italienisch einen guten Weiterweg. Ich bedanke mich. Sie zwängen sich alle wieder in das Auto. Er winkt noch einmal in meine Richtung und ich winke zurück. „Wie freundlich sind die denn?!", denke ich mir und deute der korpulenten Kellnerin an, dass ich bezahlen möchte. Sie kommt und meint nur: „No, no, alles schon bezahlt!" und deutet dem davonfahrenden Auto hinterher. Ich kann es gar nicht glauben! Ich nippe an meinem Glas und muss vor Rührung die Tränen zurückhalten. Vielleicht sollten wir alle mehr aufeinander zugehen. Die Welt wäre schöner und bestimmt friedlicher. Davon bin ich überzeugt.

Wie auf Watte verlasse ich diesen schönen Rastplatz. Es mag an der Mischung aus Wein und Hitze liegen, aber mit Sicherheit auch an diesem unbeschreiblich schönen Glücksgefühl, das mir der Mann beschert hat.

Wieder bin ich umgeben von Wein, Wein und nochmals Wein. Die Trauben hängen dick und fett von den Reben und ich kann nicht widerstehen. Immer wieder pflücke ich eine ab und genieße die zuckersüßen Früchte.

Ich wandere weiter durch die hügelige Landschaft. Ein Auto fährt an mir vorbei, wird langsamer und bleibt schließlich stehen. Die Insassen fragen mich, ob ich mitfahren will. Ich bedanke mich und winke ab. Eine halbe Stunde später komme ich an einem kleinen Lokal inmitten der Weinberge, direkt an der Straße vorbei. Da sitzen die beiden von vorhin und wollen mich jetzt auf ein Getränk einladen. Doch mir

ist nicht nach Pause zumute. Immerhin möchte ich heute noch einen Schlafplatz finden und bin schon wieder wesentlich länger unterwegs, als ich eigentlich vorgehabt hatte. Diese Etappe sollte ja ursprünglich eine kürzere werden, doch es sieht nicht danach aus. Durch einen schönen, hohen Eichen- und Kastanienwald gelange ich in die „Stadt des Weines". Doch die im Trailbuch angegebenen Agriturismo-Betriebe haben alle geschlossen oder sehen zumindest so aus. Das alles wirkt auf mich verlassen und trostlos. Da und dort bellt ein Hund. Keine Menschenseele zu sehen. Eine Bleibe finde ich hier nicht. So überschreite ich die Grenze zu Slowenien und hoffe, hier zum angegebenen „Heurigen" mit

Schlafmöglichkeit zu gelangen. Und tatsächlich: Nach einer kurzen Steigung tauchen wie aus dem Nichts vor mir ein paar Häuser auf. Ich bin jetzt in Golo Brdo/Breg. Dies sollte das Ende der heutigen Etappe sein. Eine Frau sitzt in einer Laube vor einem Haus mit einem Bettenschild und entkernt erntefrische Pfirsiche. Ich frage sie nach einem Zimmer. Der Trailführer verspricht hier eine Bleibe und Abendessen. Sie versteht offensichtlich kein Deutsch. Ich versuche es in englischer Sprache, doch sie versteht mich auch jetzt nicht, steht auf und geht. Einige Minuten später kehrt sie mit einer etwas jüngeren Frau zurück. Diese spricht ein paar Wörter meiner Sprache. Ich frage sie nach einer Schlafgelegenheit. Sie legt den Kopf etwas schief, mustert mich und ich kann förmlich die Eurozeichen in ihren Augen aufblitzen sehen ... So erklärt sie mir in gebrochenem Deutsch, dass das Zimmer etwa zehn Minuten entfernt sei und 45 Euro kostet. Zu essen gäbe es hier nichts. Getränke könne ich bei ihr kaufen. Ich sage ihr, dass mir das zu teuer ist. Die alte Dame unter der Laube sieht mich etwas mitleidig an, schenkt mir noch zwei Pfirsiche und ich ziehe enttäuscht von dannen. Eigentlich freut es mich gar nicht mehr weiterzugehen. Noch dazu, wo ich weiß, dass jetzt eine Steigung vor mir liegt und ich über einen kleinen Berg weiterwandern muss. Trotzdem schultere ich Gonzo und setze den Weg fort. Mein Bauchgefühl sagt mir, dass das alles so sein soll und seinen Sinn haben wird ... Ich hatte heute so viele schöne Momente, da wird bestimmt noch etwas Gutes kommen. Nach etwa 200 Höhenmetern auf einem steinigen, teils steilen Waldweg gelange ich in ein kleines Dorf. Ich habe keine Ahnung, wohin mich der Weg noch führt und meine Wasservorräte sind verbraucht. Bei einem Bauernhof sitzt eine alte Frau und schält Kartoffeln. Ich frage sie um Wasser. Natürlich versteht sie mich nicht, aber ich zeige ihr meine leeren Flaschen und sie mir den Wasserhahn. Ich fülle die Flaschen. Sie will mir ein paar Kartoffeln mitgeben. Ich lehne dankend ab. Wüsste nicht so recht, was ich mit rohen Kartoffeln anfangen sollte, freue mich wieder einmal über die unglaubliche Gastfreundschaft, die mir immer wieder entgegengebracht wird. Noch einmal führt mich die Straße bergauf. Dann sehe ich ihn: meinen Schlafplatz! Vor mir, ganz oben auf der Anhöhe, eine wunderschöne kleine Kapelle. Vorbei an einem Sonnenblumenfeld erreiche ich sie. Der Ausblick ist unglaublich und die Häuser sind in einiger Entfernung, so dass ich hier ungestört mein Zelt aufbauen kann. Ich schätze ab, wo denn der geeignetste Platz dafür ist und beginne die letzte Arbeit an diesem Tag. Als ich fertig bin, genieße ich erst einmal die herrliche Aussicht und sehe mir die kleine Kirche an. Leider ist sie verschlossen. Mit ein paar Händen voll aus einer meiner Wasserflaschen wasche ich mich notdürftig. Das Abendessen wird heute etwas spärlich ausfallen: zwei Pfirsiche und ein Müsliriegel. Nicht gerade üppig, aber was soll's. Ich setze mich an den Eingang der Kapelle mit meinem üppigen Menü und genieße die Ruhe, als sich Besuch ankündigt.

Eine alte Frau kommt den Weg entlang mit zwei kleinen Hunden. Sie überschüttet mich mit Slowenisch. Schließlich klopft sie mir auf die Schulter, umarmt mich und verschwindet wieder. Ich weiß nicht so recht, wie mir geschieht, setze mich wieder auf den Platz am Eingang zur Kapelle und beginne mit den Notizen für diesen unglaublich tollen Tag. Doch dann kehrt die Frau zurück. In der Hand ein Fladenbrot. Es ist hart, schmeckt aber unglaublich gut. Sie sieht mir ein paar Minuten zu, wie ich es esse, packt dann ihre Hunde, geht den Weg hinunter und kehrt nicht wieder. Ich genieße den Sonnenuntergang und lasse alles auf mich wirken. Noch eine Zeit lang liege ich wach in meinem Zelt und sinniere über Gott und die Welt, bis ich einschlafe.

37. Tag:
Kilometer: 25,3
Höhenmeter aufwärts: 565
Höhenmeter abwärts: 678
Gehzeit: 5 ¾ Stunden
Gesamtdauer: 8 ¼ Stunden

St. Andreas in Golo Brdo – Šmartno

Schon früh werde ich wach. Mein Magen knurrt. Gestern hab ich mir den Müsliriegel aufgespart, da ich ja das Fladenbrot bekommen habe. Kaiserfrühstück ist das keines, aber besser als nichts. So esse ich erst mit Genuss den Riegel in der wärmenden Morgensonne, ehe ich alles zusammenpacke und losmarschiere.

Jetzt geht es erst einmal nur bergab. Wieder begleiten mich Weingärten und Weinbauern. Ich komme an eine Asphaltstraße. Drei ältere Herrschaften, ein Mann und zwei Frauen, stehen bei einem geparkten Mercedes in einer Ausweiche. Die ersten Menschen, die mir am heutigen Morgen begegnen. Eine der Frauen spricht mich an – vorerst auf Slowenisch. Als ich ihr erklären will, dass ich dieser Sprache nicht mächtig bin, fragt sie mich in makellosem Deutsch, woher ich komme. Überrascht antworte ich ihr. Ungläubig und erstaunt übersetzt sie meine Geschichte ihrem Mann und ihrer Freundin. Sie fragt mich, ob sie mich ein Stück begleiten dürfen, um noch ein wenig mit mir reden zu können. Klar! Ich freue mich darüber, dass sie so großes Interesse zeigen. Die sehr gepflegte Dame lädt mich zur Mittagszeit zum Essen ein. Ich bedanke mich herzlich, gebe aber zu verstehen, dass ich weitergehen müsse. Sie meint daraufhin, sie seien die Familie Augustin und hier in der ganzen Gegend gut bekannt. Sollte ich auf meinem Weg irgendetwas benötigen oder mir etwas fehlen, so bräuchte ich mich nur nach ihnen erkundigen. Ich könne mich jederzeit an sie wenden. Schon wieder so nette Menschen! Kaum zu glauben! Ich verabschiede mich von ihnen und sie wünschen mir alles Gute. Lange Zeit gehe ich sozusagen durch's Nichts. Keine Häuser, kaum wo ein Auto. Zwischen den vielen Obstbäumen säumen Kakteen

und Esskastanien den Weg. Ich nasche Äpfel, Zwetschken, Birnen, Feigen und Trauben, bis ich kein Obst mehr sehen kann. Auf einem staubigen Feldweg kommt mir eine Katze entgegen. Sie schmeichelt um meine Beine und begleitet mich gut eine halbe Stunde, bis ich sie verscheuche. Dann gelange ich an eine Straße. Ich setze mich auf eine Bank neben einem Brunnen und lege eine Rast ein. Auf dem Tablet erkunde ich meinen Weiterweg. Der Hunger bringt mich dazu, meine Pause zu beenden und meinen Weg fortzusetzen. Auch heute ist es unglaublich heiß und dazu kommt noch eine große Schwüle. Total verschwitzt und ausgehungert komme ich nach mehrmaligem Auf und Ab endlich am Schloss Dobrovo an. Ich sehe mich nach einem geeigneten Zeltplatz um, doch weit und breit nichts. Auch keine Herberge und das Schloss leiste ich mir nicht – ich weiß nicht einmal, ob man hier überhaupt nächtigen kann. Aber eines weiß ich: Essen kann man hier! Ich setze mich auf die schattige Terrasse des Schlossrestaurants. Obwohl ich bestimmt keinen recht gepflegten Eindruck mache, ist die Kellnerin sehr freundlich und berät mich über die Gerichte des Tages. Noch nie habe ich einen Teller Nudeln so sehr genossen! Mmmmhhh ...! Einen Krug Wasser und ein Glas Wein dazu – einfach perfekt! Eilig habe ich es nicht. Ich sitze länger als gedacht und genieße es so richtig. Danach sehe ich mir noch eine Ausstellung im zweiten Stock des Schlosses an. Es stammt aus dem 16. Jahrhundert und gehört der Familie Baguer.

Šmartno, ein mittelalterliches Dorf auf einer Anhöhe, ist bereits von Dobrovo aus zu sehen und mein nächstes Ziel. Vielleicht finde ich hier einen Platz zum Schlafen. Von dem Ort bin ich vom ersten Augenblick an begeistert. Lieblich liegt er mitten im Grünen und wird malerisch von einer alten Stadtmauer umgeben. Fünf alte Türme sind noch im Originalzustand und das Kernstück der Ansiedlung neben der schönen Kirche St. Martin. Die Häuser aus dem Mittelalter werden nach und nach mit viel Liebe sorgsam restauriert. Unzählige kleine Gässchen machen diesen

Ort zu einem romantischen Schmuckstück. Ich suche das im Trailführer angegebene Haus Marica auf. Es ist ein schönes kleines Hotel in einer der idyllischen Gassen samt Restaurant. Leider kommt für mich die Übernachtung um 51 Euro nicht in Frage. Ich bestelle Wasser und Wein und frage den freundlichen Kellner, ob er nicht eine etwas günstigere Bleibe weiß. Da macht sich dieser tatsächlich sofort auf die Suche und telefoniert herum. Er wird fündig und bietet mir eine Unterkunft um 35 Euro samt Frühstück an. Sie liegt etwa eine halbe Stunde entfernt, unweit des Aussichtsturmes Gonjace, den ich mir ohnehin ansehen wollte. Das trifft sich gut. Ich bedanke mich herzlich bei ihm für seine Bemühungen. Eine Familie setzt sich zu mir in den kleinen Gastgarten. Sie sprechen nicht nur deutsch, sondern sogar österreichischen Dialekt. Ich höre genau hin, um herauszufinden, woher sie sein könnten. Nach kurzer Zeit spreche ich sie an. Sie sind aus Hallein, nicht weit von meinem Zuhause entfernt. Wir plaudern eine Weile miteinander. Tut richtig gut, wieder einmal mit „Meinesgleichen" reden zu können. Schließlich mache ich mich auf nach Gonjače.

Schon nach kurzer Zeit kann ich den mächtigen Turm sehen und als ich dort ankomme, werde ich gleich noch einmal positiv überrascht: Meine Herberge befindet sich genau daneben! Perfekt. Der schön gestaltete Heurige hat zwar geschlossen, aber ein Zimmer bekomme ich trotzdem. Die Hausherrin spricht weder Deutsch noch Englisch, doch ihr Sohn kann sich mit mir etwas auf Englisch verständigen. Essen gibt es keines, meint sie zuerst und jagt mir damit einen gehörigen Schrecken ein, denn der gestrige „Fasttag" hat mir nicht gerade gutgetan und ich habe schon wieder Hunger. Aber sie könne mir ein Speck- und Käseteller richten. Das passt gut. Ich esse alles!

Zuvor gehe ich jedoch ausgiebig in dem sehr schönen, geräumigen Zimmer duschen. Ich schrubbe und schrubbe und immer wieder lasse ich die Seife über meinen Körper gleiten. Es tut richtig gut, sich sauber waschen zu können. Dann nichts wie raus und rauf auf den mächtigen Aussichtsturm. Als ich die 144 Stufen und die 23 Höhenmeter erklommen habe, kann ich den herrlichen Blick kaum fassen. In der Ferne ist bereits die Adria zu erkennen, was mir Tränen in die Augen treibt. Die Sehnsucht wird größer. Die Sehnsucht nach dem Ziel, die Sehnsucht nach meinem Mann, meiner Familie, meinem Zuhause ... Ich kann nicht sagen, wie lange ich auf dem Turm stehe.

Als ich zur Herberge zurückkehre und im schönen Gastgarten, den ich heute für mich ganz alleine habe, sitze, kommt auch schon die Wirtin auf mich zu und bringt das Essen. Von einem Speck- und Käseteller sprach sie? Das ist kein Teller, das ist eine Megaplatte! Dazu spendiert sie einen halben Liter hausgemachten Rotwein sowie Tomaten, Gurken und Paprika frisch aus dem Garten, eingelegte Oliven und Gewürze der Region! Wow! Damit hatte ich nicht gerechnet. Das Abendessen ist im Preis nicht inbegriffen und ich bin gespannt, was dieses königliche Mahl kosten wird. Vorerst ist mir das allerdings völlig egal. Umzingelt von den bettelnden Hauskatzen, genieße ich jeden Bissen. Der Wein ist hervorragend und die weite Aussicht von der Terrasse aus herrlich.

Unglaublich dankbar, dass ich wieder einen so schönen Tag erleben durfte, lege ich mich früh am Abend in mein Bett. Ich telefoniere noch mit Mario und rufe die Kinder an. Wie schön es doch ist! Wie gut ich mich fühle. An die Arbeit denke ich nur noch sporadisch. Ich habe gelernt, mich fallen zu lassen, mich zu entspannen und zu genießen. Die Gedanken schweifen zu lassen. Es tut so unglaublich gut und ich schlafe an diesem Abend mit positivem Gefühl ein.

38. Tag:
Kilometer: 22,4
Höhenmeter aufwärts: 350
Höhenmeter abwärts: 543
Gehzeit: 4 ½ Stunden
Gesamtdauer: 4 ¾ Stunden

Šmartno – Subida

Ich wache spät auf. Offensichtlich habe ich Schlaf nachzuholen. Es spielt keine Rolle. Ich gehe, soweit ich will und kann, und habe heute nicht vor, eine Rekordstrecke zu absolvieren. Noch einmal stelle ich mich unter die wohltuende Dusche. Gepackt ist in wenigen Minuten und mit wenigen Handgriffen. Dies alles ist mittlerweile reine Routine. Dann gehe ich zum Frühstück. Da ich der einzige Gast im Haus bin, ist es nicht schwer, meinen Platz ausfindig zu machen, obwohl ich zuerst daran zweifle, dass es tatsächlich der meine ist. Ein mittelgroßer Tisch quillt beinahe über vor lauter leckeren Speisen. Die Hausherrin kommt und begrüßt mich. Ihr Sohn fragt mich, ob ich Eierspeise möchte. Klar. So etwas bekomme ich nicht alle Tage. Schon nach kurzer Zeit kommt er zurück und bringt einen prall gefüllten Teller mit Rührei und Speck. Dazu gibt es frische Pfefferoni, Tomaten, Gurken, Oliven ... Einen ganzen Teller mit verschiedenen Käsesorten und Wurst. Natürlich fehlen auch Marmeladen und Honig nicht. Unglaublich. Wer soll das denn alles essen? Ich frage, ob ich mir ein Brot mitnehmen darf. Daraufhin bringt der Junge Alufolie (gleich mal einen halben Meter). Wie gesagt: Sehr gastfreundlich hier! Schließlich bitte ich um die Rechnung. Ich bin gespannt, was es ausmacht. Das Frühstück sollte ja im Preis inbegriffen sein. Mir wird für das Abendessen von gestern ganze vier Euro (!) berechnet. Alles zusammen also 39 Euro. Ich bin sprachlos. Als ich das Haus verlasse, drehe ich mich um und bewundere noch einmal den schönen Gastgarten.
Vorerst wandere ich auf demselben Weg, auf dem ich gekommen bin, wieder zurück nach Šmartno. Nach der schönen kleinen Stadt komme ich an eine Abzweigung. Eine große, hölzerne Alpe-Adria-Tafel zeigt

190

nach links, in Richtung einer Asphaltstraße. Der Weg auf meinem Navi geht allerdings einen Feldweg geradeaus. Ich entscheide mich für das Navi, da mir der Weg nach links als ziemlicher Umweg erscheint und noch dazu die Straße gerade eine Baustelle und eigentlich gesperrt ist. Zuerst passt alles. Wieder einmal vorbei an vielen Weingärten und fleißigen Erntehelfern. Alle grüßen freundlich und manche sehen mich ungläubig an. Schon am Morgen ist es auch heute wieder heiß und schwül. Mir fällt auf, dass es hier offensichtlich kaum Stechmücken gibt – oder sie meiden mich aufgrund meines Geruchs schon? Der Weg, auf dem ich wandere, wird nach einiger Zeit schmäler und schmäler. Zuerst nehme ich es kaum wahr. Gedankenverloren gehe ich dahin, bis er in hohem Gras und Dornengebüsch endet. Was tun? Ich bleibe stehen und studiere mein Navi. Doch das zeigt genau den vor mir liegenden Weg an. Alles wieder zurück oder durch das Dickicht? Wie soll ich mich entscheiden? Zum Umkehren habe ich absolut keine Lust und ich entscheide mich für den Kampf durch's Gestrüpp. Das nasse Gras reicht mir bis zu den Knien und Dornen kratzen mich an den Beinen. Nach etwa zehn Minuten komme ich endlich wieder auf einen begehbaren Weg und das Erste, was mir hier in die Augen sieht, ist ein zähnefletschender, knurrender Dobermann. Wie angewurzelt bleibe ich stehen. Ich weiß momentan nicht so recht, wie ich reagieren soll. Genau vor solchen Situationen habe ich mich immer gefürchtet. Ich sehe nach links. Dort mäht ein Mann mit einer Handmotorsäge einen Hang ab. Er trägt einen Helm und einen Gehörschutz. Der Hund steht noch immer vor mir, bellt und knurrt. Ich sehe ihn an und nehme all meinen Mut zusammen. Dann schreie ich ihn, so laut ich kann, an. Der Hund stutzt kurz, fängt jedoch gleich wieder mit dem Gebell an. Zum Glück ist nun auch sein Herrchen auf mich aufmerksam geworden. Er ruft seinen Bluthund zu sich, der erst im zweiten Anlauf von mir lässt und dem Rufen seines Meisters Folge leistet. Puhh ... Der hat mir einen ordentlichen Schrecken eingejagt. Als ich endlich wieder auf eine Straße komme, zeigt das Navi wieder eine entgegengesetzte Richtung an. Dieses Mal gehe ich allerdings den beschriebenen Weg entlang der Straße. Heute freut es mich nicht besonders und wenn man sich dann dauernd fragen muss, ob der Weg denn auch stimmt und im Dickicht hängen bleibt oder an eine Sackgasse kommt, ist das besonders ärgerlich.

Irgendwann erreiche ich schließlich das malerische Weindorf Medana. Hier gibt es ein kleines Geschäft und ich gönne mir Schokolade und Cola. Seltsam, welche Gelüste der Körper entwickelt. Bald danach komme ich an die Grenze zu Italien. Hier führt mich mein Weg zum Bosco di Plessiva, einem Naturpark. Auf dem groß angelegten Spielplatz mache ich halt und tobe mich ein wenig aus. In der Toilette gibt es eine großzügige Waschgelegenheit, die ich nütze. Kurz überlege ich, ob ich hier nicht bleiben und mein Zelt aufschlagen sollte, doch als ich auf eine Tafel stoße, verwerfe ich diesen Gedanken schnell wieder: Vorsicht vor den Schlangen!

Ich gehe also weiter in den Park, der sich auf einen kleinen Berg hinauf erstreckt. Immer wieder versuche ich die roten Markierungen, die es hier irgendwo geben soll, zu entdecken. Entweder bin ich blind oder es gibt sie nicht. Als mein Navi erneut einen ganz anderen Weg anzeigt, als jenen, auf dem ich mich befinde, reicht es mir endgültig. Ich kehre um, gehe den Hügel hinunter und, vorbei an dem Spielplatz, bis zur Hauptstraße. Nun folge ich dieser dreieinhalb Kilometer bis nach Cormons. Nicht besonders schön zu begehen, da hier doch viel Verkehr herrscht. Viele Deutsche und Österreicher, wie ich feststelle. Auf meinem Weg in die Stadt komme ich an einem netten Lokal vorbei, kehre aber nicht ein, sondern marschiere weiter. Als ich Cormons erreiche, bin ich erstaunt, wie schön diese kleine Stadt ist. Auf dem Hauptplatz ein großes

Weinlokal. Die Geschäfte rundherum haben geschlossen. So bleibt mir nichts anderes übrig, als hier einzukehren – so ein Pech aber auch. Ich bestelle ein Glas Weißwein aus der Region. Er schmeckt hervorragend! Dazu bekomme ich ein Schüsserl mit Knabbergebäck. Als die Kellnerin mich sieht, füllt sie es bis an den Rand auf und lächelt mir zu. Ich erkundige mich nach einem Campingplatz. Fehlanzeige. Doch ein Herr, der am Nebentisch Platz genommen hat und meiner Frage lauschte, gibt mir den Tipp, ein Stück zurückzuwandern und dort nahe einem Pferdegestüt auf einem Campingwagen-Parkplatz zu zelten. Ich bedanke mich für den Hinweis und mache mich auf den Weg. Erst später sehe ich auf dem Tablet, dass dies ohnehin der Weiterweg der morgigen Etappe wäre. So treffe ich auf dem Parkplatz ein und stelle fest, dass das nette kleine Restaurant, an dem ich beim Hinweg vorbeigekommen bin, nur ein paar Meter entfernt ist. Wie fein. Schnell ist das Zelt aufgebaut. Den Abend verbringe ich in dem kleinen Restaurant. Hier komme ich zuerst mit zwei Münchnern ins Gespräch, dann noch mit einem Paar aus Niederösterreich und die Zeit vergeht wie im Flug. Es ist bereits dunkel, als ich mich in meine grüne Villa zurückziehe. Müde und endlich wieder einmal satt, schlüpfe ich in meinen Schlafsack. Ich liege so da und habe die Augen geschlossen. Gerade, als ich in die Welt der Träume eintauchen will, spüre ich etwas. Es krabbelt auf meinem Arm. Naja … Wird vielleicht eine Spinne oder ein kleiner Käfer gewesen sein oder eine Ameise. Das kann schon mal passieren, wenn man im Zelt schläft. Gleich darauf wieder – dieses Mal am anderen Arm. Habe ich das Biest nicht erwischt? Als es aber weiterhin krabbelt und kribbelt, greife ich nach meiner Stirnlampe. Wow! Es wimmelt nur so von Ameisen. Da hilft nichts. Raus aus dem Zelt, Schlafsack raus, Klamotten raus. Alles umdrehen, ausschütteln und genau inspizieren, ob da noch was herumkrabbelt. Zu guter Letzt schnappe ich das ganze Zelt, drehe es um, hole mir ein nasses Tuch und wische es aus. Das Ganze hat mich eine Dreiviertelstunde meines Schlafes gekostet. Ich mag keine Ameisen! Jedenfalls, wenn sie meinen, sie müssten mein Zelt als neues Zuhause besetzen. Doch es ist mir eine Lehre – ich achte beim nächsten Mal ganz bestimmt darauf, ob die Reißverschlüsse ordentlich zugezogen sind. In dieser Nacht schlafe ich unruhig und träume sogar von verschiedenem Getier.

39. Tag:
Kilometer: 21
Höhenmeter aufwärts: 187
Höhenmeter abwärts: 201
Gehzeit: 4 Stunden
Gesamtdauer: 5 ¾ Stunden

Subida – Gradisca d'Isonzo

Als ich am Morgen in meinem Zelt erwache, entdecke ich da und dort noch ein paar Ameisenleichen, die ich mit dem feuchten Tuch von gestern Abend entferne, ehe ich das Zelt zusammenpacke. Heute erwartet mich eine harmlose Etappe. Also kein Stress vonnöten. Der Weg führt mich direkt den Radweg entlang, an dem der kleine Parkplatz liegt. Nicht gerade aufregend, obwohl es auch hier einiges zu sehen gibt. Zum Beispiel die Residenzen, beinahe schon Schlösser, der umliegenden Weinbauern. Offensichtlich ein seeehr gutes Geschäft mit den Trauben.

Ich weiß im Moment über meine Tagesroute nur, dass das Ende der Etappe Gradisca, eine kleine italienische Stadt sein soll. Ich wandere vorbei an den kleinen Preval-Seen, die von dem Sumpfgebiet, das es hier früher einmal gab, zeugen. Es diente ausschließlich dem Anbau von Wein. Der Himmel ist heute nicht so klar. Viele kleine Wolken schieben sich immer wieder vor die Sonne. Doch ist es unverändert schwül. Die Gegend wird immer flacher und nach kurzer Zeit komme ich am ersten Wasserturm vorbei. Als ich als Kind mit meiner Großmutter nach Italien fahren durfte, waren sie das sichere Zeichen für mich, dass es bis zum Meer nicht mehr weit sein kann. Auf einer Bank in einem kleinen Park vor einer Kirche mache ich Rast. Dann gehe ich weiter durch eine hohe Zypressenallee. Hier spürt man Italien, dieses schöne südländische Flair. Über Weinhügel gelange ich zur Autobahn. Hier sollte ich durch eine Unterführung den Dammweg des Isonzo erreichen. AAT-Kennzeichnung? Fehlanzeige. Der Weg auf dem Navi? Fehlanzeige. Zu allem Übel teilt sich hier der Weg: Einer (der breiteste) führt geradeaus in den Wald, einer rechts und einer links einen Kanal entlang. Verärgert über die schlechte, oder besser gesagt, nicht vorhandene Wegkennzeichnung, montiere ich Gonzo ab und schalte das Tablet ein, um mich im Etappenbuch schlauzumachen. Zum ersten Mal stelle ich fest, dass es auch in Italien Stechmücken gibt, die einem das Leben schwer machen, und mein Anti Brumm kommt nach langer Zeit wieder zum Einsatz. Aus dem Trailbuch werde ich auch nicht schlauer. Ich soll den Kanal überqueren und den Dammweg nehmen. Ich zweifle stark, dass dies der richtige Weg sein soll, packe aber meinen Rucksack und versuche es. Irgendwo soll eine Brücke kommen, auf der ich den Kanal überquere, und dann ein Schotterweg, der mich direkt nach Gradisca führen soll. Nach kurzer Zeit stehe ich wieder einmal vor dem Aus. Den langen Weg zurückgehen möchte ich jedoch nicht. Ich sehe mich um und entdecke im Wald einen kleinen Weg. Wenn ich dem Kanal folge, sollte ich ja irgendwann Gradisca erreichen. Gedacht, getan. Doch auch dieser Weg führt mich in eine andere Richtung – das sagt zumindest mein Navi. Ich bin ratlos. Kein Mensch weit und breit. Auch vom Isonzo ist nichts zu sehen. Ich gelange auf eine Lichtung. Ein kleines Holzhäuschen und ein Schotterweg befinden sich hier. Ein Lichtblick! Ich wandere weiter auf dem Schotterweg und komme tatsächlich zu einer Brücke, die mich über den Kanal führt. Von Weitem ist auch die Autobahn wieder zu sehen. Ich studiere mein Navi. Geradeaus müsste die Stadt liegen. Noch einmal starte ich einen Versuch, doch ich lande wieder im unbegehbaren Grün. Jetzt bin ich ziemlich sauer. So richtig sauer! Ich setze mich auf einen Stein und meine Augen füllen sich mit Tränen. Aus Wut? Aus Erschöpfung? Oder aus Einsamkeit? Ich weiß es nicht. Alles nervt und ich fühle mich müde und schlapp. Ich entschließe mich umzukehren. Ich stoppe den Rückweg nicht, gehe aber bestimmt mehr als eine halbe Stunde, ehe ich die Autobahn wieder sehen kann. Dann unterquere ich sie und gelange auf eine viel befahrene Straße. Laut Navi führt sie genau in die Stadt. Nicht sehr schön zum Begehen, aber sie bringt mich sicher ans Ziel. Als ich die alten Stadtmauern von Gradisca bereits vor mir sehe, bemerke ich auf der linken Seite einen kleinen Schotterweg und eine Markierung des AATs! Hier hätte ich also rauskommen sollen. Egal. Jetzt bin ich ja hier und ich staune nicht schlecht, wie schön die Altstadt mit ihren alten Stadtmauern ist. Ich mache kurz Rast und schlendere dann an dem alten Gemäuer entlang. Es verwundert mich, dass hier so rein gar nichts los ist. Kein Mensch weit und breit. Ich

bin fast ein wenig enttäuscht darüber. Trotzdem genieße ich die Aussicht auf die umliegende Gegend. Als ich weitergehe, höre ich immer mehr Geräusche und Lärm. Plötzlich komme ich auf eine Straße, einen Platz mit vielen Menschen, Geschäften, Straßencafés und Restaurants. Es ist offensichtlich der modernere Teil der Stadt. Ich setze mich in eines der Kaffeehäuser und bestelle einen Cappuccino. Es ist erst halb zwei am Nachmittag und ich überlege, was ich mit der restlichen Zeit anfangen soll. Weiter wandern werde ich auf keinen Fall. Ich bleibe heute hier! Irgendwo soll doch auch der schöne Isonzo sein. Ein Blick auf mein Navi zeigt mir die Richtung zum Fluss. Ich komme zu einer großen Brücke, die darüberführt. Hmmm … Der sieht aber anders aus als als die schöne Soča in Slowenien! Egal. Von oben suche ich einen Zugang zum Wasser. Ich kämpfe mich – wieder einmal – durch hohes Gras und erreiche schließlich das Flussufer. Das Wasser riecht wie zur besten Zeit auf einem Fischmarkt. Doch die Sonne brennt unbarmherzig vom blauen Himmel und ich brauche ein bisschen Ruhe. Also ziehe ich mich um und breite mein Liegetuch aus. Nach kurzer Zeit stört mich nicht einmal mehr der Fischgestank und ich erfrische mich im Wasser. Bleibt zu hoffen, dass ich mich noch duschen kann heute, denn so traue ich mich nicht unter Menschen. Mein Geruch erinnert stark an einen Karpfen …

Als ich hier so liege, taucht plötzlich ein junger Bursche aus dem Gebüsch auf. Er hat wohl nicht damit gerechnet, dass hier jemand liegt und sich sonnt und badet. Etwas misstrauisch sieht er mich an. Als ich ihn

freundlich begrüße, setzt er sich unweit von mir unter die Brücke und holt eine Zigarette aus seiner Jackentasche. Ich erkundige mich bei ihm nach einem günstigen Hotel in der Nähe und er nennt mir das „Franz". Hört sich doch gut an. Ich packe meine Sachen ein und mache mich auf den Weg zum Hotel mit dem schönen, deutsch klingenden Namen. Es ist nicht schwer zu finden. Schon bald stehe ich vor den edlen Gemäuern. Durch die

Hecke kann ich einen blau schimmernden Pool inmitten einer schönen Gartenlandschaft und eine große Sonnenterrasse erkennen. Oh mein Gott! Sieht das einladend aus! Obwohl ich mir dessen bewusst bin, dass das meine Finanzen vermutlich übersteigen wird, trete ich ein und erkundige mich nach einem Zimmer. Es wäre eines frei. 65 Euro. Alle Annehmlichkeiten des Hotels sind im Preis inbegriffen. Schweren Herzens bedanke ich mich bei der Rezeptionistin und suche mir eine billigere Bleibe, die ich auch schon bald finde. Direkt an der Straße, aber mit Blick auf den Marktplatz und die Fußgängerzone. Keine Annehmlichkeiten erwarten mich hier – nur ein ziemlich marodes Bett und ein winziges Zimmer. Aber eben um 40 Euro pro Nacht. Passt doch. Ich hätte mich auch um einen Zeltplatz umgesehen, aber hier wimmelt es nur so von jungen Leuten und außerdem freue ich mich, den Fischgestank loszuwerden. Daher wird das kleine Badezimmer mit der noch kleineren Brause für mich zur absoluten Wellness-Oase! Wie herrlich! Fast unendlich lang lasse ich das Wasser über meinen Körper strömen. Als ich meine Wäsche zum Trocknen aufhänge, fällt mir bei geöffnetem Fenster auf, dass es jetzt in dieser kleinen Stadt vor Menschen nur so wimmelt. Da unten wird auch eine Tribüne aufgebaut. Irgendetwas ist hier heute Abend noch los. Das sorgt für Spannung. Ich ziehe mich an und begebe mich unter die Leute. Ahhh ... Ein Straßenfest! Wie schön! Endlich rührt sich mal so richtig was. Ich setze mich in eine Trattoria direkt am Marktplatz und sehe den ersten Artisten und Künstlern bei ihren Auftritten zu. Dabei genieße ich einen Aperol Spritz und ein paar Snacks. La vita e bella – das Leben ist schön!

Bis spät in die Nacht wandere ich durch die Straßen, trinke da und dort ein Gläschen, lausche den verschiedenen Musikgruppen und sehe mir die Aufführungen an. Was für ein toller Abend! Ich genieße es, unter Menschen zu sein. Dann kaufe ich mir noch zwei Stunden Internetzugang und ziehe mich ins Zimmer zurück. Irgendwann bin ich müde und falle in einen tiefen, zufriedenen Schlaf.

40. Tag:
Kilometer: 29,5
Höhenmeter aufwärts: 613
Höhenmeter abwärts: 601
Gehzeit: 6 ¼ Stunden
Gesamtdauer: 9 Stunden

Gradisca – Sistiana

Der tiefe Schlaf dauerte nicht lange an. Es wird mir zu heiß und ich reiße die Balken und das Fenster auf. Doch draußen ist es zu laut. Unruhig wälze ich mich im Bett hin und her. Ich stehe auf und hole mir meine Ohropax. Trotzdem höre ich die Geräusche auf der Straße. Fenster wieder zu. So geht es bis frühmorgens. Was soll's. Ich nütze noch einmal die Gelegenheit zu duschen und gehe zum Frühstück. Irgendwie habe ich keinen so rechten Appetit. Ich packe ein Stück Obst ein und trinke zwei Tassen Kaffee. Dann verlasse ich Gradisca und denke noch einmal an den schönen Abend, den ich gestern hier verbringen durfte. Wie gut es mir doch geht! Das Wetter ist heute nicht ganz wolkenlos, jedoch sehr schwül.

Über die Isonzo-Brücke, auf der ich mich gestern schon einmal befand, marschiere ich in Richtung Poggio Terza Armata. Mein erstes Ziel wird der Monte San Michele sein. Ein kleiner Berg, auf dem sich ein Kriegsmuseum befindet und von wo aus mich ein toller 360-Grad-Rundblick erwarten soll. Da es noch relativ früh am Morgen ist, wandere ich ganz alleine die Straßen entlang bis zum Fuß des Berges. Die Wege durch den Wald sind dicht bewachsen und sehen unbenützt aus. Ich befürchte zuerst, wieder falsch zu liegen, doch dann entdecke ich eine Wegmarkierung und diese stimmt mit der aus meinem Streckenbuch überein. Als ich so in Gedanken bergauf wandere, höre ich plötzlich einen Schuss. War das ein Schuss? Als gleich darauf ein zweiter folgt, bin ich sicher, dass es sich um Schüsse handelt. Ich gehe weiter und habe nach kurzer Zeit das Gefühl, beobachtet zu werden. Vermutlich bin ich auf meinem Weg schon zu lange allein unterwegs – wer soll da schon sein!? Doch plötzlich springt ein bewaffneter Mann vor mir auf den Weg, richtet seine Waffe auf mich und ruft mir etwas zu. Das einzige Wort, das ich in meiner Aufregung verstehen kann, ist „Stopp". Ich bleibe augenblicklich stehen und weiß gar nicht, wie mir geschieht! Mein Herz schlägt so laut, dass es mein Gegenüber eigentlich hören muss. Auf Englisch versuche ich zu erklären, wer ich bin, und frage, was los ist. Der Mann senkt das Gewehr und holt ein Funkgerät aus einer seiner Taschen. Nach einigen Minuten kommt ein Uniformierter. Er erklärt mir in englischem und italienischem Mischmasch, dass sich hier im Wald ein Straffälliger aufhalten soll, und weist den anderen Mann an, mich aus dem Wald bis zur Straße zu begleiten. Dieser nickt in meine Richtung und deutet mir, ihm zu folgen. Mein Herz schlägt noch immer heftig.

Als wir an der Straße ankommen, verabschiedet sich der Mann und verschwindet wieder im Wald. Und wer verspricht mir, dass sich der straffällig Gewordene nicht auf der Straße befindet? Ich schaue auf mein Navi und folge der Straße aufwärts. Schon nach kurzer Zeit komme ich am Kriegsmuseum auf dem Monte San Michele an. Und wie aus heiterem Himmel wimmelt es hier wieder nur so vor Menschen. Das Alter der hier Versammelten lässt bereits vermuten, worum es sich handelt – ein Kriegsveteranentreffen. Ich sehe mir die Relikte dieser grauenhaften Zeit an, die mich am gesamten Trail immer wieder verfolgen.

Nachdenklich umgehe ich das Museum, steige dann weiter auf bis zum Gipfel dieses Berges und bin vom grandiosen Ausblick überwältigt! In der Ferne ist zum ersten Mal das Meer zu erkennen. Vorfreude durchströmt sogleich meinen ganzen Körper. Schmetterlinge machen sich in meinem Bauch breit und die Aufregung von vorhin ist sogleich vergessen. Das Meer! Das Ziel! Ich wandere den Berg hinab in das Naturschutzgebiet von Doberdò e Pietrarossa. Hier liegt der schöne See von Doberdò. Er wird nur von unterirdischen Flüssen und Quellen gespeist. Ich halte mich aber nicht lange auf.

Zu wissen, dass ich heute noch das Meer erreichen werde, lässt mich zügig weiterwandern. Obwohl immer wieder ein paar Schleierwolken den Himmel bedecken, wandere ich lange Zeit bei über 35 Grad Celsius durch den Karst. Dabei handelt es sich um ein sehr trockenes Gebiet, da Niederschläge durch Karsthöhlen und unterirdische Gänge nicht an der Oberfläche wirken können. In dieser Einöde hat man wirklich Zeit, in sich zu gehen. Immer wieder schaue ich auf das Navi, ob der Weg denn noch stimmen kann. Kein Mensch begegnet mir und eine Markierung des AATs suche ich vergebens. Als ich mir wegen des Weges wieder einmal unsicher bin, ergreife ich abermals mein Navi und dann der Schock: Den Blick auf das Navi gerichtet, sehe ich die Schlange erst im Augenwinkel, als mein Bein sich schon im Schritt dem Boden nähert. Ich kann nicht mehr rechtzeitig reagieren und die – sicher ebenso erschrockene – Schlange beißt augenblicklich zu. Oh Gott! Und das mir, wo ich ohnehin panische Angst vor Schlangen habe! Wie glücklich bin ich jetzt, mich für einen knöchelhohen Trekkingschuh entschieden zu haben! Sie trifft den oberen Rand meines rechten Schuhs und verschwindet daraufhin blitzschnell im dürren Gestrüpp. Vor Schreck lasse ich das Navi fallen. Die Schlange ist längst verschwunden, während ich noch immer schockiert und wie angewurzelt an derselben Stelle verharre und mich nicht einmal traue, mich zu bücken, um das Navi aufzuheben. Der Schweiß rinnt in Bächen über mein Gesicht. Trotz der vielen Sonnenstunden dürfte mein Antlitz im Moment eher dem eines Vampirs gleichen. Bestimmt bin ich kreidebleich. Nach einer gefühlten Ewigkeit atme ich einige Male tief durch und bin endlich wieder fähig, meine Wanderung fortzusetzen. Nun gilt meine Konzentration absolut dem Weg. Kaum bewegt sich etwas oder höre ich ein Geräusch, läuft es mir kalt über den Rücken und ich zucke zusammen. Schritt für Schritt kämpfe ich mich in der verdörrten Mondlandschaft vorwärts. Erst als ich endlich das Meer unterhalb des Berges sehe, kann ich mich wieder etwas entspannen. Noch einmal suche ich den richtigen Weg, von dem ich wohl abgekommen sein muss. Als ich eine kleine asphaltierte Straße erreiche, entscheide ich mich, auf dieser zu bleiben. Schon bald komme ich über eine viel befahrene Straße nach Duino. Hier möchte ich eine Pause einlegen. Gleich gegenüber des schönen Schlosses lädt ein Fischrestaurant mit hervorragender Speisekarte zum Essen ein. Ich entscheide mich für Spaghetti allo scoglio und ein Glas Weißwein samt einem Liter Mineralwasser. Herrlich. Während ich

Speis und Trank genieße, mache ich mich auf meinem Tablet über den weiteren Verlauf des Weges schlau und suche den nächst gelegenen Campingplatz. Sehr schön, er liegt genau auf der Route. Eigentlich mag ich gar nicht mehr aufstehen. Die Aufregungen an diesem Tag haben Spuren hinterlassen. Doch ich habe noch ein kleines Stück Weg vor mir. Es ist früher Nachmittag und so bleibt noch Zeit, das Schloss zu besichtigen. Dann geht es weiter zum Rilkeweg, auf den ich mich sehr freue. Er soll ja wirklich ein Highlight und wunderschön sein. Schon nach ein paar Minuten erreiche ich den Eingang zum Naturpark und wandere auf den Spuren des berühmten Dichters, der hier einige seiner Werke verfasste, vor allem seine „Duineser Elegien".

Doch lange währt die Freude nicht. Nach etwa 20 Minuten stehe ich, ebenso wie viele andere Wanderer und Besucher, vor einer Absperrung am Weg mit großer Warntafel, dass der Weg sich auf Privatgrund befindet und zurzeit nicht begangen werden darf. Rilke-Weg geschlossen! So ein Mist! Ich hasse Umwege. Doch alles Jammern hilft nichts und ich kehre um. So bleibt nur, die viel befahrene Hauptstraße entlangzugehen. Nach etwa einer halben Stunde erreiche ich glücklicherweise den Campingplatz in Sistiana. Wow! Mit Swimmingpool, Restaurant, Shop ... Das

Zelt ist in Rekordzeit aufgebaut. Mittlerweile ist der Himmel mit vielen Wolken bedeckt, doch es ist warm und so kaufe ich mir noch schnell eine Badehaube und schmeiß mich in die Fluten des Pools! Herrlich! Ich schwimme und schwimme. Als ich aus dem Wasser steige und auf einer der Liegen entspannen will, kommt plötzlich starker Wind auf. Oh nein! Was soll das jetzt? Tja, wie es aussieht, ist mir heute kein lauer Sommerabend vergönnt. Ich schnappe mein Badezeug und gehe zum Zelt. Duschen, umziehen. Dann begebe ich mich in den Shop. Viel Auswahl gibt es hier nicht, aber für eine Jause reicht es. Ich statte anschließend dem Restaurant einen Besuch ab und genieße guten Wein und ein Tiramisu. Außerdem kaufe ich wieder einmal eine Internetstunde und telefoniere mit meinem Schatz. Die Sehnsucht nach ihm und die Vorfreude auf das Wiedersehen wachsen mit jedem Tag. Für morgen plane ich einen Ruhetag ein. Vielleicht gehe ich runter zum Meer oder genieße die Sonne am Pool – ich entscheide spontan.

Doch meine Hoffnungen auf einen Ruhetag werden jäh zunichte gemacht, als ich im Zelt liege und gerade versuche einzuschlafen. Die ersten schweren Tropfen fallen auf meine Behausung und schließlich zieht ein heftiges Gewitter mit starkem Wind und noch stärkerem Regen auf. Trotzdem fühle ich mich halbwegs wohl in meinem Zelt. Ich lasse diesen aufregenden Tag noch einmal Revue passieren, sehe mir die vielen Fotos an und schwelge in Gedanken. Als ich so auf der Matratze liege, macht es plötzlich einen lauten Knall. Zuerst kann ich ihn gar nicht orten, doch dann kommen mir beunruhigende Gedanken ... Die Matratze! Gespannt warte ich darauf, dass die Luft entweicht und ich auf dem harten Boden liege. Doch vorerst geschieht nichts. Ich setze die Stirnlampe auf, klettere aus meinem Schlafsack und begutachte das teure Stück. Es ist nicht ganz so schlimm, wie befürchtet, aber trotzdem nicht erfreulich: Eine Naht ist aufgegangen und so ist die Matratze auf einer Seite höher als auf der anderen. Naja. Wenigstens kann ich noch darauf liegen. Wieder retour in meinen Schlafsack. Ich notiere noch die vielen Erlebnisse des heutigen Tages und liege eine Weile wach, bis ich irgendwann doch einschlafe.

41. Tag:
Kilometer: 28,2
Höhenmeter aufwärts: 683
Höhenmeter abwärts: 407
Gehzeit: 6 ¾ Stunden
Gesamtdauer: 8 ¼ Stunden

Sistiana – Camping Obelisco Triest

Trotz der nur einseitig erhöhten Matratze schlafe ich heute für Zeltverhältnisse gar nicht einmal schlecht – zumindest bis es plötzlich mitten in
der Nacht erneut zu regnen, blitzen und donnern beginnt. Also nichts
von wegen Ruhetag! Schade, ich hätte heute einen Tag in der Sonne
brauchen können. Schnell starte ich noch zur WC-Anlage, bevor es richtig losgeht. Kaum wieder im Zelt, ist es auch schon so weit! Es fängt an
zu schütten, was das Zeug hält, und der Wind schüttelt mein Zelt hin
und her. Erstaunlicherweise kühlt es kaum ab. Es ist warm und schwül –
zumindest in meinen vier Wänden. Ich lege mich auf den Schlafsack und
decke mich nur mit dem Seideninlett zu. Noch hundemüde fuchtle ich
in meinem Waschsack herum und finde endlich meine Ohropax. Gleich
falle ich wieder in einen tiefen Schlaf. Die Schlange von gestern dürfte
also keine furchtbaren Traumata in mir ausgelöst haben ...
In der Früh weckt mich erneut starker Regen. Na toll! Trübsinnig sitze
ich in meinem Zelt und überlege, was ich mit dem angebrochenen Tag
machen soll. Was tun auf einem Campingplatz im Regen? Erst einmal
richte ich mir mein Frühstück. Als ich so darüber nachdenke, wie ich den
heutigen Tag gestalten werde, hört es plötzlich zu regnen auf. Ich nütze
die Pause sofort und packe alles zusammen. Regenjacke an, Rucksack-
schutz rauf und los geht es wieder.
Doch bereits nach einer halben Stunde dampfe ich wie eine alte Lok
aus allen Ritzen. Es hört auf zu nieseln und die Sonne kommt zum Vorschein. Wo bitte sind denn all die Wolken hin? Ein schlechter Scherz
oder, lieber Petrus? Also Rucksack wieder runter, raus aus der Regenjacke und weg mit dem Regenschutz. Schon nach einer Stunde brennt

die Sonne wieder unbarmherzig auf mich herab. Wäre ich doch auf dem Campingplatz geblieben! Ich schimpfe vor mich hin. Warum bin ich so bald weg? Wäre ich doch noch eine Stunde dageblieben ... Ich mag mich heute selbst nicht. Doch umkehren geht gar nicht. Also bleibe ich stehen, entledige mich gänzlich der Regenklamotten und trotte weiter. Die erhofften Ausblicke auf das lang ersehnte Meer finde ich nur noch selten zwischen dichtem Gestrüpp und Bäumen. Wenigstens sind die Wege heute wieder gut begehbar. Trotz der Wetterbesserung bin ich betrübt und es gelingt mir nicht, mich in bessere Laune zu versetzen.

Der Weg gestaltet sich vorerst langweilig. Vor allem tut es mir direkt im Herzen weh, mein geliebtes Meer wieder verlassen und ins Hinterland ziehen zu müssen. Ich schlittere langsam, aber sicher in ein kleines mentales Problem, das immer deutlicher wird: Ich will einfach nicht mehr alleine durch irgendwelche ausgedörrten, menschenleeren Gegenden laufen. Dazu kommt die Hitze, die mir eigentlich nicht viel anhaben kann, nur mangelt es wieder einmal am Wasservorrat. Doch das ist eben der Weg – mein Weg – mein Alpe-Adria-Trail. So soll es sein. Das Ziel der heutigen Strecke heißt Prosecco. Der Name hört sich vielversprechend an, oder? Mal schauen ...

Ich steige hinauf auf den Monte San Leonardo und kann daran heute auch nichts Schönes finden. So steige ich im selben Trott wieder ab bis nach Ternova Piccola und durch einen Laubwald weiter hinunter bis Samatorza. Ich sehe mich im Dorf um. Nur eine kleine Kneipe hat geöffnet, vor der ein paar ältere Semester sitzen und mich ungläubig anstarren, als ich vorbeigehe. Eigentlich habe ich großen Durst, doch hier möchte ich nicht unbedingt einkehren. Ich gehe weiter und überquere irgendwann die Autobahn. Ich gelange auf eine Asphaltstraße und obwohl das Navi in einen Waldweg abzweigt, kommt es mir nicht in den Sinn, noch einen einzigen Umweg zu machen. Ich will einfach nur ankommen. Und dann stehe ich vor einem Schild: Prosecco 2 Kilometer. Na, Gott sei Dank. Schon nach kurzer Zeit bin ich da. Doch hier sieht alles ziemlich verlassen aus und ich weiß nicht, wohin ich soll. Aus der Ferne ist der Kirchturm zu sehen. An den halte ich mich und werde dort nachlesen, wo die hiesige Unterkunft sein soll. Die Kirche ist nicht verschlossen und ich trete ein. Eine grell erleuchtete Marienstatue strahlt mir entgegen. Ein wenig kitschig vielleicht, aber irgendwie auch wieder schön. Als ich nach kurzer Zeit das Gotteshaus verlasse, trifft mich die Hitze wie ein Hammer. Ich setze mich auf die Treppen auf der Rückseite eines Hauses neben der Kirche und packe mein Tablet aus. Ich lese nach. Es wird das Grand Hotel Prosecco angepriesen. Ein Grand Hotel hört sich jetzt nicht gerade besonders preiswert an und mein Börserl ächtzt, aber was soll's. Nur: Wo bitte ist das Grand Hotel? Ich versuche über Google Maps etwas zu finden. Doch nichts. Als ich so in mein Tablet vertieft, durstig und verschwitzt dasitze, kommt eine Nonne auf mich zu. In der einen Hand eine große Tasche, in der anderen einen Koffer. Offensichtlich ist sie ebenfalls auf der Suche nach etwas – dem Pfarrhaus vermute ich. Auf Italienisch spricht sie mich an und ich gebe zu verstehen, dass ich dieser Sprache nur wenig mächtig bin. Sie kneift die Augen zusammen und sieht mich einige Sekunden mit durchdringendem Blick an. Dann meint sie: „Ach, sie sprechen Deutsch? Woher kommen Sie?" Ich beantworte ihre Fragen und noch bevor ich die letzten Worte ausgesprochen habe, erklärt sie mir in gutem Deutsch, dass alle Tätowierungen Teufelszeug seien und nur Antichristen so etwas haben. Anschließend macht sie einige Kreuzzeichen und beschimpft mich in einer anderen Sprache. Ich komme mir vor wie in einem schlechten Film und schüttle nur den Kopf. Die habe ich noch gebraucht zu meinem Glück ... Ich widme mich wieder meinem Tablet und beachte sie nicht mehr, doch sie kommt auf mich zu und beschimpft mich abermals. Das ist schlecht! Das ist Teufelszeug!" Mir reicht es. Ich zucke mit den Schultern und sage ihr, ich sei überzeugte Muslimin. Daraufhin sieht sie mich entsetzt an und verschwindet in der Kirche. Verwundert über diese Begegnung und die seltsame Einstellung der Nonne, schnappe ich mein Tablet und Gonzo und suche das Weite. Ich gehe durch den Ort. Hier gibt es wahrlich rein gar nichts. Endlich finde ich eine Art Schenke mit Wein und hiesigen Produkten. Ich nehme im schattigen Garten Platz und bestelle Getränke und einen Teller Schinken und Käse. Als ich auf die Bestellung warte, bin ich weiterhin betrübt. Hier gibt es wirklich gar nichts. Also Prosecco ist mir in flüssiger Form bei Weitem sympathischer! Wie gerne läge ich jetzt auf dem Campingplatz am Pool ...

Liege ich aber nicht! Ich frage die Kellnerin nach einer Unterkunft. Doch hier gibt es offensichtlich nichts Passendes. Einen Bus zurück nach Sistiana? Oder gibt es einen Campingplatz? Sie versteht mich nicht und bittet mich, mit ins Lokal zu kommen. Der junge Kellner hinter der Bar spricht ausgezeichnet Englisch und erklärt mir, es gäbe einen schönen und sehr preiswerten Campingplatz, allerdings etwa eineinhalb Gehstunden entfernt. Der Weg dorthin führt über die Strada Vicentina. Der Campingplatz befindet sich dann oberhalb von Trieste mit herrlicher Aussicht. Strada Vicentina? Das hab ich schon gelesen. Sollte also ohnehin der Weiterweg sein. Warum nicht. Hier zu bleiben hat keinen Sinn. Er erklärt mir lange, wie ich zu diesem Wanderweg gelange. Ein älterer Herr bietet sich schließlich an, mich mit dem Auto zum Beginn des historischen Weges mitzunehmen. So trinke ich schnell aus und packe Schinken und Käse ein. Schon geht es los. Wie alt das Gefährt ist, in das ich steige, kann ich nicht schätzen. Die Beifahrertüre hält nur widerwillig. Sitze gibt es nur zwei – meinen und den, auf dem der Fahrer sitzt. Und weil der Zustand des Vehikels nicht reicht, zeigt mir der alte Italiener auch noch, was es so draufhat. Er rast durch kleine Gässchen etwa zehn Minuten mit mir bergauf, bis wir an einer Schotterstraße anhalten. Hier ist auch schon das Schild der Strada Vicentina angebracht. Was kann heute schon noch geschehen? Ich habe immerhin diese Fahrt überlebt! Ich bedanke mich herzlich und er braust im selben diabolischen Tempo davon.

Zuerst sieht die alte Straße ziemlich unspektakulär aus, doch mit jedem Schritt wird sie schöner und schon bald bieten sich mir herrliche Ausblicke auf das Meer, auf Triest, sogar bis nach Slowenien.

Ich genieße die Wanderung. Ein paar Läufer begegnen mir und an den schroffen Felswänden tummeln sich vereinzelt Kletterer. Immer wieder bleibe ich kurz stehen und sauge förmlich alle Eindrücke in mich auf. Es ist schon Nachmittag. Es geht mir wieder besser. Jetzt bleibt nur noch zu hoffen, dass ich den Campingplatz finde.

Als ich schließlich dort ankomme, hat es noch immer 29 Grad und der Himmel ist wolkenlos. Das wenn ich gewusst hätte ... Aber so bin ich schon wieder ein gutes Stück meinem Ziel näher. Ich checke am Campingplatz ein. Die Dame am Empfang ist sehr nett. Ich darf bei ihr im Büro Handy und Tablet und die Batterien für mein Navi aufladen. Ein kleines Restaurant gibt es auch. Gott sei Dank. Ich habe schon wieder riesigen Hunger! Den Rest der Jause von zu Mittag habe ich bereits am Weg hierher aufgegessen. Obwohl ich nicht gerade wenig zu mir nehme, habe ich merklich an Körpersubstanz verloren. Das Gewicht ist aber dasselbe geblieben. Meine Figur hat sich einfach verändert.

Ich bekomme einen sehr netten, ruhigen Stellplatz zugewiesen, nahe den Duschen. Der Platz ist wirklich schön angelegt – in Terrassenform – und

ich habe einen direkten Ausblick auf Triest. Nach dem Wäschewaschen und einer Dusche genehmige ich mir eine Karaffe guten Rotweins. Jeder Schluck ein Genuss. Zum Abendessen gibt es zwei Speisen zur Auswahl und ich entscheide mich für Spaghetti Bolognese. Salat gibt's vom Buffet. Alles recht einfach, aber gemütlich. Was der Platz kostet, habe ich nicht gefragt, ich werde es spätestens bei meiner morgigen Abreise wissen. Obwohl ich eigentlich mit dem Gedanken spiele, meinen freien Tag hier zu verbringen. So könnte ich morgen mit dem Bus nach Triest fahren und mir die Stadt ansehen. Ich war schon einmal hier, allerdings vor einer Ewigkeit und kann mich nur noch vage daran erinnern. Ich sitze noch längere Zeit im Restaurant, schreibe meine Notizen, überspiele die Fotos der letzten Tage von der Kamera auf mein Tablet. Da passiert ein Missgeschick: Plötzlich ist die Hälfte der Fotos des heutigen Tages nicht mehr auffindbar. Ich bin ziemlich frustriert. Aber vielleicht kann ich sie irgendwie noch einmal zurückholen … Ich lasse mir dadurch den herrlich warmen Sommerabend unter ein paar netten Einheimischen und ein paar Camping-Gästen nicht verderben, setze mich vor mein Zelt und genieße den herrlichen Sonnenuntergang hoch über Triest. Den Tag lasse ich in meinen Gedanken noch einmal Revue passieren. Es erstaunt mich immer wieder, wie sich doch alles irgendwie zum Guten wendet, Gefühle und Intuition meist den richtigen Weg weisen.

42. Tag:
Kilometer: 28
Höhenmeter aufwärts: 680
Höhenmeter abwärts: 655
Gehzeit: 5 ½ Stunden
Gesamtdauer: 9 ¾ Stunden

Camping Obelisco Triest – Mihael

Ich habe diese Nacht ausgezeichnet geschlafen, obwohl es unerwartet kalt geworden ist. Auch der Morgen ist erstaunlich kühl, als ich alles zusammenpacke. Ich gehe zum Restaurant und bestelle einen Kaffee und ein Kipferl. Dann bezahle ich den schönen Campingplatz: 7 Euro! So günstig habe ich auf dem gesamten Trail noch nie übernachtet. Auch heute mache ich mir keinen Stress. Immerhin habe ich eigentlich zwei Ruhetage. Wohin es mich treibt, so weit komme ich. Es sieht allerdings heute nicht ganz so rosig aus, denn schon von der Früh weg schmerzt mein linkes Knie extrem. Mal schauen, wie sich das entwickelt. Vorerst ist der Himmel bedeckt, doch nach kurzer Zeit reißt es mehr und mehr auf und wird auch wieder wärmer.

Heute geht es nach Lipizza, doch bis dorthin ist es noch ein Stück. Ich verlasse den Campingplatz und gehe ein Stück auf einer Schotterstraße bergauf durch den Wald. Immer wieder quält mich ein stechender Schmerz im Knie. Doch ich beiße die Zähne zusammen. Ein paar Mal bleibe ich stehen und versuche, das Gelenk zu lockern. Am Sella di banne komme ich an den unglaublich hohen Antennen vorbei, die von Weitem zu sehen sind. Laut der Original-Route müsste ich nun der Asphaltstraße folgen. Ich entscheide mich jedoch für den Weg, den der Reiseführer vorschlägt. Warum der Weg immer wieder unterschiedlich verläuft, ist mir unklar. Wegmarkierungen des AATs sucht man in Italien lange bis gänzlich vergebens. Auch heute ist von einer Trailtafel nichts zu sehen. So entscheidet wieder einmal das Bauchgefühl. Wieder geht es aufwärts – wieder schmerzt mein Knie. Wie sehr sich dieser Weg trotzdem lohnt, wird mir schon bald klar: Herrliche Aussichtsplätze bieten sich hier immer wieder.

Auf meinem Weg wandere ich durch viele kleine idyllische Orte. Es sind meist einfache Häuser, doch immer wieder mit liebevollen oder künstlerisch gestalteten Details versehen. Sie wirken oft verlassen und wie ausgestorben. Weit und breit treffe ich keine Menschenseele. Dafür gibt es hier Hunde. Viele Hunde. Eigentlich bellt in jedem Garten zumindest einer der Vierbeiner. Wenn ich einen der Orte betrete, fängt der erste an zu kläffen. Wie die Kettenreaktion bei der „stillen Post" abläuft, so fängt nun ein Hund nach dem anderen an zu bellen. Dadurch weiß der Besitzer des letzten Hauses im Ort bereits bei meinem Erscheinen am anderen Ende, dass da jemand kommt. Die Gasthäuser in Trebiciano, welche in meinem Buch so liebevoll angekündigt werden, suche ich vergeblich, und so bleibt mir nichts anderes übrig, als mit dem lauwarmen Wasser in meinen Trinkflaschen hauszuhalten. Die Wolken haben sich buchstäblich in Luft aufgelöst und die Sonne brennt wieder einmal unbarmherzig auf mich herab. Dazu gesellt sich auch heute eine schier unerträgliche Schwüle. Die Karstlandschaft kann mir weder ein Staunen noch Freude entlocken. Mein Empfinden würde ich eher als langweilige Einöde beschreiben. Ich kann nur hoffen, dass mein Navi mich in die richtige Richtung lotst, denn Wegtafeln sind nach wie vor keine zu erblicken. Den angekündigten Josef-Ressel-Weg erreiche ich nach nicht allzu langem Marsch, das Grenzhäuschen, an dem ich vorbeigehen hätte sollen, bleibt mir allerdings verborgen. Slowenien hat mich also wieder. Auf der Suche nach dem richtigen Weg zum Gestüt der weltweit bekannten Lipizzaner Pferde verirre ich mich einige Male. Immer wieder verlaufen Wege im Nichts ...

Als ich zu meinem großen Erstaunen plötzlich vor einem AAT-Schild stehe, zeigt der Track auf meinem Navi in eine völlig andere Richtung. Ich befinde mich laut Aufzeichnung fast einen Kilometer weiter westlich des Trails und doch stehe ich jetzt vor dieser Tafel. Ich bin erleichtert. Obwohl dies die einzige Wegkennzeichnung an diesem Tag bleibt, finde ich jetzt ganz gut zum Gestüt. Kurz nach Mittag treffe ich dort ein. Die Schmerzen im rechten Knie sind mittlerweile allgegenwärtig und auch das linke Knie meldet sich zu Wort. Die Anstrengung der letzten Wochen mit dem schweren Rucksack machen sich unmissverständlich bemerkbar. Doch die letzten Etappen werde ich jetzt auch noch schaffen. Ich schlendere an einem riesigen Golfplatz und unzähligen Koppeln vorbei, bis ich zum pompösen Hotel gelange. Viele „noble" Leute

sehen mich von oben herab an. Ich fühle mich nicht gerade sehr wohl in meiner Haut – verschwitzt und nicht gerade gepflegt. Der Mann an der Rezeption ist allerdings unerwartet freundlich. Als ich mich nach einem Einzelzimmer erkundige, bietet der Herr mir sogar zwei mögliche Preiskategorien an. Die günstige Variante beläuft sich auf 65 Euro für die Nacht. Ich habe nicht vor, so viel Geld zu bezahlen, noch dazu in einer Umgebung, in der ich mich so ganz und gar nicht wohlfühle. Ich bedanke mich herzlich und hätte für die mich anglotzenden umstehenden Gäste gerne ein paar verrückte Grimassen geschnitten. Neben dem Hotel befindet sich das dazugehörige Restaurant mit herrlich schattiger Terrasse. Das lasse ich mir nicht entgehen. An einem freien Tisch stelle ich Gonzo auf den Boden, binde meine Schuhe auf und mache es mir so richtig gemütlich. Ich bestelle Pizza, Salat und eine Karaffe Rotwein, samt einem Liter Mineralwasser. Dem Kellner scheint mein Äußeres zu gefallen. Er zwinkert mir zu und lächelt mich mit seinem strahlendsten Lächeln an. Er bedient mich prompt und ehe ich mich versehe, stehen

Wasser und Wein auf dem Tisch. Zuerst zwei volle Gläser des herrlich sprudelnden, kalten Wassers. Ahhh ... Was für eine Wohltat! Und jetzt: ein Schluck vom herrlichen Rotwein! Mmmhhh! Warum bin ich so fröhlich, so fröhlich, so fröhlich ... Dabei sollte ich mir eigentlich Gedanken darüber machen, wie es nun weitergehen soll, nachdem ich nicht gedenke, hier zu nächtigen. Weit und breit gibt es nichts! Keinen Ort – nicht mal Häuser – eben nur das Gestüt. Ungern mache ich mich wieder auf den Weg. Als ich den Hotelbereich verlasse und wieder an unzähligen Koppeln mit weiß gestrichenem Holzzaun vorbeikomme, sehe ich endlich auch die edlen Pferde. Wie Primaballerinas schreiten sie durch das Gras. Ein wahrlich schöner und graziöser Anblick. Ich bleibe am Rand der Koppel stehen, um sie zu beobachten und meinen Beinen eine weitere kurze Pause zu gönnen.

Ein gut markierter Weg führt mich weiter direkt auf den Kokoš. Der Gipfel des Berges an der Grenze zu Italien liegt auf etwa 650 Metern und es gilt, 250 Höhenmeter zu überwinden – also nicht allzu viel. Hier oben stoße ich auf ein Berggasthaus, das allerdings nur an Wochenenden und auch da nur in den Sommermonaten geöffnet hat. Heute ist leider geschlossen. Aber ist doch wunderbar! Hier schlage ich mein Zelt auf. Der Himmel hat sich mittlerweile deutlich verdunkelt. Dicke schwarze Wolken werden von starkem Wind über mich hinweggepeitscht. Gerade, als ich mein Zelt aufbaue, kommen zwei Männer aus dem Wald. Ich grüße sie, doch sie sprechen offensichtlich weder Deutsch noch Englisch. Sie lachen und flüstern sich immer wieder etwas zu. Was wollen die hier oben in dieser von Gott verlassenen Gegend bei nahendem Schlechtwetter? Ich setze mich vor mein Zelt und warte eine Weile. Als die beiden nach einer halben Stunde noch immer keine Anstalten machen, sich wieder aus dem Staub zu machen, baue ich mein Zelt ab, packe alles wieder zusammen und beschließe, mich dieser Gefahr nicht auszusetzen. Ich wäre den Männern hier oben völlig ausgeliefert. Während ich den Berg abwärtsgehe, sehe ich mich immer wieder um, ob sie mir auch nicht folgen. Doch ich bin alleine. Es ist besser, vorsichtig zu sein. Ich muss mich nicht zwingend einer solchen Gefahr aussetzen, auch wenn es mich kein bisschen mehr freut, heute noch meinen Weg fortzusetzen, noch dazu, wo sich mein Knie bereits auf Nichtstun eingestellt hatte. Auf einer breiten Schotterstraße gehe ich langsam hinunter ins Tal. Am Weg steht plötzlich ein Rehkitz vor mir und ein paar Meter weiter seine Mutter. Das Kitz sieht mich sofort und starrt

mich einfach nur an. Es lässt mir Zeit, die Kamera hervorzuholen und ein paar Fotos zu schießen, ehe es zu seiner Mutter flüchtet und die beiden sogleich im Wald verschwinden. Ein schöner und beruhigender Moment. Was darf ich alles erleben! Wie schön habe ich es! Ich genieße den Augenblick und freue mich des Lebens. Langsam und mein Knie schonend, gehe ich weiter in Richtung Tal. Keine Ahnung, was mich dort erwartet. Müde erreiche ich einen kleinen Ort an einer vielbefahrenen Straße. Nach Idyll sieht das hier nicht aus. Ein Lastkraftwagen nach dem anderen rauscht an mir vorbei. In einer kleinen Kneipe am Straßenrand will ich mich nach einer Unterkunft erkundigen. Ich bin ausgelaugt. Gerade, als ich in das Lokal treten will, bleibt neben mir ein kleiner Laster stehen – eigentlich ein Moped mit Ladefläche. Es ist voll beladen mit Zwetschken. Zwei ältere Männer schälen sich aus dem kleinen Gefährt. Sogleich holt der Fahrer einen Sack hervor, füllt ihn mit den frisch gepflückten Früchten und drückt ihn mir in die Hand. Sie sprechen etwas Italienisch und erkundigen sich nach meinem Weg. Dann begleiten sie mich ins Lokal. Der Kellner spricht sogar ganz gut Deutsch und so kann ich mich, während mich die beiden Obstpflücker auf einen Wein einladen, nach einem Schlafgemach erkundigen. Ich müsste die Hauptstraße einige Kilometer in die entgegengesetzte Richtung gehen, um zu einer Pension zu gelangen, oder ich fahre mit dem Bus über die nahe gelegene Grenze nach Italien, wo mich einige Hotels und Motels erwarten, die allerdings um ein Vielfaches teurer sind. Auch diese Nacht werde ich wohl oder übel im Zelt verbringen müssen. Ich nehme den Sack mit den Früchten und wandere weiter. Schon nach kurzer Zeit komme ich in den kleinen Ort Mihael und halte Ausschau nach einem geeigneten Zeltplatz. Schließlich werde ich neben dem Radweg bei einem alten, kleinen, verlassenen Steinhäuschen fündig. Hinter dem Haus bin ich durch Büsche und Obstbäume vor neugierigen Blicken geschützt und kann mein Zelt auf weichem Wiesenboden aufbauen. Es ist bereits 19 Uhr.
Schon wieder eine Nacht im Zelt. Noch dazu ohne Essen. Die restliche Pizza von heute Mittag muss mangels anderer Lebensmittel ausreichen. Ich verschlinge das Stück gierig und habe danach noch mehr Hunger als zuvor. Aber was soll's – gut für die Figur ... Gerade, als ich mit Zeltaufbau und „Abendmahl" fertig bin, fängt es an zu regnen. Zuerst nur ein paar vereinzelte Tropfen, die sich allerdings innerhalb kürzester Zeit in einen wahren Wolkenbruch verwandeln. Ich sitze in meinem Zelt und

bin zumindest froh, im Trockenen zu sein. Plötzlich höre ich ein Fahrzeug, das an der kleinen Dorfstraße vor dem alten Haus hält. Gespannt warte ich ab. Da meldet sich auch schon eine Stimme von draußen. Ich verstehe natürlich nicht, was der Mann auf Slowenisch von mir möchte, klettere aus meinem Zelt und erkläre, dass ich auf dem Alpe-Adria-Trail nach Triest unterwegs bin. Es dürfte sich um den hiesigen Bauern handeln. Er sieht mich an, dann mein Zelt, zeigt auf den Himmel und redet noch kurz auf mich ein, ehe er mir auf die Schulter klopft und weiterfährt. Was er mir wohl sagen wollte? Ich reibe mein Knie mit Salbe ein und weiß jetzt schon, dass das nichts nützen wird. Anschließend schreibe ich noch eine Weile an meinen Notizen und studiere die morgige Etappe. Als ich mich müde genug fühle, schalte ich Tablet und Licht ab und lege mich nieder. Der Schlaf währt nicht lange. Schon bald werde ich durch ein heranziehendes Gewitter geweckt. Das Zelt wird vom Wind herumgepeitscht und der Regen prasselt laut auf das Zeltdach hernieder. Immer wieder höre ich das Donnergrollen in der Ferne. Der Wind wird heftiger und ich lasse die Gedanken in meinem Kopf um den Zeltaufbau schwirren. Hab ich es auch gut befestigt? Ja. Ich habe sogar Steine auf die Heringe gelegt. Wird wohl halten. Jetzt schüttet es unaufhörlich wie aus Kübeln. Rucksack, Schuhe, alles hat im Zeltinneren Platz gefunden. Als ein gewaltiger Blitz mit gleichzeitigem Donnergrollen unweit von meinem Zelt einschlägt, rast mein Herz und ich bekomme es mit der Angst zu tun. Stimmt es auch wirklich, dass einem im Zelt nichts passieren kann? Ich schicke Mario ein SMS mit meinem Standpunkt und der Beschreibung der momentanen Situation. Man weiß ja nie, was passiert ...

Immer und immer wieder blitzt und donnert es in dieser Nacht, die einfach nicht vergehen will. An Schlaf ist nicht zu denken. Ich weiß nicht, wie lange ich so daliege. Eine Stunde fühlt sich wie eine Ewigkeit an. Als ich so in meinem Schlafsack liege und mich wahrlich fürchte, kommt es mir vor, als würden auf meiner Haut Ameisen krabbeln. Voller Panik greife ich nach meiner Stirnlampe. Doch als das Licht auf mich fällt, begreife ich, was das Kribbeln verursacht: Die Luft im Zelt ist dermaßen aufgeladen, dass mir sämtliche Haare zu Berge stehen. Das trägt nicht gerade zu meiner innerlichen Ruhe bei. Ich habe richtige Angst. Erst als der Morgen graut, beruhigt sich das Wetter allmählich und ich bekomme doch noch zwei, drei Stunden Schlaf. Diese Nacht war eine reine Katastrophe und ich bin froh, als sie zu Ende geht!

43. Tag:
Kilometer: 29
Höhenmeter aufwärts: 780
Höhenmeter abwärts: 1 141
Gehzeit: 5 ½ Stunden
Gesamtdauer: 6 ½ Stunden

Mihael – Muggia

Es ist noch frühmorgens, als ich wie gerädert aufwache. Zum Glück hat der Regen aufgehört. Ich packe in Windeseile alles zusammen und mache mich auf den Weg, der vorerst auf einem Radweg Richtung Italien führt. Er wurde vor einigen Jahren auf einer ehemaligen Bahntrasse angelegt. Das alte, geschichtsträchtige Bahnhofsgebäude Sant' Elia zeugt noch von der damals wichtigen Verbindung zwischen den beiden Ländern. Obwohl es heute kühl ist und der Himmel wolkenverhangen, ist es erst einmal angenehm zu wandern. Einzig der starke Wind macht mir in den waldigen Abschnitten etwas Sorgen. Rund um mich knackt es laut und immer wieder fallen abgebrochene Äste zu Boden. Meinen Knien geht es erstaunlich gut. Ich hätte eher damit gerechnet, dass sich die Probleme heute vermehrt zeigen, doch erst einmal scheint der Schmerz erträglich zu sein. Der Weg führt ab dem Dorf Draga Sant' Elia steil bergab (meist ungesichert) bis auf 185 Meter Seehöhe. Schon beim Abstieg kann man den gegenüberliegenden Weiterweg gut erkennen. Ich gelange in das – an sonnigen Tagen bestimmt sehr schöne – Rosandratal. Der Bach hat sich hier tief ins Kalkgestein eingeschnitten. Immer wieder überwindet er Gesteinsstufen mit größeren und kleineren Wasserfällen. In dieser Gegend wurde früher Salz abgebaut. Heute wirkt alles verlassen und niemand begegnet mir auf meinem einsamen Weg. Der Wind wird nun stark und böig und ich bin richtig froh über meine Wanderstöcke, die mir Halt bieten. Ich wandere ungesichert einen etwa halben bis dreiviertel Meter breiten Schottertrail entlang, rechts von mir fällt das Gelände steil in die Schlucht hinab. Der starke Wind reißt mich mit meinem schweren Gepäck hin und her und ich muss mich ernsthaft konzentrieren, das

214

Gleichgewicht zu halten. Wohl fühle ich mich nicht in meiner Haut – es fällt mir schwer, die Schönheit der Natur zu genießen. Der Weg fordert meine ganze Aufmerksamkeit. Schließlich wird er auch noch zunehmend steil und merklich alpin. Damit hab ich nun gar nicht gerechnet. Durchgeschwitzt von dem etwa 250 Metern hohen Aufstieg, gelange ich zu einem kleinen verlassenen Kirchlein. Ich lege aufgrund des Windes nur eine kurze Verschnaufpause ein. Die triste Stimmung lädt nicht dazu ein, die Aussicht zu genießen. Nach weiterem kurzen Aufstieg gelange ich auf einen Grat. Das Gestein ist feucht und rutschig und der Wind pfeift unvermindert um mich herum. Das würde mir noch fehlen, wenn genau jetzt, zum Schluss meiner Wanderung, noch etwas passiert.

Es fühlt sich hier an, als befände ich mich im Hochgebirge. Mit einem so schwierigen Gelände habe ich heute tatsächlich nicht gerechnet und ich bin froh, als es nach Überschreiten des Berggrates endlich in einem Wald etwas sanfter wieder bergab geht. Nach etwa einer halben Stunde stehe ich plötzlich völlig unvermittelt auf einem Bergplateau mit einem zerfallenen Haus an der höchsten Stelle, welches mir eine weite Sicht über die Bucht von Triest ermöglicht.

Nach kurzem Abstieg auf angenehmem Weg gelange ich in den Ort San Dorligo della Valle und kehre dort in einem Café ein. Da ich ohne Frühstück bis hierher gewandert bin, knurrt mir der Magen und ich freue mich schon darauf, endlich etwas zu mir nehmen zu können. Denkste! Auf dem Tresen des Lokales liegt genau noch ein einziges Brioche. Das Letzte seiner Art und etwas anderes gibt es auch nicht. Besser als nichts. Ich bestelle mir einen Cappuccino dazu. Zwei alte Damen sitzen neben mir und sprechen mich an. Staunend hören sie mich meine Geschichte erzählen. Bis nach Muggia sollen es ja „nur noch" 13 Kilometer sein. Die schaffe ich heute auch noch. Obwohl ich genügend Zeit hätte. Das Zimmer in Lazzaretto, dem Ort an der slowenischen Grenze, in dem ich mich mit Mario treffe, ist erst in zwei Tagen reserviert. Aber egal. Ich will jetzt nach Muggia! So verlasse ich voller Zuversicht das Lokal. Ich bin noch keine halbe Stunde unterwegs, da beginnt es zu regnen. Nein, nicht zu regnen, zu schütten. Zuerst suche ich Unterschlupf in einer Bushaltestelle, doch es sieht nicht danach aus, als ob sich das Wetter bald bessern würde. So gehe ich weiter und bin bereits nach kurzer Zeit völlig durchnässt. Auf den Wegen und Straßen steht das Wasser zum Teil so hoch, dass es mir beim Durchschreiten oben in die knöchelhohen Schuhe rinnt.

Dann noch der Ärger über die fehlende Wegmarkierung. Als ich mich im Gelände schließlich auch noch zwei Mal verirre, beschließe ich, auf der Asphaltstraße weiterzugehen. Ich bin von oben bis unten triefend nass. Ich erreiche eine vielbefahrene Straße und lese ein Schild: Muggia 4 Kilometer. Bei diesen Bedingungen werde ich wohl noch eine Stunde in strömendem Regen dahinwaten müssen. Ich bin betrübt und mache einen lustlosen Schritt nach dem anderen. Genau in diesem Moment der Enttäuschung hupt mich ein Auto an und stoppt vor mir am Straßenrand. Eine Frau steigt aus, hält sich eine Jacke über den Kopf und fragt mich, ob ich nach Muggia will. Ich bejahe und sie deutet mir an, ich solle mitfahren. Sie hilft mir noch, mich mit meinem Rucksack auf den Beifahrersitz zu zwängen. Wie gesagt, ich bin triefend nass und die Frau fährt ein Auto mit Stern. Was für eine unglaublich hilfsbereite und nette Geste! Wir fahren zu einem Café am Ortsanfang von Muggia. Wie schnell man doch vier Kilometer mit einem Auto bewältigt! Sie lässt es sich nicht nehmen, mich auch noch auf einen Kaffee einzuladen. Die nette Kellnerin gibt mir dann noch einige Tipps, ein relativ preiswertes Zimmer zu bekommen. Ich bedanke mich tausend Mal und kann so viel Freundlichkeit kaum fassen!
Ich triefe vor Nässe und mir wird langsam kalt. So mache ich mich auf, ein Zimmer zu finden. Ich komme an eine der genannten, leistbaren Unterkünfte, das Hotel Dulcinea direkt mitten im Ort. Das Zimmer kostet 60 Euro. Heute ist mir das völlig egal. Keine zehn Pferde bringen mich noch dazu weiterzusuchen. Als ich über die Treppe in den ersten Stock gehe, hinterlasse ich bei jedem Schritt eine kleine Pfütze auf dem Teppich. Das Zimmer ist schön und geräumig, aber noch wichtiger: Das Bad ist riesig und bietet genügend Platz, um meine nassen Sachen zu trocknen. Ich genieße, eingehüllt in die kuschelige Decke, das Bett, obwohl ich eigentlich bereits am Verhungern bin. Als ich meine Kamera an mich nehme und das Chaos im Zimmer festhalten will, stelle ich fest, dass sie nicht funktioniert. Ich versuche alles Mögliche, doch immer wieder taucht eine

Fehlermeldung auf. Ich sehe im Internet nach – Objektiv nicht richtig aufgesetzt oder Objektiv kaputt. Ich bin traurig und es kommen mir die Tränen. Jetzt habe ich mich so lange auf die Ankunft hier gefreut. All die Strapazen, der Weg, die Erlebnisse, auf ein Ziel gerichtet: Muggia. Und nun bin ich endlich hier und es ist alles andere als schön. Kein Glücksgefühl, kein toller, prickelnder Moment. Ich bin zutiefst enttäuscht über alles. Traurig ziehe ich mich an und gehe in den Ort. Der Hunger ist kaum mehr auszuhalten, doch die Lokale öffnen erst um 18 Uhr. Das sind noch zwei Stunden. So laufe ich im Ort herum – mit meinen Crocs und feuchten Socken und schieße zumindest mit meinem Handy ein paar Fotos. Mal sehen, wie das Wetter morgen sein wird. Vielleicht fahre ich nach Triest und sehe mich um, ob jemand mein Objektiv reparieren kann. Zeit hab ich ja noch genug. Die erste Pizzeria, die endlich geöffnet hat, wird sofort gestürmt. Vielleicht kann ich so auch mein Gemüt wieder etwas aufheitern.

Und tatsächlich. Nach dem reichlichen Mahl geht es mir etwas besser. Ich begebe mich in mein Zimmer und telefoniere mit Mario. Es tut so unendlich gut, seine Stimme zu hören, und ich kann es jetzt kaum mehr erwarten, ihn in meine Arme schließen zu können. Als ich im Bett liege, singt vor dem Haus einer lauthals das Lied „Volare". Ich muss lächeln und falle schon bald darauf in einen unglaublich tiefen Schlaf.

Muggia: Endpunkt des offiziellen Alpe-Adria-Trails

44. Tag:
Kilometer: 13,9
Höhenmeter aufwärts: 95
Höhenmeter abwärts: 85
Gehzeit: 3 Stunden
Gesamtdauer: 5 ¼ Stunden

Muggia – Triest – Lazzaretto

Wie herrlich habe ich heute geschlafen! Ein Traum, so ein Bett! Nach der morgendlichen Dusche nehme ich mir noch einmal Zeit, meine Schuhe etwas durchzuföhnen – sie sind beinahe trocken. Dann genieße ich ein reichhaltiges Frühstück. Das Wetter scheint heute besser zu sein. Zwar sind da und dort noch Wolken zu sehen, aber es ist bereits am Morgen deutlich wärmer. Als Erstes werde ich mich mit der Fähre nach Triest begeben und sehen, ob ich dort meine Kamera wieder auf Vordermann bringen kann. Die Fähre erwische ich gerade rechtzeitig, nachdem ich alles gepackt habe und zum kleinen Hafen geeilt bin. In einer halben Stunde bringt sie mich nach Triest. Ich bin schon gespannt auf die Stadt und gleich einmal von deren Schönheit beeindruckt. Ich begebe mich auf die Suche nach einem Fotogeschäft. Ein freundlicher Herr, der weder Deutsch noch Englisch spricht, zeichnet mir auf ein Stück Papier den Weg zu einem Fotografen auf, der Kameras repariert. Und man glaubt es kaum: Obwohl völlig ortsunkundig, gelange ich aufgrund seiner Aufzeichnungen schon nach kurzer Zeit zu dem gewünschten Laden. Leider kann man mir auch dort nicht weiterhelfen. Der Fotograf setzt ein anderes Objektiv auf und die Kamera funktioniert einwandfrei. So bleibt mir nichts anderes übrig, als mir hier in Triest ein neues Objektiv zu kaufen. Er macht mir einen absoluten „Sonderpreis", der, wie ich später feststelle, etwa 20 Euro über dem günstigsten Objektiv im Internet liegt. Passt also. Ich bin glücklich und froh, dass meine Kamera wieder funktioniert, und beginne gleich, diese schöne Stadt abzulichten.

In einem der Hafenrestaurants lasse ich mir Spaghetti Frutti di Mare schmecken und begebe mich dann mit der Fähre zurück nach Muggia.

Es ist erst Mittag, als ich bei herrlichem Sonnenschein dort ankomme. Jetzt habe ich ja wieder eine funktionstüchtige Kamera! So schlendere ich noch einmal durch diesen wunderschönen kleinen Ort und schieße Fotos. Ich kann mich gar nicht satt sehen und bei diesem mittlerweile herrlichen Wetter macht das Ganze gleich noch einmal so viel Spaß. Alleine der kleine romantische Bootshafen ist einen Besuch wert! Gut gelaunt und in herrlicher Stimmung hole ich mir in einer Gelateria ein Eis und setze mich an den Hafen zwischen die Boote. Dann packe ich Gonzo und marschiere los. Doch wozu die Eile? Es ist erst 13 Uhr und ich habe noch den ganzen Tag vor mir. Ein Stück außerhalb des Ortskerns komme ich an den schmalen Strand von Muggia. Ich beschließe, hier eine Weile die Sonne zu genießen, packe mein Handtuch aus und mache es mir bequem. Und dann ist es plötzlich da! Das Gefühl, auf das ich so sehnsüchtig gewartet habe, das Kribbeln in der Magengegend, das Kribbeln, das ich am ganzen Leib verspüre! Ich schlüpfe in meinen Bikini und springe ins Meer. Was für ein Genuss! Endlich! Endlich ist es so weit! Heute, hier und jetzt bin ich angekommen!

Aus dem Wasser begebe ich mich zu meinem Handtuch und blicke hinaus zu den Schiffen am Horizont. Die Gefühle überwältigen mich – es ist so weit. Jetzt sitze ich also hier. Tränen laufen mir übers Gesicht ...

Noch eine ganze Weile bleibe ich auf meinem Platz – in Gedanken versunken, ehe ich mich aufraffe, um das letzte Stück meines Weges zu gehen. Meine letzte Etappe! Von Muggia nach Lazzaretto. Ganz bewusst gehe ich los, setze einen Fuß vor den anderen. Es wird nach dieser langen Zeit mein letzter Weg sein. In Lazzaretto werde ich erst den Campingplatz aufsuchen und dann im gebuchten Hotel fragen, ob wir das Zimmer bereits einen Tag früher beziehen können. Mario kommt dann schon morgen zu mir. Ohhh ... Ich freue mich schon so sehr auf ihn. All die Gefühle, die Gedanken erzeugen in mir eine wahre Euphorie. Ich bin gut gelaunt und summe Lieder vor mich hin, obwohl die Straße schmutzig und staubig und noch dazu relativ befahren ist. Gehweg gibt es keinen. Meine Schmerzen im Knie sind wie weggeblasen. Es geht mir einfach gut. Schon nach kurzer Zeit treffe ich in Lazzaretto ein und der Campingplatz ist nicht zu übersehen. Ich bekomme von einem sehr netten älteren Herrn einen schönen Platz zugewiesen. Er erzählt, dass erst vor ein paar Tagen ein Slowene hier gecampt hat, der ebenfalls den AAT gegangen ist – allerdings „nur" von der österreichischen Grenze an.

Fast bedächtig baue ich mein Zelt auf. Jedes Detail präge ich mir bewusst ein. Das letzte Mal für unbestimmte Zeit, dass ich es aufbaue und darin schlafe. Als ich vor dem Zelt sitze, kommt ein wenig Wehmut auf.

Dann suche ich das Hotel auf, das sich direkt neben dem Campingplatz befindet. Eine der beiden Besitzerinnen spricht ganz gut Englisch und als ich sie frage, ob das Zimmer auch morgen schon zu haben sei, meinte sie, ich könne doch meine Sachen gleich ins Zimmer bringen und auch dort duschen, wenn wir ohnehin morgen da einziehen. Ich finde das Angebot sehr nett, lehne aber dankend ab. Erst morgen, wenn Mario kommt, möchte ich das Zelt endgültig abbauen und das Zimmer – unser Zimmer – beziehen.

Der Campingplatz liegt direkt am Meer und so genieße ich die langsam untergehende Sonne am Strand und trinke in einer kleinen Strandbar noch das obligatorische Glas Rotwein.

Ich genieße den Abend und den Sonnenuntergang. Jetzt kann ich den morgigen Tag kaum mehr erwarten. Die Vorfreude auf das Wiedersehen mit meinem Mann ist unbeschreiblich. Schon bald ziehe ich mich ins Zelt zurück und versuche zu schlafen.

45. Tag:

Endlich zusammen – Mario ist bei mir!

Was auch immer in dieser Nacht auf der Straße vor dem Campingplatz los war – es war jedenfalls ziemlich laut. Autolärm, quietschende Reifen, Schreie (hörte sich an wie Streitereien). Es war nicht der erholsame Schlaf, den ich mir gewünscht hatte. Aber was macht das schon in der Gewissheit, dass dies die letzte Nacht im Zelt war. Nach einem ausgezeichneten Cappuccino und typisch italienischem Frühstück packe ich – ebenfalls zum letzten Mal – mein Hab und Gut zusammen. Dann gehe ich ins Hotel. Eine Dame (es dürfte die Schwester der Besitzerin sein) gibt mir den Zimmerschlüssel und zeigt mir den Lift. Ich packe meine Sachen aus, lüfte das Zimmer und telefoniere mit Mario. Er wird bis Mittag in der Arbeit sein und dann losfahren. Also kann ich ihn etwa um 17 Uhr erwarten. Es zeigen sich kaum Wolken am Himmel, trotzdem ist es nicht so warm wie die vergangenen Tage. Die Temperatur liegt bei etwa 21 Grad. Doch das Meer ist warm und da kein Wind weht, steht einem Strandtag nichts im Weg. Zu Mittag esse ich im Restaurant des Campingplatzes und genieße an der kleinen Strandbar ein paar Drinks am Nachmittag, ehe ich mich voller Erwartung und Spannung ins Hotelzimmer begebe. Ich habe mir in Muggia extra ein wenig Schminkzeug besorgt, um mich für unser Wiedersehen schön zu machen.

Dann packe ich mein Badetuch und lege mich an den Hotelpool. Leider ist der Himmel nun mit leichten Schleierwolken überzogen, doch das stört mich nicht. Zum Schwimmen hab ich ohnehin keine Lust mehr. Als ich so auf der Liege entspanne, höre ich bereits das mir allzu bekannte Motorengeräusch und kann gar nicht glauben, dass er schon da ist. Er muss ja förmlich hierhergeflogen sein. Er hat mich durch die Sträucher auch gleich entdeckt und kommt mir eiligen Schrittes entgegen. Wir fallen uns in die Arme und halten uns lange fest, ohne auch nur ein Wort zu sagen. Es tut sooo gut! Dann gehe ich mit ihm aufs Zimmer. Mario hat Durst von der langen Fahrt und wir beschließen, im Campingrestaurant etwas zu trinken.

221

Nach dem Abendessen sitzen wir noch lange am Strand und sprechen über die letzten Wochen, in denen wir getrennt waren. Jeder hatte so seine Erlebnisse und wir haben uns viel zu erzählen. Erst spät fallen wir müde, aber glücklich in unser Bett.

Die nächsten Tage genießen wir zu zweit. Wir gehen baden, fahren mit der Fähre nach Triest, ich zeige Mario Muggia. Urlaub eben!

So verbringen wir ausgesprochen glückliche Tage hier in Italien, ehe wir am dritten Tag die Heimreise antreten.

Es ist kaum zu glauben, aber nach ein paar Tagen des „Nichtstuns" schmerzt mein ganzer Körper. Alle Gelenke, die Sehnen, der Rücken. Jetzt merkt er offensichtlich erst, dass er die Anspannung nicht mehr aufrechthalten muss und keiner so großen Belastung mehr ausgesetzt ist, und lässt einfach los. Es ist außerdem ein sehr seltsames Gefühl, nicht mehr jeden Morgen aufzuwachen, zu packen, mit Spannung den Tag zu erwarten. Obwohl ich mich unglaublich auf zu Hause freute, fehlt mir irgendetwas.

Ich habe jetzt zum Glück noch ein paar Tage frei, ehe ich wieder in die Arbeitswelt eintrete. Da ich meinen alten Arbeitsplatz gekündigt habe, warten auf mich ein neuer Job und neue Kollegen. Auch dieser Abschnitt wird aufregend und spannend sein. Es wird sich zeigen, wie es mir ergehen wird. Werde ich lange von meinem Weg zehren können? Was bleibt für die Zukunft, was kann ich daraus mitnehmen? Viele Fragen, die nach einer Antwort suchen. Man wird sehen ...

Ich habe über 44 Tage in einer
Gehzeit von 253 Stunden
eine Wegstrecke von
1 050 Kilometern,
36 120 Höhenmetern aufwärts
und 38 660 Höhenmetern abwärts*
zurückgelegt!

* Trotz GPS-Messungen sind bei derart hohen Werten auch größere Ungenauigkeiten nicht zu verhindern.

Nachwort

Als ich bereits wieder eine Zeit zu Hause bin, beginne ich das Buch über meinen Weg zu schreiben. Es macht von Anfang an riesigen Spaß. Ich durchlebe dadurch jeden einzelnen Tag auf meinem Trail noch einmal. Wenn ich die Augen schließe, kann ich Düfte riechen, Geräusche hören, Gefühle noch einmal erleben. Es ist schön und aufregend zugleich.

Jetzt, wo ich mit dem Buch fertig bin, habe ich mich im Alltag schon längst wieder eingefunden. Einiges habe ich in meinem Leben geändert. Das Arbeitspensum habe ich reduziert – Geld ist nicht alles! Und siehe da, es wirkt! Mit Ruhe und Gelassenheit kann ich meinen Beruf ausüben und die Freizeit besser für mich nutzen. In schwierigen Momenten kann ich klarer denken und handeln. Von einem Burn-out bin ich meilenweit entfernt. Das hab ich irgendwo auf meinem Weg gelassen, es abgestreift. Ich bin mir ganz sicher, dass ich auch in Zukunft dann und wann eine Auszeit nehmen werde, um zu mir zu finden, um Abstand zu gewinnen, um meine Seele ins Gleichgewicht zu bringen, und seien es nur ein paar Tage. Es tut gut! Darum lasse ich mich selbst überraschen, wann und wohin mich mein nächster Weg führen wird ...

Ich hoffe, mit meinem Buch vielen Lesern Freude zu bereiten, vor allem aber sie zu ermutigen, sich selbst zu helfen, sich selbst Gutes zu tun! Den ersten Schritt zu wagen und sich damit ein besseres Leben zu erwandern. Es müssen nicht Wochen sein – auch Tage des Gehens oder des „Mit-sich-alleine-Seins" bieten Erholung und den Weg zu sich selbst.